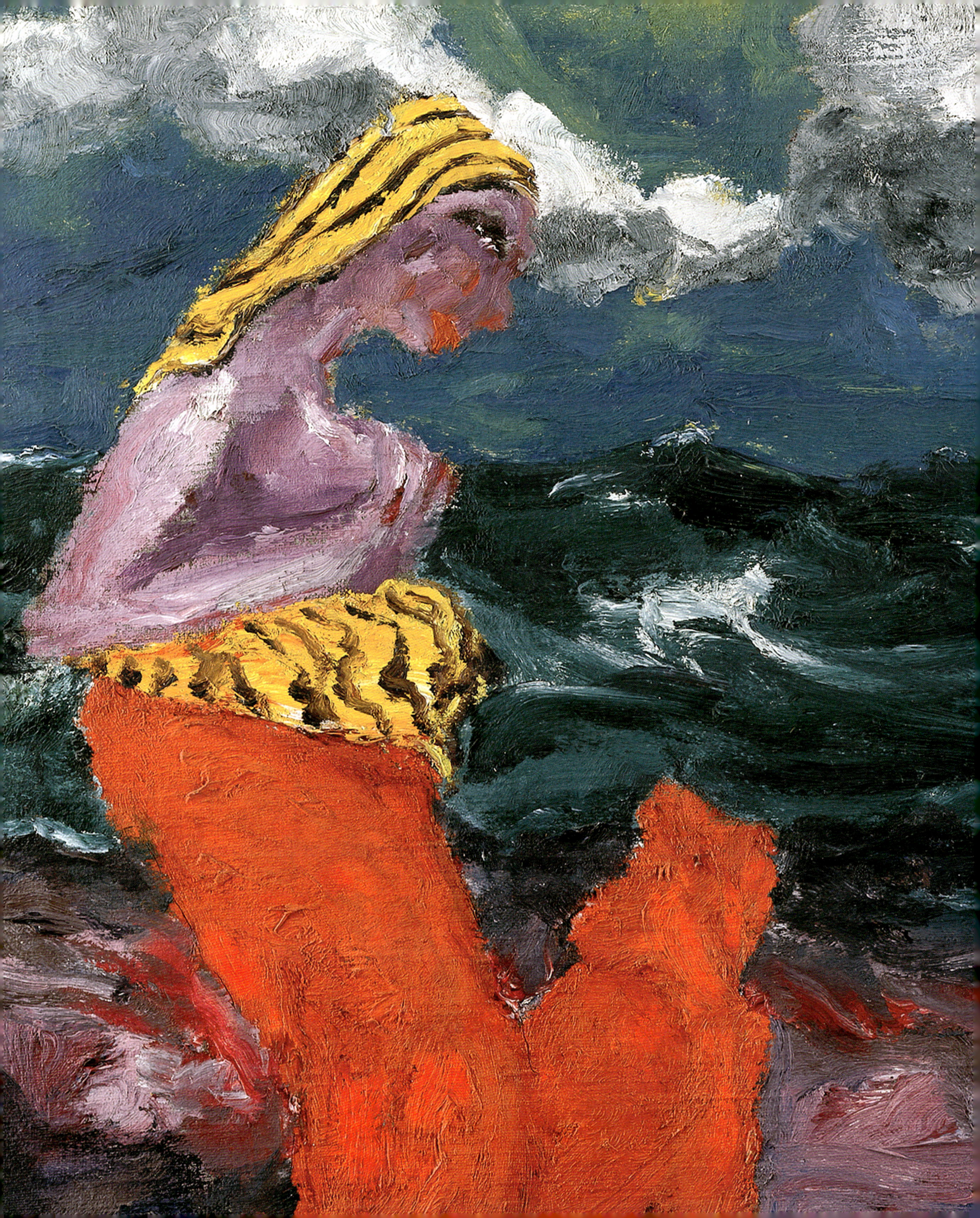

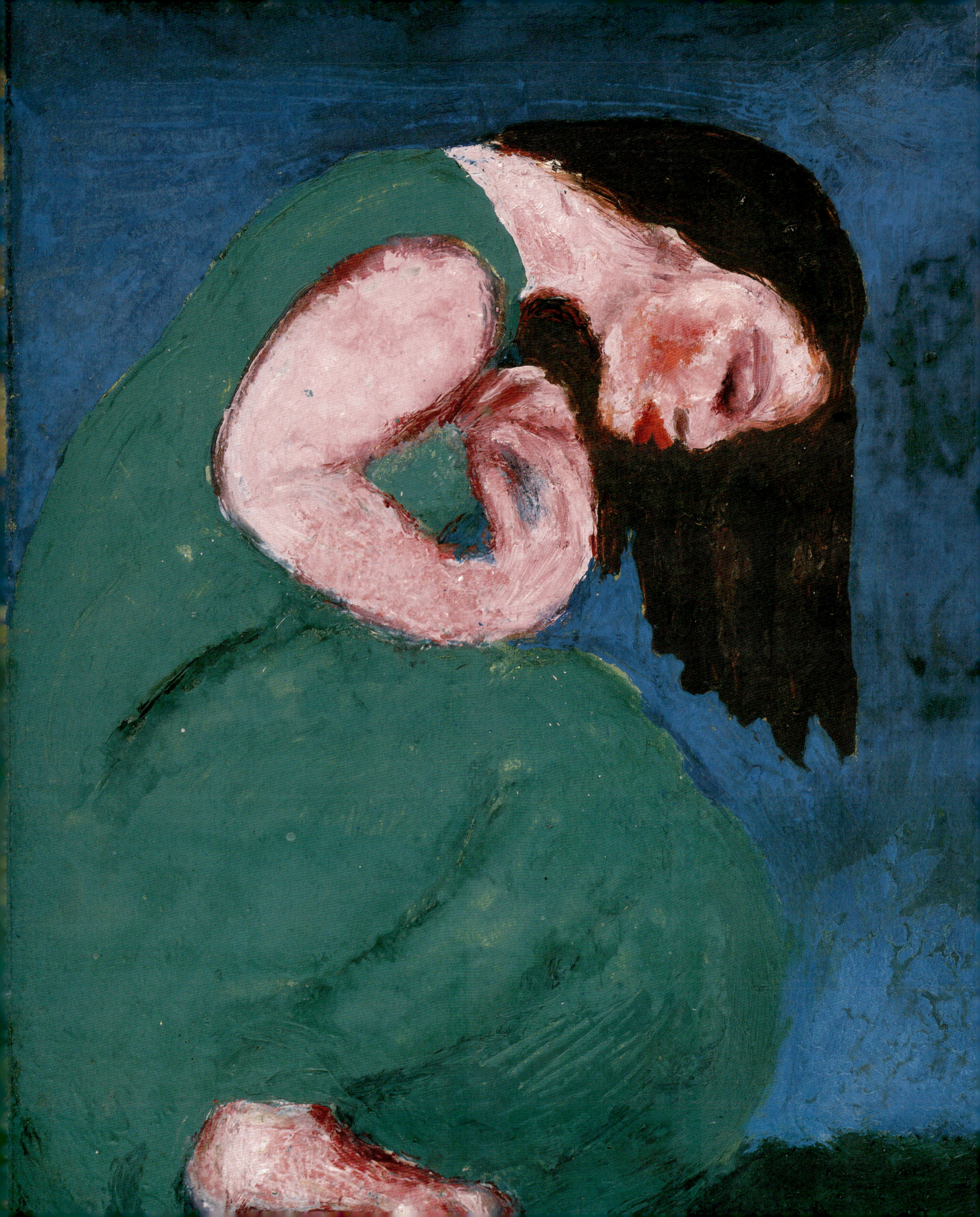

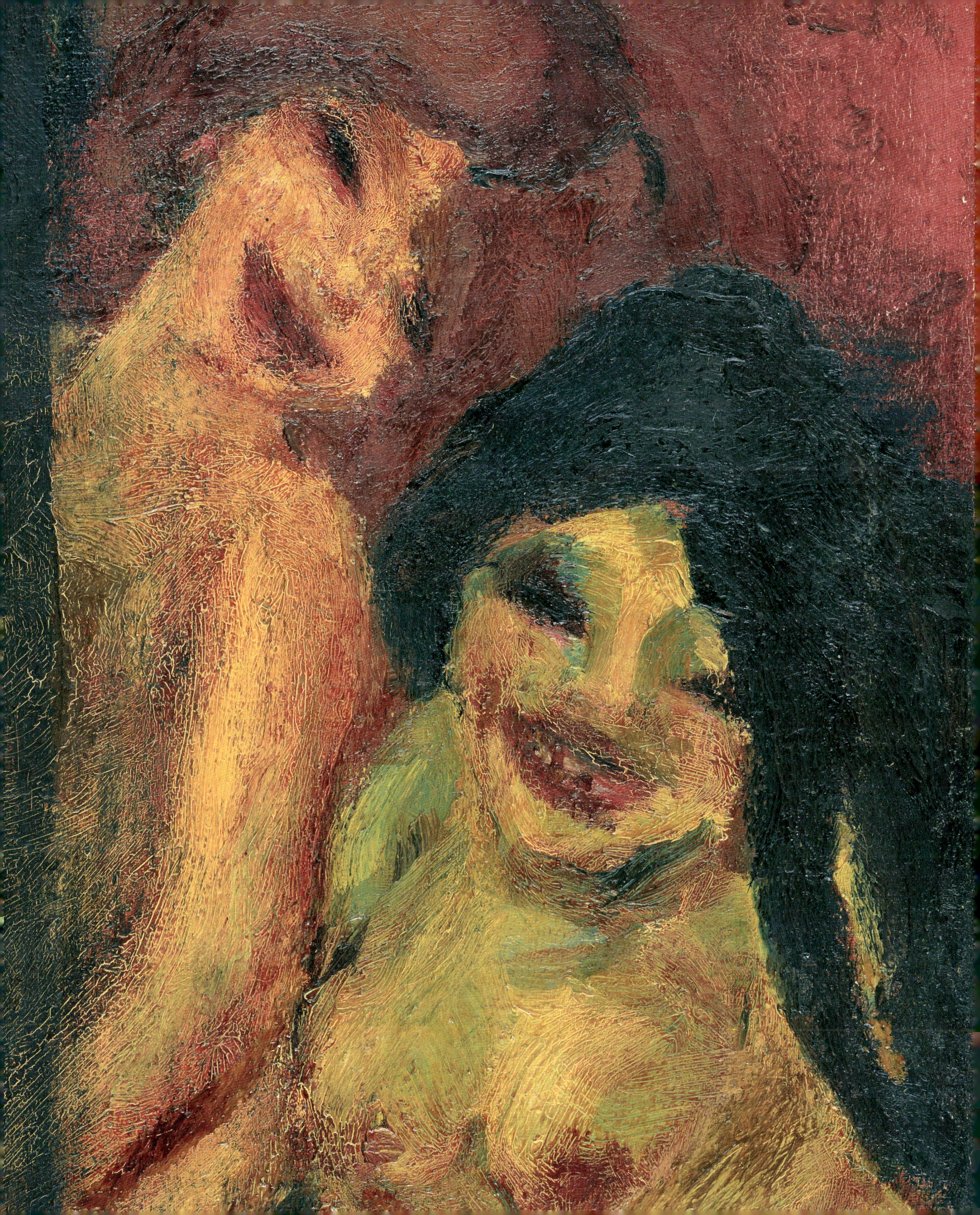

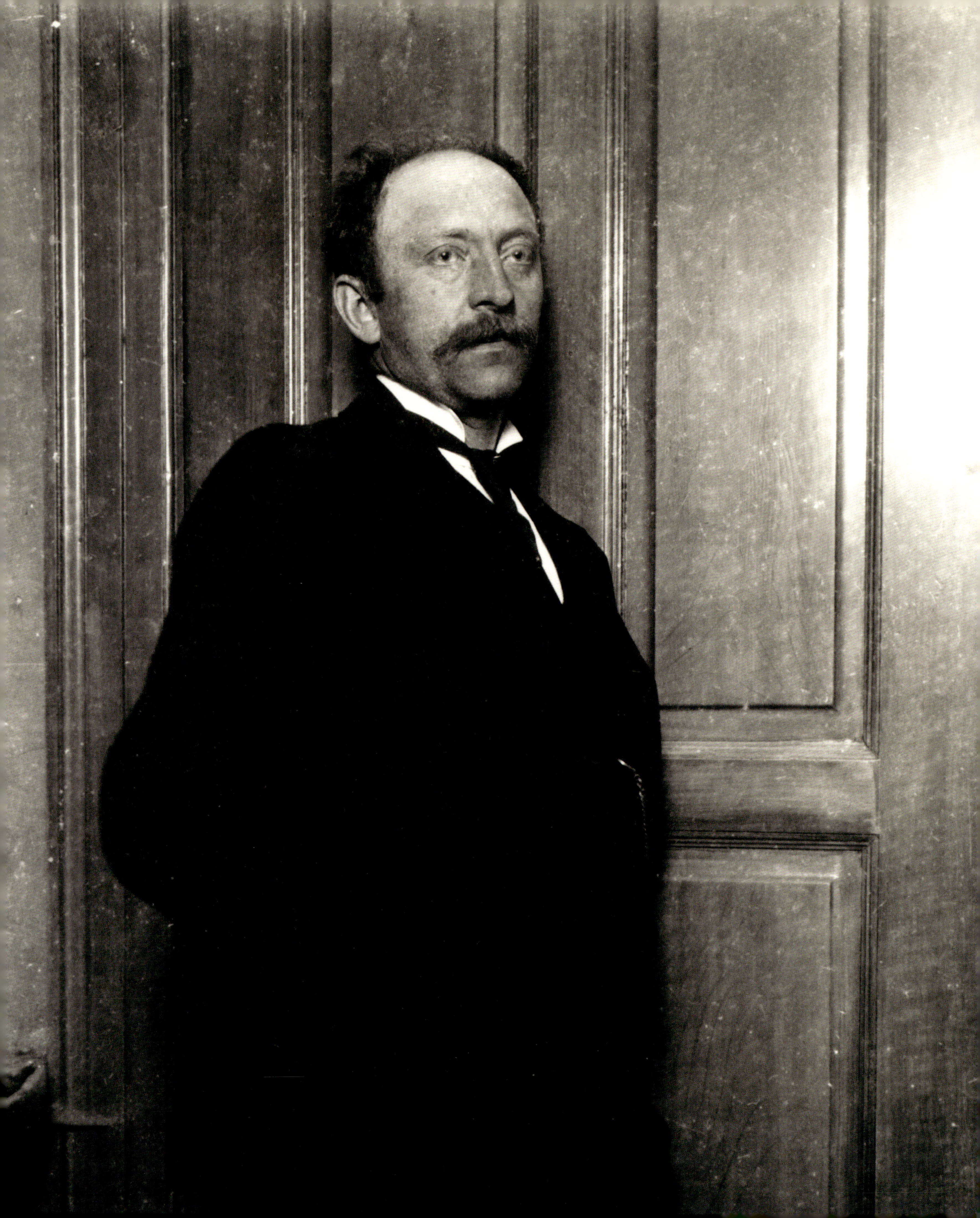

Emil Nolde

Bewundert, gefürchtet und begehrt – Emil Nolde malt die Frauen

Admired, Feared, and Desired – Emil Nolde Paints Women

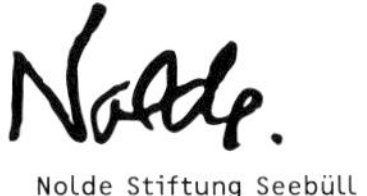

Nolde Stiftung Seebüll

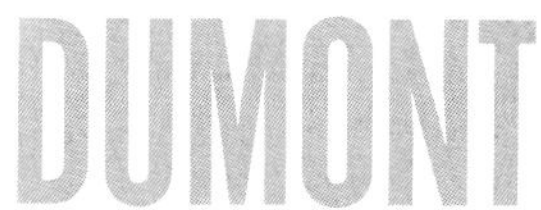

Inhalt

Dank | Acknowledgements

Unser Dank gilt allen voran der Ernst von Siemens Kunststiftung, mit deren großzügiger Unterstützung wir in der Ausstellung »Bewundert, gefürchtet und begehrt – Emil Nolde malt die Frauen« hochrangige Werke aus renommierten nationalen und internationalen Sammlungen präsentieren können. Wir danken der Staatlichen Graphischen Sammlung, München, der Collezione Maramotti, Reggio Emilia, dem Graphikmuseum Pablo Picasso Münster, der Hamburger Kunsthalle, dem Ikonen-Museum Recklinghausen, dem Kunsthistorischen Museum Wien, dem Kunstmuseum St. Gallen und dem Kupferstichkabinett der Staatlichen Museen zu Berlin für ihre Leihgaben.

We wish to extend our special gratitude to the Ernst von Siemens Kunststiftung for its generous support, which has enabled us to present major works from prestigious national and international collections in the "Admired, Feared, and Desired – Emil Nolde Paints Women" exhibition. We thank the Staatliche Graphische Sammlung, Munich, the Collezione Maramotti, Reggio Emilia, the Graphikmuseum Pablo Picasso Münster, the Hamburger Kunsthalle, the Ikonen-Museum Recklinghausen, the Kunsthistorisches Museum Wien, the Kunstmuseum St. Gallen and the Kupferstichkabinett of the Staatliche Museen zu Berlin for their loans.

Prof. Dr. Manfred Reuther
Direktor der Nolde Stiftung Seebüll
Director of the Nolde Foundation Seebüll

Dr. Jörg Garbrecht
Kurator der Ausstellung
Curator of the exhibition

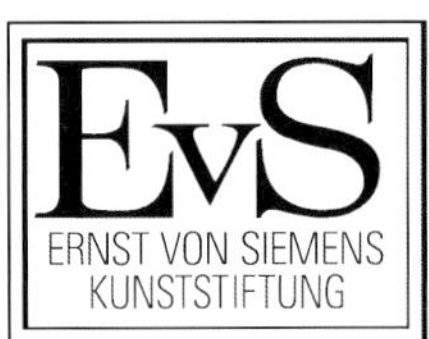

Mit freundlicher Unterstützung der
With generous support of the
Ernst von Siemens Kunststiftung

Vorwort

»Bilder sind geistige Lebewesen«, ist Emil Nolde überzeugt. »Die Seele des Malers lebt in ihnen.« In seinem künstlerischen Werk überwiegt bei weitem die Darstellung der Frau in farbiger Vielfalt und überraschend facettenreich als zärtliche Mutter, gestrenge Herrin, Hetäre oder Femme fatale, als zuverlässige Lebensgefährtin und Geliebte, als sinnlich vitales Weib voller Leidenschaft und triebhafter Begierde, als mythologisches Naturwesen oder dämonisches Urphänomen, Seherin oder biblisch religiöse Gestalt, als Eva oder Madonna, Heilige, Göttin, Modell und zugleich Muse. »Wie nur konnte dies ein männlicher Mann?«, fragte er sich selbst bei so unterschiedlichen Gemälden wie »Maria Aegyptiaca« oder »Heilige Nacht« von 1912, ohne sich eine Antwort geben zu wollen. Er findet sie als Maler allein in seiner Kunst (II, 202). Bei der umfangreichen Folge seiner Bildnisse ist nur eine begrenzte Zahl in engem Sinn als Porträt zu verstehen. Vielmehr hat sich der Maler im Gestaltungsprozess stets die Freiheit gelassen, von den äußerlichen Gegebenheiten abzuweichen, unmittelbar im Malvorgang aus der Farbe und den künstlerischen Ansprüchen heraus, bei den Aquarellen durch den »kontrollierten Zufall« aus Flecken und Verläufen, den individuellen Unwägbarkeiten des Materials das Bild zu entwickeln. Auch in seinen graphischen Arbeiten weiß er diese Methode, in der Künstler und Werkstoff zu einer unverbrüchlichen Einheit finden, souverän zu nutzen.

Jörg Garbrecht, Kurator der Nolde-Dependance Berlin, hat in der Konzeption der von ihm verantworteten Ausstellung »Bewundert, gefürchtet und begehrt – Emil Nolde malt die Frauen« aus der breiten Skala manche hinreichend bekannte Themenfelder ausgeschlossen, um weniger geläufige aufzugreifen und in neuer Sichtweise anzugehen. Dabei hat er einzelne Bilder des Malers mit historischen Werken oder denen zeitgenössischer Künstler vergleichend zusammengeführt, um Anregungen, mögliche Verwandtschaften oder assoziative Gleichklänge aufzuzeigen und Noldes unverwechselbare Positionen besonders zu erhellen.

Manfred Reuther

Foreword

Emil Nolde was convinced, that "Pictures are spiritual living beings. The painter's soul lives in them."
The colourfully varied and surprisingly multifaceted portrayals of women in his artistic oeuvre are largely dominated by tender mothers, strict mistresses, hetaerae or femme fatales, trusted companions and lovers, sensuously vital women full of passion and libidinous desires, mythological creatures or prototypical demonic phenomena, seers and religious figures from the Bible such as Eve or the Madonna, saint, deity, model and muse at the same time. "How could a masculine man do this?" Nolde asked himself, in relation to such divergent paintings as "Maria Aegyptiaca" or "Holy Night" from 1912, without, however, wanting to answer his own question (II, 202). As a painter, he found the answer only in his art. Of the many likenesses painted by Nolde, only a limited number of them can be understood as portraits in the narrowest sense of the word. Time after time, the painter instead allowed himself the freedom to veer from external circumstances in the creative process, to directly develop his pictures during the act of painting from colours and artistic demands and, in the case of his watercolours, from spots and courses of paint, through "controlled chance", from the individual intricacies of the material. In his prints, too, Nolde was aware of how to make supreme use of this method in which artist and material merge into an inviolable entity.

In his concept for the exhibition "Admired, Feared, and Desired – Emil Nolde Paints Women", Jörg Garbrecht, curator at the Berlin branch of the Nolde Foundation, excluded some already well-known thematic areas in order to take up lesser known ones, approaching these from a new perspective. In the process, he compares individual pictures by the painter with historic works or those by contemporary artists, with the aim of demonstrating stimuli, possible relationships or associative assonances, and thus casting an exceptional light on Nolde's unmistakable oeuvre.

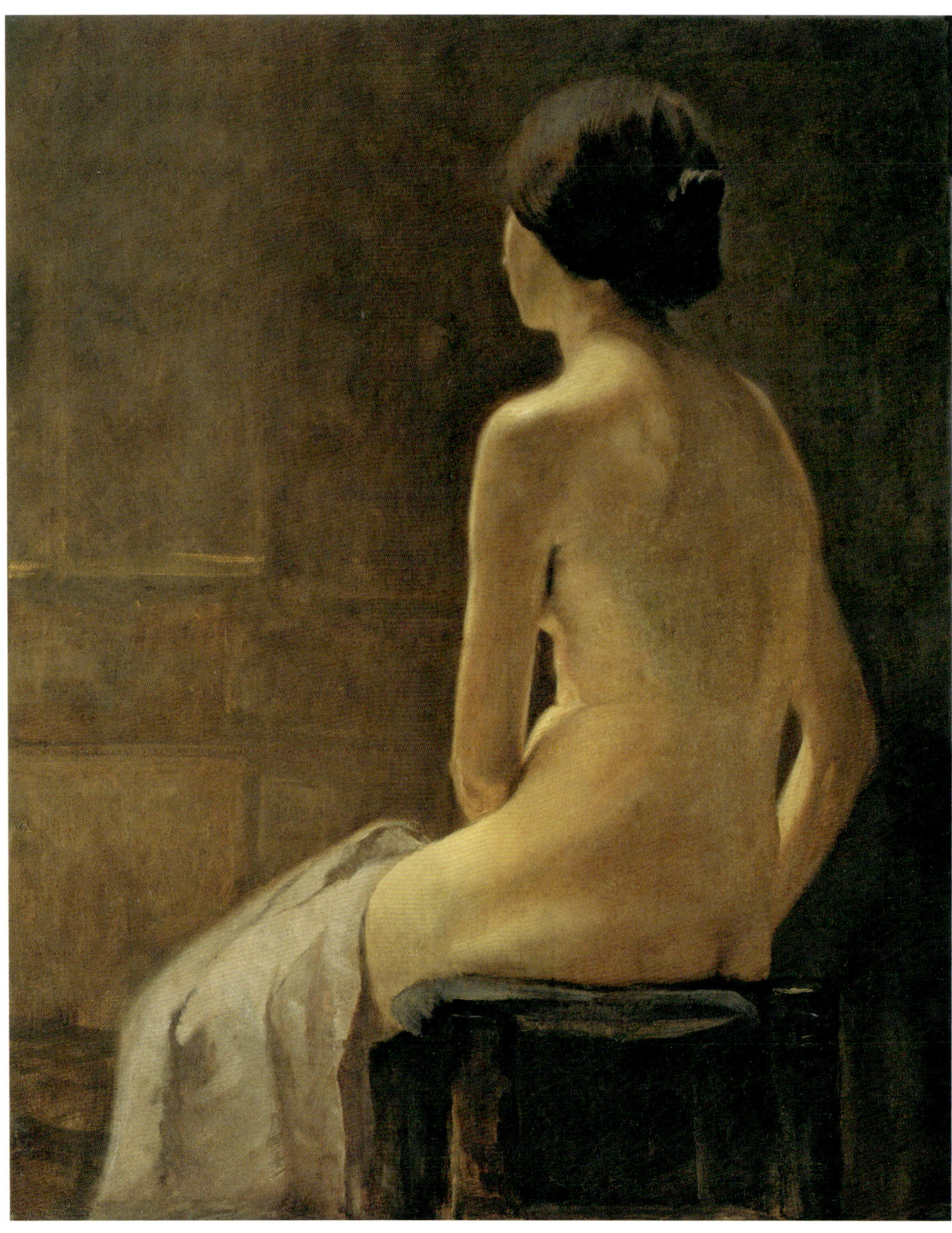

»Pariser Modell«, 1900

Parisian Model, 1900

»In … Frauen innigstes Wesen mich einlebend …
entstanden meine Bilder … Wie nur konnte
dies ein männlicher Mann? Unverständlich ist
mir vieles, – ich brauche es nicht zu wissen.
Ob die schwere Vereinsamung in der Jugend,
die tiefen erschreckenden Momente vor dem
Tod stehend nicht sein mußten? Ob wohl nicht
auch die schwarzen, schwarzen Nächte sein
mußten, um tiefstliegende eigenmenschliche
Empfindungen zu lösen.« (II, 202 ff.)

"My pictures were produced by immersing
myself … in the innermost being of …
women. How could a masculine man do this?
There is much that I do not comprehend, –
and I do not have to understand it. Do not the
severe isolation in youthful days, and the deep
terrifying moment when standing before death
have to be? Does not the black, black night
also have to be in order to solve the deepest
inherently human emotions" (II, 202ff.).

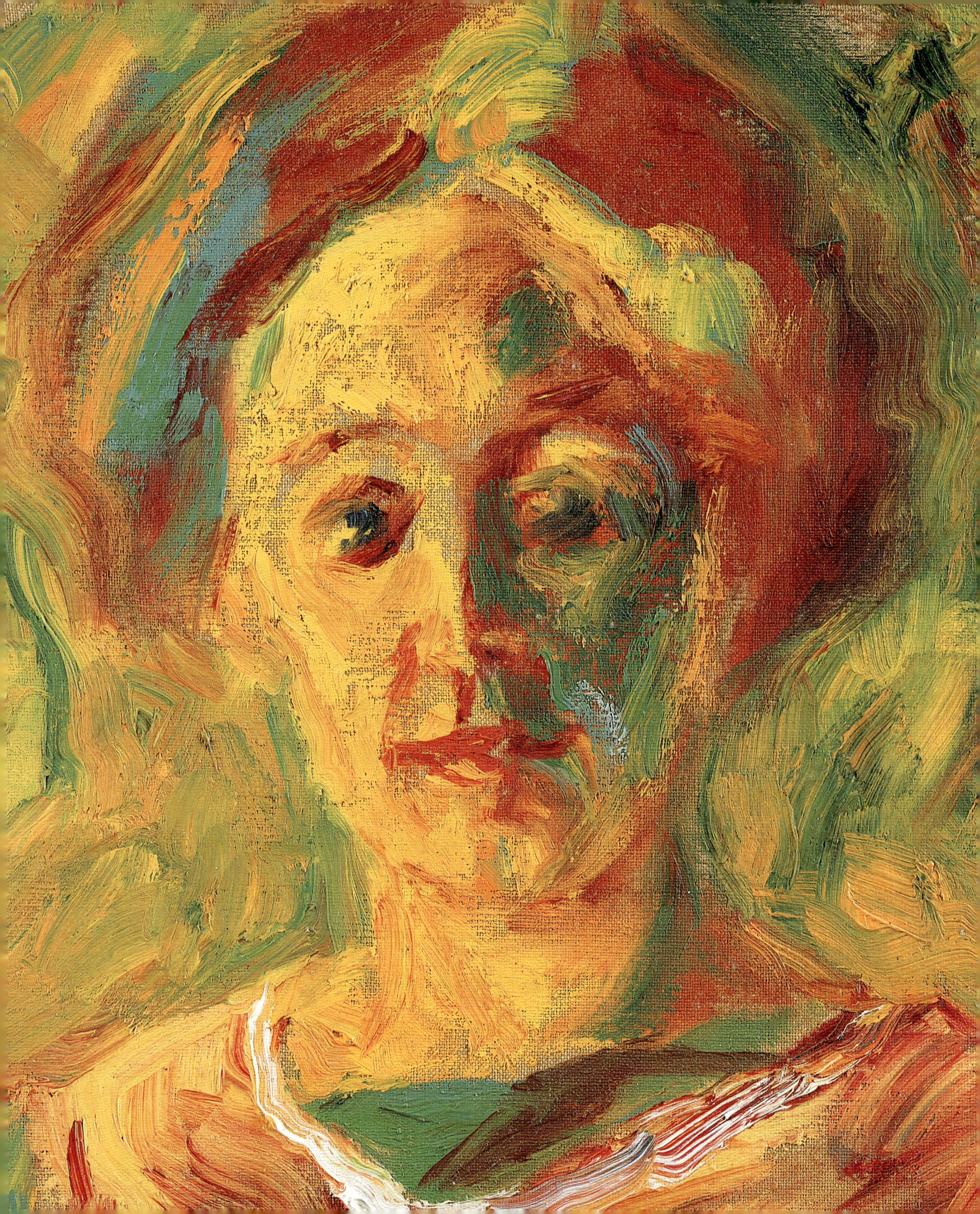

Manfred Reuther   »... ein paar Bildnisse nach
meiner Ada« (1903/04)

In den ersten Jahren nach seiner Heirat im Februar 1902 finden sich unter den Gemälden
Emil Noldes eine Reihe sehr persönlich gestimmter, meist kleinformatiger Bildnisse seiner
jungen Frau Ada, die – abgesehen von dem bekannten Interieur »Frühling im Zimmer« von
1904 – sozusagen nebenbei geschaffen wurden. Einige Zeit später überwiegen Bilder gemeinsam mit Freunden oder nahen Verwandten ihrer großen, dänischen Familie die Einzel-
darstellungen. Sie sind meist bei Besuchen entstanden oder gehen darauf zurück. In der
Folge der farbig reichen, idyllischen Gartenbilder, die Nolde – unter dem Einfluss des Spät-
impressionismus und angeregt durch die prächtigen Blumengärten seiner Nachbarn auf der
Ostseeinsel Alsen – von 1906 an etwa drei Jahre lang gemalt hat, erscheint Adas schlanke,
helle Gestalt häufig in einem langen, weißen Kleid, manchmal lesend mit einem Buch in der
Hand, zwischen den leuchtenden Blumen und hohen Stauden, gleichsam fest eingewoben
als integrierter Bestandteil der üppigen, freundlichen Natur. Diese frühen Blumengärten
haben den Maler, wie er gesteht, zur Farbe als seinem eigentlichen Ausdrucksmittel geführt.
Nach der Rückkehr von der Südseereise greift Nolde das Thema im Sommer 1915 von Neuem
auf, freilich mit veränderter Bildauffassung und deutlich gewandelter Gestaltungsweise, weit
großzügiger und flächiger angelegt, empathischer sowie dichter gesehen. Die Reihe dieser
farbkräftigen Gartenbilder, die überwiegend auf Utenwarf entstanden sind, zeigt zumeist aus-
schnitthaft und in großer Nähe einzelne Frauen, darunter auch Ada, untrennbar und wie
selbstverständlich in das Naturgeschehen eingebunden. Der Maler wird spürbar von einer
tiefen Sehnsucht geleitet, Mensch und Natur, zumal die Frau, die von ihrem Wesen her weit
inniger mit ihr verknüpft zu sein scheint, wie er meint, in seiner Kunst einer unverbrüchlichen,
harmonischen Einheit zuzuführen.

Das einzigartige Doppelporträt von 1916 mit dem aufrechten Künstlerpaar in strenger Vorderansicht, das beiden, wie Nolde am 10. Oktober dem befreundeten Museumsdirektor Max
Sauerlandt in einem Brief erklärt, große Freude bereitet hat, ist in den Sommermonaten zuvor
bald nach dem Umzug von Alsen an die Nordseeküste als eine Art Analyse und künstlerische
Dokumentation in Utenwarf entstanden (Kat. 12). In seiner konzentrierten Sichtweise und
ernsten Stimmung muss es als ein persönliches Resümee des Künstlers zum Abschluss der
wichtigen Lebensjahre auf Alsen und am Beginn einer neuen Phase angesehen werden. Unter
den zahlreichen Frauenbildnissen in Noldes folgender Aquarellmalerei lassen sich, was über-

Among Emil Nolde's paintings dating from the first years
after his wedding in February 1902, there are a number
of very personal, mostly small-format portraits of his
young wife Ada that, aside from the well-known 1904
interior "Springtime in the Room", he made, as it were,
in passing. Some time later, he showed an increasing
tendency to produce paintings depicting friends or close
relations from their large Danish family rather than
individual representations. These were usually made
during visits or drawn from such trips. In the suite
of richly coloured, idyllic garden pictures painted by
Nolde – under the influence of Late Impressionism and
inspired by his neighbours' magnificent flower gardens
on the Baltic Sea island of Als – for about three years
starting in 1906, Ada's vivid and slender figure often
features, wearing a long white dress, sometimes reading
from a book in her hands, between radiant flowers and tall
shrubs, strongly woven into the whole like an integral part
of a sumptuous, benevolent nature. As Nolde admitted,
these early garden pictures led to his use of colour as his
true means of expression. After returning from his journey
to the South Seas, he once again took up the theme in
the summer of 1915, this time however with an altered
pictorial approach and a considerably changed style of
composition, much more lavish and flatter, more empathic
and seen from a closer vantage point. This group of
powerfully coloured garden pictures painted largely at
Utenwarf mostly depict close-up details of individual
women, including Ada, inseparably and quite naturally
integrated into the natural elements. The painter was
palpably guided here by the deep desire to join humankind and nature in an inviolable and harmonious entity
in his art, particularly women whom he believed to be
inherently much more intimately tied to nature.
The only double portrait from 1916 with the upright
artist couple shown in a strict frontal view that pleased
both of them, as Nolde explained in a letter dated
10 October, to his friend, the museum director Max
Sauerlandt, was made at Utenwarf as a kind of analysis
and artistic documentation during the previous summer
months, shortly after they moved from Als to the North
Sea coast (cat. 12). In its concentrated point of view and
serious demeanour, the portrait must be seen as a personal
resume made by the artists at the conclusion of the important years he spent on Als and at the start of a new phase.
Surprisingly, only a few portraits of his wife Ada can be
identified among the numerous women's portraits painted
afterwards by Nolde in watercolours, while there are

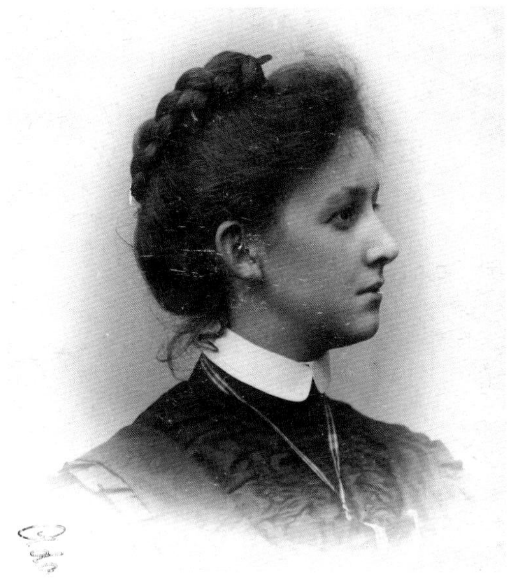

Ada Vilstrup,
Kopenhagen 1899

Ada Vilstrup,
Copenhagen 1899

raschen mag, nur wenige von seiner Frau Ada ausmachen; doch in gleicher Weise ist auch die Zahl der Selbstbildnisse im späteren Werk auffallend begrenzt. Bei den graphischen Arbeiten, den Radierungen, Holzschnitten, darunter das signethaft sichere, doch ebenso persönliche Ada-Bildnis von 1906 mit aufgelöstem, langen Haar als Pendant zu dem gleichzeitigen Selbstporträt des Malers sowie bei der Folge der ersten Lithographien finden sich thematisch kaum neue, grundsätzlich abweichende Darstellungen von Ada (Kat. 44). Vielmehr stehen diese häufig in engem Bezug zu denen der Malerei und bleiben ebenso auf die frühe Zeit beschränkt. Einige Jahre später folgt – wiederum in Verbindung mit einem nahen, vergleichbaren Selbstbildnis – als einzelnes, feinsinniges Porträt die zarte, ruhig wirkende Radierung von 1911 mit der einfachen, sachlichen Titelangabe »Frau N.«.

Im Fischerdorf Hundestedt am Isefjord im nordwestlichen Seeland, wohin sich Nolde im Frühsommer 1901 bei einem längeren Aufenthalt von Kopenhagen aus zum Malen begeben hatte, war er erstmals der weit jüngeren attraktiven Pastorentochter und angehenden Schauspielerin Ada Vilstrup (1879–1946) begegnet, die von Knud Rasmussen, ihrem engen Freund, dem späteren Polarforscher, begleitet wurde. »Bei meinen begonnenen Bildern stehend – auf meinen Hemdsärmeln saßen alle Farben der Palette – kamen ein junger Mann und ein junges Mädchen«, um ihn um eine Auskunft zu bitten, erinnert sich Nolde. »Nachher saßen sie in der Laube, Kaffee trinkend. Ich stand an einen Pfosten gelehnt, sprechend mit dem jungen Mann. Das Mädchen schaute immerzu mich an, den halbverkommenen Sonderling, der nur schwer konnte Worte finden.« (I, 228 f.)* Die Unterhaltung erfolgte in dänischer Sprache, die Nolde von Kindheit an gelernt hatte und fließend beherrschte. Einige Zeit später traf er Ada in Kopenhagen zufällig auf der Straße wieder; unversehens entwickelte sich zwischen beiden eine ernste, innige Beziehung.

similarly noticeably fewer self-portraits in his later work. There are hardly any thematically new, fundamentally divergent portrayals of Ada among his engravings and woodcuts, including the signet-like secure, but equally personal 1906 portrait of Ada with long dishevelled hair as a counterpart to the painter's self-portrait dating from the same time as well in the group of his first lithographs (cat. 44). These are instead often very closely related to the painted depictions and are likewise largely confined to the early period. Several years later – again in conjunction with a similarly comparable self-portrait – a single, sensitive portrait followed, namely the delicate, outwardly calm engraving from 1911 that is simply and soberly entitled "Mrs. N."

In the fishing village of Hundestedt on Isefjord in northwestern Seeland, where Nolde went to paint in the early summer of 1901 during his longer stay in Copenhagen, he first encountered the much younger, attractive and intelligent pastor's daughter and budding actress Ada Vilstrup (1879–1946), who was accompanied by her close friend, the future polar explorer Knud Rasmussen. "While standing next to the pictures I had begun – with all the colours of the palette on my sleeves – a young man and a young girl came" to him with the request for some information, Nolde recalled. "Afterwards, they sat in the arbour drinking coffee. I stood, leaning against a post, speaking with the young man. She looked incessantly at me, the half-squalid misfit who had problems finding the right words" (I, 228f.).* The conversation was conducted in Danish, which Nolde had learned since childhood and spoke fluently. A short while later, he met Ada by chance again on the street in Copenhagen and suddenly a serious and intimate relationship developed between the two of them. Letters were exchanged almost daily to and from Copenhagen during the following summer weeks, which the painter spent withdrawn in the remote little fishing village of Lild Strand on the Jammerbugt in North Jutland. "I am fortunate to have been able to find solitude; no stranger lives in a radius of many miles," he cheerily reported to Ada in late July. The several weeks Nolde

---

* Die mit römischen Ziffern und Seitenangaben nachgewiesenen Zitate stammen aus Noldes vierbändiger Autobiographie, Köln 2002. Alle zitierten Schriften sind in der Bibliographie ausführlich angegeben.

---

* The quotations indicated with Roman numerals and page numbers are taken from Nolde's four-volume autobiography, Cologne 2002. A comprehensive listing of all cited sources can be found in the bibliography.

spent in the seclusion of Lild Strand assumed a special significance over the course of his life and can be seen as a kind of cathartic experience. Individuation increasingly led him to a self-approach as well as the first, cautious affirmation of his artistic path, albeit more in the realm of intentions and ideas during this early phase, the realisation of which he was as yet unable to adequately accomplish in his own individual manner of expression. In the evenings and at night he made numerous small-format pen drawings in black India ink on simple pieces of paper, even envelopes. These imaginary works feature a colourful cast of scallywags with robbers' dens, sandpipers, wild men, and excited women dressed in flowing garments as well as sleepwalkers and sun worshippers. The free and direct manner in which they were recorded could cause them to be thought of as kinds of autobiographical statements, a kind of psychogram, and simultaneously an artistic counterpart to the animated, intimate correspondence he carried on during these weeks. The painter's abrupt secluded withdrawal by the sea had shown him his future path; it brought him elementary clarification in personal matters as well as his artistic development that he could not yet even begin to comprehend completely.

The "young budding actress" (I, 240) was immediately impressed by the artist's thoughtful and sombre character as well as his strong and determined personality; it was a kind of love at first sight. They became engaged after Nolde's return in the fall and were married the following February in St. Luke's Church at Frederiksberg near Copenhagen. "We were married by a one-eyed pastor," Nolde reported. "Several people wondered why the two of us, particularly the two of us, wanted to be together; but we wanted to and that is the way that it now was" (I, 246). This decisive phase of his life was accompanied by the demonstrative name change: "My name – during the first, preparatory half of my life – was formerly Hansen; the second, artistic part, now began fresh and forthright with the 'officially sanctioned' name: Emil Nolde" (I, 247).

Ada, of delicate shape and grace, "with the mermaid head and 'green-gold-grey' eyes," as her friend Hans Fehr described her, is generally portrayed as an impressive and agreeable, but simultaneously self-assured and spirited woman with energy and much perseverance. She was intermittently loved and revered by such young "Brücke"

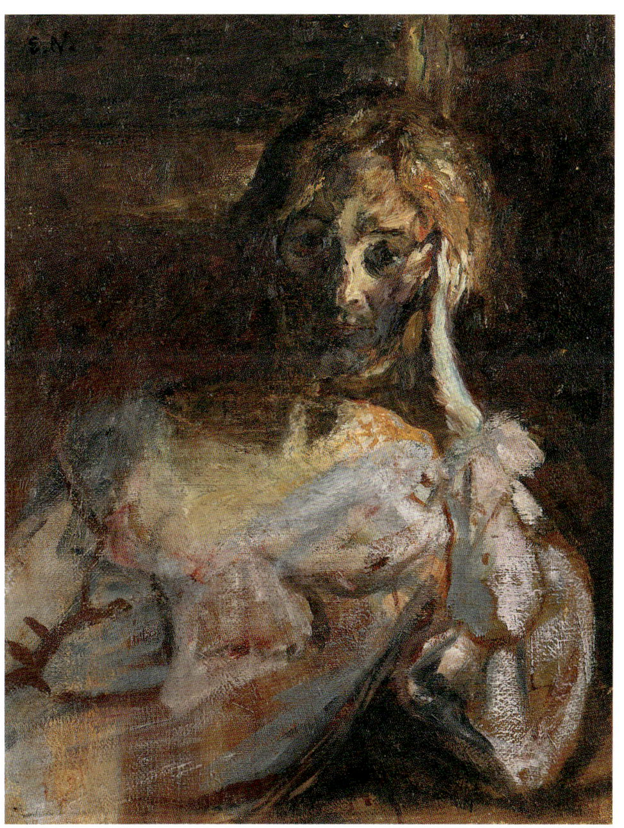

»Bildnis Ada (II)«, 1903
Portrait of Ada (II), 1903

In den folgenden Sommerwochen, die der Maler zurückgezogen in dem entlegenen kleinen Fischerdorf Lildstrand an der Jammerbucht in Nordjütland verbrachte, wechselten fast täglich Briefe von und nach Kopenhagen. »Ich habe das Glück, Einsamkeit zu finden; es wohnt kein fremder Mensch im Umkreis mehrerer Meilen«, berichtet er Ada freudig Ende Juli. Der mehrwöchige Aufenthalt im abgeschiedenen Lildstrand nimmt in Noldes Lebensgang einen besonderen Stellenwert ein und kann als eine Art Katharsis angesehen werden. Die Individuation führte ihn verstärkt zu einer Selbstannäherung und ebenso zu einer ersten, vorsichtigen Versicherung seines künstlerischen Weges, wenngleich in dieser frühen Phase mehr in Absichten und Vorstellungen, deren Umsetzung er in adäquater, eigenständiger Ausdrucksweise noch nicht zu leisten vermochte. In den Abend- und Nachtstunden entstanden mit schwarzer

Tusche oder mit Tinte auf einfachen Papieren, selbst Briefumschlägen, zahlreiche frei erfundene, kleinformatige Federzeichnungen mit buntem Gesindel, mit Räuberstuben, Strandläufern, wilden Männern, auch erregten Frauengestalten in wallenden Kleidern, mit Nachtwandlern oder Sonnenanbetern. In ihrer freien, unmittelbaren Niederschrift können sie gleichsam als autobiographische Äußerungen, als eine Art Psychogramm und zugleich als bildnerisches Pendant zu der regen, intimen Korrespondenz dieser Wochen gelten. Der unvermittelte Rückzug in die Einsamkeit am Meer hatte dem Maler seinen künftigen Weg gewiesen; er brachte eine grundsätzliche Klärung sowohl in menschlichen Bereichen als auch für seine künstlerische Entwicklung, die er selbst nicht gleich in vollem Ausmaß zu erfassen vermochte.

Die »junge beginnende Schauspielerin« (I, 240) war von der tiefen, schweren Wesensart und der starken, eigenwilligen Persönlichkeit des Künstlers sogleich beeindruckt; es war eine Art Liebe auf den ersten Blick. Nach Noldes Rückkehr verlobten sie sich im Herbst und heirateten im folgenden Februar in der St.-Lucas-Kirche in Frederiksberg bei Kopenhagen. »Ein einäugiger Pfarrer besorgte die Trauung«, berichtet Nolde. »Einige nur sich wunderten, daß wir zwei, gerade wir zwei zusammenwollten; wir aber es wollten, und das war nun so.« (I, 246) In dieser entscheidenden Lebensphase erfolgte demonstrativ der Wechsel seines Namens: »Hansen war bisher – in der ersten, vorbereitenden Hälfte des Lebens – mein Name gewesen, der zweite, künstlerische Teil jetzt begann frisch und freimütig mit dem ›behördlich bewilligten‹ Namen: Emil Nolde.« (I, 247)

painters as Erich Heckel (1883–1970) and Karl Schmidt-Rottluff (1884–1976). Elisabeth Erdmann-Macke, the widow of the painter August Macke (1887–1914), who was killed in World War I, described her at their first meeting in 1928 as "a fine, very congenial Danish woman." "Later," however, she showed "a certain arrogance, a superiority. She exuded a chilliness that elicited aloofness." Ada was born in 1879 as the ninth child of Pastor Christian Vilstrup on the west coast of Jutland in the small village of Resen near Limfjord. She grew up on the island of Funen and in Copenhagen after her father's death. She possessed a talent for music, played the piano and had singing lessons as well as acting lessons in Copenhagen with the well-known author, actor and theatrical director Herman Bang, performing her first roles at the Dagmar Theatre. Her bold plan to assist the artist couple's desperate financial situation by appearing as a singer in the fall of 1904 at a Berlin cabaret with a goose she had trained on Als, failed miserably. "My beloved tarries among the lions, – but none of them can do her any harm," Nolde wrote to his friend Hans Fehr on 17 October, "because our burning love has made her invulnerable." Herman Bang had already certified in a

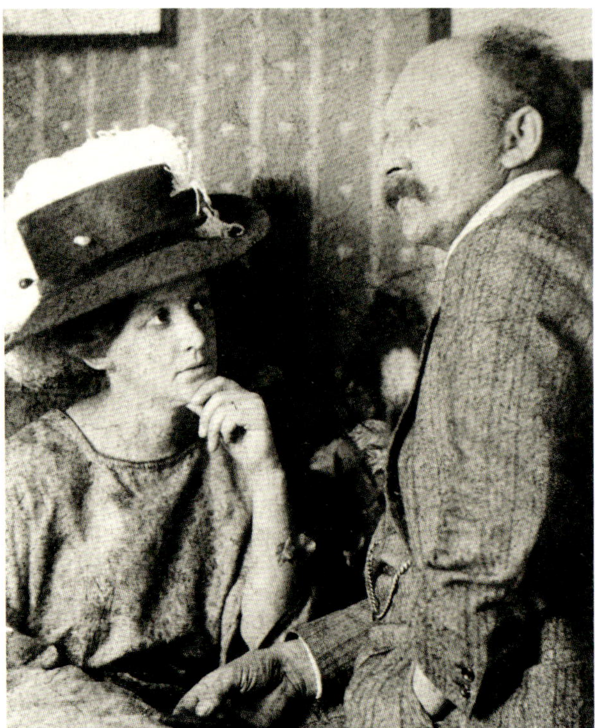

Ada und Emil Nolde,
Berlin 1908

Ada and Emil Nolde,
Berlin 1908

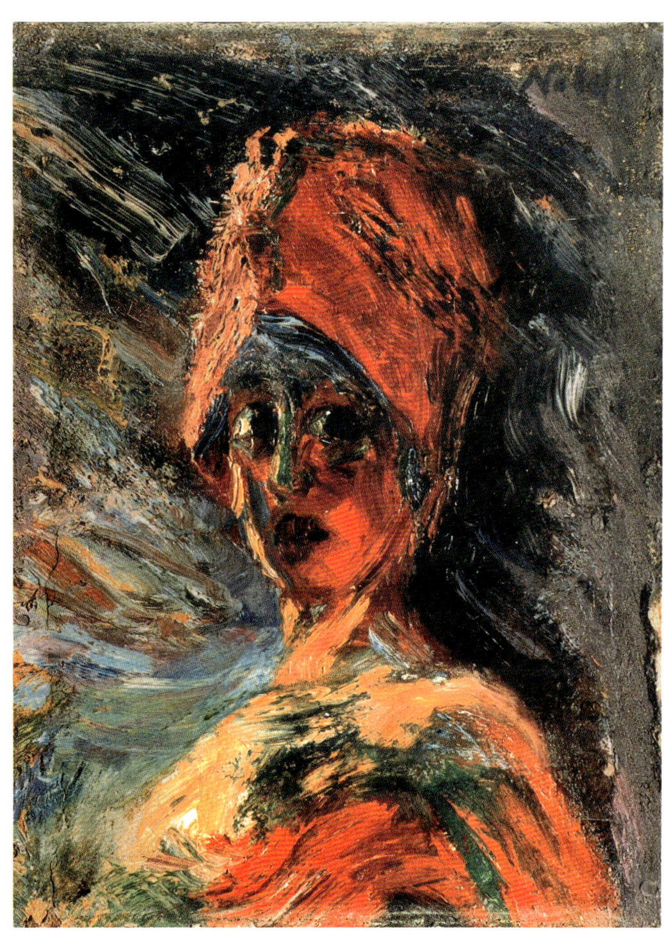

»Muggi«, 1904

Muggi, 1904

Ada, zierlich von Gestalt und voll Anmut, »mit dem Nixenköpfchen und den ›grün-gold-grauen‹ Augen«, wie der Freund Hans Fehr sie beschreibt, wird allgemein als eine eindrucks-volle und liebenswürdige, zugleich selbstbewusste, durchaus beherzte Frau mit Energie und starkem Durchsetzungsvermögen geschildert. Von den jungen »Brücke«-Malern Erich Heckel (1883–1970) oder Karl Schmidt-Rottluff (1884–1976) wurde sie zeitweise geliebt und verehrt. Die Frau des im Krieg gefallenen Malers August Macke (1887–1914), Elisabeth Erdmann-Macke, schildert sie 1928 bei ihrer ersten Begegnung als »eine feine, sehr sympathische Dänin«; allerdings habe sie »später einen gewissen Hochmut, eine Überlegenheit« gezeigt. »Es ging eine Kälte von ihr aus, die Zurückhaltung hervorrief.«

Ada wurde 1879 als neuntes Kind des Pastors Christian Vilstrup an der Westküste Jütlands in dem kleinen Dorf Resen nahe dem Limfjord geboren und ist auf der Insel Fünen, nach dem Tod des Vaters in Kopenhagen aufgewachsen. Sie war musikalisch begabt, spielte Klavier und hatte eine Ausbildung in Gesang erfahren, darüber hinaus in Kopenhagen bei dem bekannten Schriftsteller, Mimen und Theaterregisseur Herman Bang Schauspielunterricht erhalten mit ersten Rollen am Dagmartheater. Ihr kühnes Vorhaben, als Sängerin mit einer von ihr auf Alsen abgerichteten Gans im Herbst 1904 bei einer Berliner Varietébühne aufzutreten, um die finanziell verzweifelte Lebenslage des Künstlerpaares aufzubessern, scheiterte kläglich. »Mei-ne Geliebte weilt unter Löwen, – alle aber können sie ihr nichts anhaben«, schreibt Nolde am 17. Oktober an den Freund Hans Fehr, »weil sie durch unsere brennenden Lieben gefeit ist.«

personal letter of reference dated 14 October that she "took lessons" with him and praised her by saying that "she possessed a very original talent, much naturalness and a true knack for acting. She makes a droll and fine impression at the same time." On her own in Berlin with her somewhat adventurous undertaking, she suffered a severe breakdown and had to be put under a physician's care. An urgently recommended stay in the south of Italy that was financed by friends followed in the winter of 1904/05, first in Taormina, then on Ischia; she was accompanied by her husband who never left her side. After getting married, the young couple spent their first year living happily though very humbly in the Berlin studio that Nolde had rented the previous fall but was unable to keep for financial reasons. "It was cold in the room and I could not bear that," Ada grumbled in the many-paged Danish memoir she submitted in May 1935 to a foundation of her family association, Den Vilstrupske Hjælpefond. "My kidneys ailed and that was the start of my long years of suffering." With deep affection for his wife, Nolde was persistent in caringly sharing her fate. "Long hours and days I spent at her sick bed," he noted in retrospect (II, 79). On the other hand, however, despite her severe and protracted illnesses as well

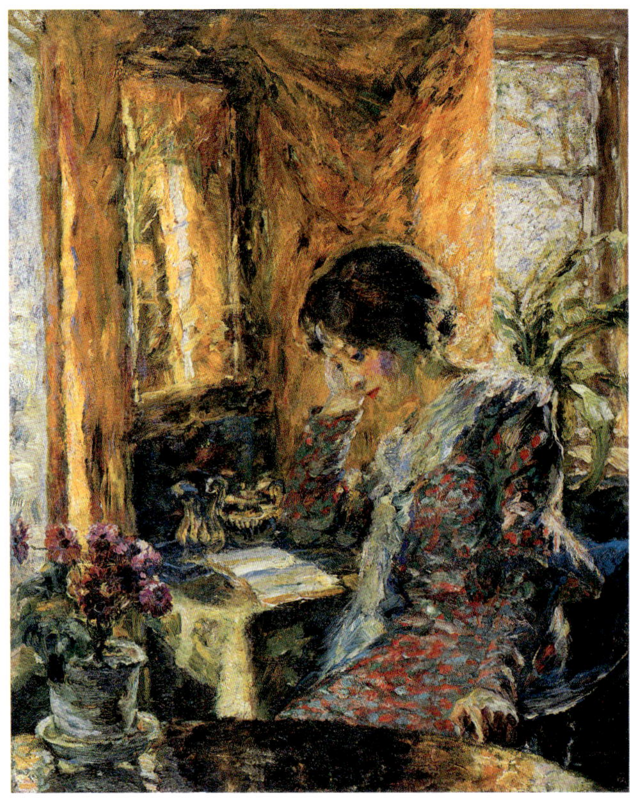

»Frühling im Zimmer«, 1904

Springtime in the Room, 1904

Herman Bang hatte ihr zuvor am 14. Oktober in einem persönlichen Schreiben bescheinigt, dass sie bei ihm »Unterricht genommen« habe, und ihr ein löbliches Zeugnis ausgestellt, »daß sie ein ganz originelles Talent« besäße, »große Ursprünglichkeit und wahre Darstellungsgabe. Sie wirkt aufs selbe Mal drollig und fein.« In Berlin, bei ihrem etwas abenteuerlichen Unternehmen allein auf sich gestellt, erlitt sie einen schweren Zusammenbruch und musste ärztlich versorgt werden. Für den Winter 1904/05 folgte ein dringend angeratener Aufenthalt im Süden Italiens, der von Freunden finanziert wurde, zunächst in Taormina, dann auf Ischia; ihr Mann hat sie begleitet und ist nicht von ihrer Seite gewichen.

Nach der Heirat lebte das junge Paar im ersten Frühjahr glücklich, doch höchst ärmlich in Noldes Berliner Atelier, das der Maler im Herbst zuvor angemietet hatte, doch aus finanziellen Gründen nicht halten konnte. »Kalt war es im Zimmer, und das ertrug ich nicht«, klagt Ada in ihrer mehrseitigen Lebensrückschau, die sie im Mai 1935 in dänischer Sprache an eine Stiftung ihres Familienverbandes, Den Vilstrupske Hjælpefond, eingereicht hatte; »meine Nieren wurden krank und damit begann meine lange Leidensgeschichte.« In tiefer Zuneigung zu seiner Frau hat Nolde ihr Schicksal stets fürsorglich mitgetragen; »Lange Stunden und Tage saß ich an ihrem Krankenbett«, bemerkt er rückblickend (II, 79). Andererseits hat Ada trotz ihrer schweren, langwierigen Erkrankung und häufigen Aufenthalten in Krankenhäusern oder Sanatorien ihren Mann von Anfang an unbedingt und selbstlos mit großem Verständnis für sein künstlerisches Werk einfühlsam und tatkräftig unterstützt, den Alltag und die prag-

as frequent hospital and sanatorium stays, from the very beginning Ada sensitively and actively supported her husband with much absolute and selfless understanding for his artistic work. In order to ease her husband's lot, she assumed the routine tasks and pragmatic aspects of an artist's life. For example, she not only labelled his prints and systematised their various editions but also cared for the packing and transportation of his pictures, exhibitions, plans, contacts and negotiations, taking on responsibilities up to and including the business side of his work. She often conducted his correspondence and accompanied him on his far-off journeys to the South Seas or Spain. Later, she supervised the difficult construction work on the house and studio at Seebüll, including the arrangement of the garden, albeit while in constant communication with the artist. She sought out advantageous contacts during the extremely difficult period when Nolde was banned from painting. Together with her husband, she even learned how to print woodcuts from the younger "Brücke" painter Karl Schmidt-Rottluff when he acquired a printing press for the much older Nolde in the summer of 1906 and spent several weeks on Als teaching the technique to the couple. "My beloved and beautiful companion, my Ada, stood at my side during the second part of my life. She was lucid and endearing and thoughtfully astute," Nolde admitted, deeply moved. "And she was unsullied and valiant in the process, joining me in the dangers of the tropics, the storms of the seven seas and was always helpful throughout all the usual periods of trials and tribulations to the extent that her resources and delicate health permitted her to do so" (IV, 177). Although Ada had largely given up her own artistic ambitions, the art collector and patron Karl Ernst Osthaus arranged for her work to be represented by a number of weavings at the 1913 Exposition universelle in Ghent where she was awarded a silver medal by the jury. Nolde found particular inspiration in the time they became acquainted with each other as well as their first joint steps together. "In our joy in being alone, we stood naked in front of the mirror," he recorded candidly in his autobiography, "next to each other like soldiers in order to see what they are like, man and woman, in their diversity, in form and colour" (II, 25). Afterwards, he immediately captured the occurrence in a series of simple large-format pen-and-ink drawings made on sturdy cardboard, parts of which he subsequently reworked in watercolour. He additionally drew portrayals of everyday life in charcoal

matische Seite des Künstlerlebens etwa mit dem Beschriften der graphischen Arbeiten und Ordnen der verschiedenen Auflagen, dem Verpacken sowie dem Versand der Bilder, den Ausstellungen, Planungen, Kontakten und Verhandlungen bis in die geschäftsmäßigen Bereiche verantwortet, häufig die Korrespondenz geführt, den Maler auf seinen fernen Reisen in die Südsee oder nach Spanien begleitet, später das schwierige Bauvorhaben des Wohn- und Atelierhauses Seebüll mit der Anlage des Gartens geführt – freilich stets in enger Absprache –, in der äußerst schwierigen Zeit des Malverbots förderliche Kontakte gesucht, um das Los Noldes zu erleichtern. Selbst das Drucken von Holzschnitten hatte sie gemeinsam mit ihrem Mann durch den jungen »Brücke«-Maler Karl Schmidt-Rottluff erlernt, als dieser dem weit älteren Nolde im Sommer 1906 während eines mehrwöchigen Besuchs auf Alsen eine Druckerpresse besorgt und das Ehepaar in diese Technik eingewiesen hatte. »Im zweiten Teil des Lebens stand neben mir meine geliebte und schöne Gefährtin, meine Ada. Sie war licht und lieb und fürsorglich klug«, bekennt Nolde tief bewegt. »Dabei war sie frisch und tapfer, mit mir gehend in den Gefahren der Tropen, den Stürmen der Weltmeere und immer helfend durch alle zeitlichen Wirrnisse und Irrungen hindurch, soweit ihre Kräfte und ihre zarte Gesundheit es ermöglichten.« (IV, 177) Wenngleich sie ihre eigenen künstlerischen Ambitionen weitgehend zurückgestellt hatte, war sie 1913 auf Vermittlung des Kunstsammlers und Mäzens Karl Ernst Osthaus mit mehreren Webarbeiten auf der Weltausstellung in Gent vertreten und erhielt von der Jury eine Silbermedaille zugesprochen.

Die frühe Zeit der Annäherung und der ersten gemeinsamen Schritte haben den Maler in besonderer Weise angeregt. »In unserem Glück des Alleinseins stellten wir uns nackt vor den Spiegel hin«, berichtet er freimütig in seiner Autobiographie, »nebeneinander, wie Soldaten, um zu sehen, wie sie seien, Mann und Weib, in ihrer Verschiedenheit, in Form und Farbe.« (II, 25) Das Geschehen hat er gleich in einer Folge von einfachen, großformatigen Tuschpinselzeichnungen auf festem Karton festgehalten, von denen er einige in Teilen nachträglich mit Aquarellfarben übergangen hat. Darüber hinaus zeichnete er mit Kohle und Bleistift Darstellungen aus dem Alltagsleben, die seine junge Frau beim Nähen, in den Abendstunden beim Schreiben oder beim Klavierspiel zeigen, sowie mit schwarzer Tusche ein kleines, laviertes Bildnis »efter min lille Ada – til vores Mor« (nach meiner kleinen Ada – für unsere Mutter), das der Maler mit dieser persönlichen Widmung als Gruß ihrer Mutter geschenkt hat. Ab 1906 entstand auch, wic erwähnt, eine Reihe graphischer Arbeiten mit Bildnissen unterschiedlicher Art.

Wohl mehr im Sinne einer Auftragsarbeit malte Nolde im Sommer 1902 ganz konventionell das gewiss repräsentativ gemeinte Doppelporträt von Adas Onkel, »des alten würdigen Probstes« Henrik Vilstrup (II, 14), gemeinsam mit seiner zierlichen, kleinen Nichte an seiner Seite bei einem Besuch des jung verheirateten Paares im Pastorat von Borris, dem Familiensitz der Vilstrups in Westjütland. Der fremde, bisher unbekannte Maler hatte sich als neues Familienmitglied mit diesem Bildwerk einzuführen und ein Beispiel für sein Können zu erbringen, was

and pencil showing his young wife sewing, writing in the evening or playing the piano as well as a small wash drawing made in black ink, a portrait "efter min lille Ada – til vores Mor" (after my little Ada – for our mother) that he gave as a present to her mother with this personal dedication. As mentioned above, Nolde also produced a series of prints featuring various types of portraits beginning in 1906.

Probably more in the sense of a commissioned work, Nolde painted a very conventional double portrait in the summer of 1902 that was certainly intended to be representative in nature. It depicts Ada's uncle Henrik Vilstrup, "the dignified old provost" (II, 14) with his graceful little niece at his side that was painted during the newlywed couple's visit to the pastorate at Borris, the seat of the Vilstrup family in West Jutland. The newcomer to the family, then still an unknown painter, introduced himself with this picture as well as demonstrating his talent. He was apparently successful in this because the provost obtained an ecclesiastical commission for him to paint an altar picture some two years later.

The following autumn, the couple moved to a small modest attic flat in Flensburg where, years before, Nolde (still under the name Emil Hansen) had completed his carving apprenticeship at Heinrich Sauermann furniture factory. "And things did not work out with my painting," he complained in his writings. "Every day I stood before nature and worked, half desperately struggling." Aside from landscapes, he tried to "paint a few portraits … of my Ada, but I had the bad habit of starting very very late in the evening, when she was tired and going to bed would have been wiser. But the decision to start the picture, wresting myself away from the everyday, that was something that was always hard for me, then as well as later" (II, 16). The small private "Portrait of Ada (II)" was painted in early 1903 by artificial light during the late evening hours in the Flensburg flat. Painted directly onto the canvas, it entails a very expressive and yet intimate and sensitive portrayal featuring a lavish design and a certain gestural dynamism in addition to a clearly arranged composition despite its reserved and earthy colour scheme (fig. p. 15). Previously, Nolde drew numerous large-scale charcoal studies of Ada with similar motifs during their intimate evenings at home. The painter left the face seen from up close in half-shadows causing the forehead, eyes and the bridge of the nose to stand out. The lateral lamplight models Ada's head, torso, dress and the arm on which she

ihm offensichtlich gelungen ist. Denn fast zwei Jahre später konnte ihm der Probst einen kirchlichen Auftrag für ein Altarbild vermitteln.

Im folgenden Herbst bezog das Paar eine kleine, bescheidene Dachwohnung in Flensburg, wo Nolde Jahre zuvor (noch als Emil Hansen) in der Möbelfabrik von Heinrich Sauermann eine Lehre im Schnitzen absolviert hatte. »Und mit meinem Malen ging es nicht«, klagt er in seinen Schriften. »Ich stand vor der Natur, täglich arbeitend, ringend in halber Verzweiflung.« Neben Landschaften versuchte er »Nach meiner Ada … ein paar Bildnisse zu malen, hatte aber die üble Neigung, erst ganz, ganz spät des Abend[s] zu beginnen, wenn sie müde war und Schlafengehen vernünftiger gewesen wäre. Aber der Entschluß zum Beginnen des Bildes, das Sichlosreißen vom Tagtäglichen, es war mir immer besonders schwer, damals, und auch später.« (II, 16)

Bei dem kleinen, privaten »Bildnis Ada (II)«, das im Frühjahr 1903 in den vorgerückten Abendstunden bei künstlichem Licht in der Flensburger Wohnung unmittelbar auf der Leinwand ausgeführt wurde, handelt es sich um eine ausdrucksstarke, zugleich intime und feinsinnige Darstellung, die trotz ihrer verhaltenen, tonigen Farbigkeit eine großzügige Gestaltungsweise und eine gewisse Dynamik im Duktus, doch ebenso eine klar angelegte Bildordnung aufweist (Abb. S. 15). Zuvor hatte er in der abendlichen Vertrautheit mit Kohle mehrere großformatige Studien nach Ada gezeichnet mit ähnlichen Motiven. Das Gesicht, nah gesehen, hat der Maler im Halbdunkel gehalten, Stirn, Augenpartie und Nasenrücken hervortreten lassen. Das seitlich einfallende Licht einer Lampe modelliert den Kopf, Oberkörper, das Kleid und den aufgestützten Arm, der in dem Dreiecksschema der Komposition auf das Gesicht hinlenkt. Das Gemälde befindet sich als großzügige Schenkung aus der Verwandtschaft des Malers seit Jahren in der Sammlung der Nolde Stiftung Seebüll. Das zuvor entstandene, wohl eng verwandte Werk, »ein besonders schönes Bildnis meiner Ada – um das mit mir sie traurig war«, verbrannte mit zwölf weiteren Gemälden und einer Kiste graphischer Arbeiten, als im Sommer 1912 der Bauernhof von Noldes Schwester Catharina Bonnichsen – »ein viereckiger strohgedeckter Bau« im Dorf Stemmilt bei Tondern – durch Blitzschlag unversehens »in Flammen stand, wie eine zum Himmel hochlodernde Fackel«. Von den Kunstwerken des Malers »blieb nichts erhalten als nur die leeren Titel«, bemerkt Nolde lakonisch (II, 37 f.). An Gustav Schiefler, den Hamburger Landgerichtsdirektor und Bearbeiter seines graphischen Werks, schreibt er am 14. August: »Ein kleines schönes Bild nach meiner Frau vom Jahre 1902 [sic] hätte ich, auch als Maler, so sehr gern behalten.«

In den ersten Monaten des folgenden Jahres malte Nolde, der inzwischen auf Alsen ein kleines Fischerhaus gemietet und sich hinter dem hohen Buchenwald am nahen Strand aus Brettern ein Atelier mit unverstellbarem Blick auf die Ostsee errichtet hatte, durch Vermittlung von Adas Onkel Probst Vilstrup, wie erwähnt, im Frühjahr 1904 ein konventionelles Altarbild für

leans that within the composition's triangular scheme directs the viewer's attention to her face. The painting has been in the Nolde Foundation's collection at Seebüll for years as a generous donation from the painter's family. A previously painted work that was probably closely related to it, "a particularly beautiful portrait of my Ada – about which she joined me in sorrow," was destroyed along with twelve further paintings and a box of prints in the summer of 1912 when the farmstead of Nolde's sister Catharina Bonnichsen – "a four-cornered, straw-thatched building" in the village of Stemmilt near Tondern – suddenly "stood in flames like a torch blazing up to the sky" after being struck by lightning. Of the painter's artworks, "nothing remained other than just the empty titles," Nolde noted laconically (II, 37 f.). On 14 August, he wrote to Gustav Schiefler, the Hamburg district court director and compiler of the catalogue of his prints, "As a painter as well, I would love to have held onto a small beautiful picture of my wife from 1902 [sic]."

As mentioned above, Ada's uncle Provost Vilstrup helped Nolde earn some money by obtaining a commission for him to paint a conventional altar picture for the little village church at Ölstrüp near Borris in early 1904. The painter was then renting a small fisherman's house on Als, working on the nearby beach behind the high beech forest where he built a studio out of wooden planks, with a view of the Baltic Sea. The commissioned work was closely oriented on Rembrandt's 1648 "Supper at Emmaus" which Nolde had admired in the Louvre during his stay in Paris at the turn of the century. Admittedly very different in character, and deeply felt, are the four generously arranged and more or less free small-format portraits he made of Ada about the same time. In one of them, she is pictured from the front, wearing "a green dress", displaying a certain amount of seriousness as an artist's wife (cat. 2). Two others are full of vigorous and brash dynamics as well as an expressive use of colours. Nolde titled them with Ada's pet name "Muggi" or "Minuggi" under which they are officially listed in the catalogue raisonné of his paintings (fig. p. 17).

While the painter worked by candlelight "well into the night" in his studio shack on the beach, applying "the final colours that – for technical reasons – still had to be painted on this day", Ada sat in the nearby fisherman's house "or walked about between the vegetable patches and

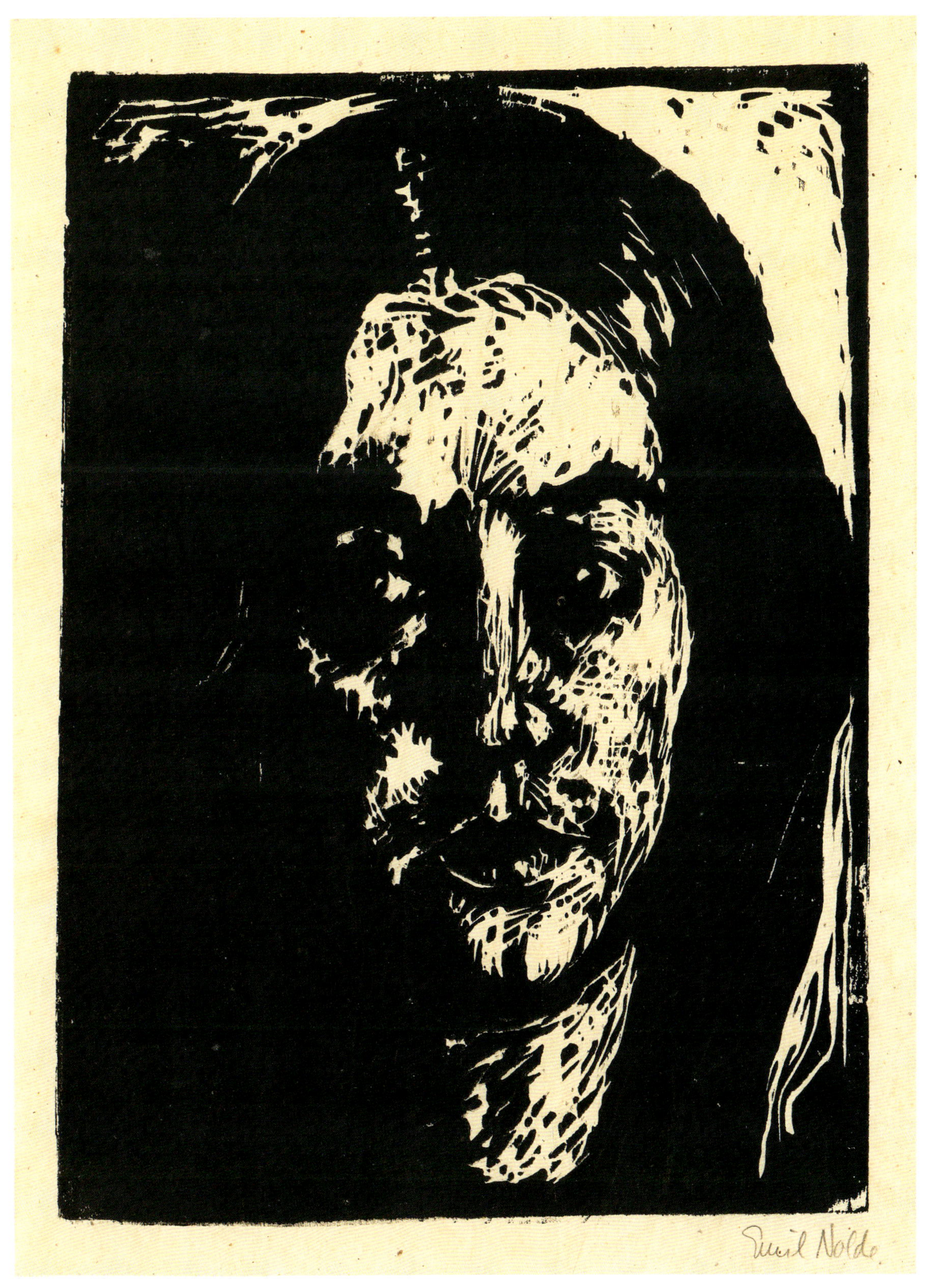

44 | »Ada«, 1906
| Ada, 1906

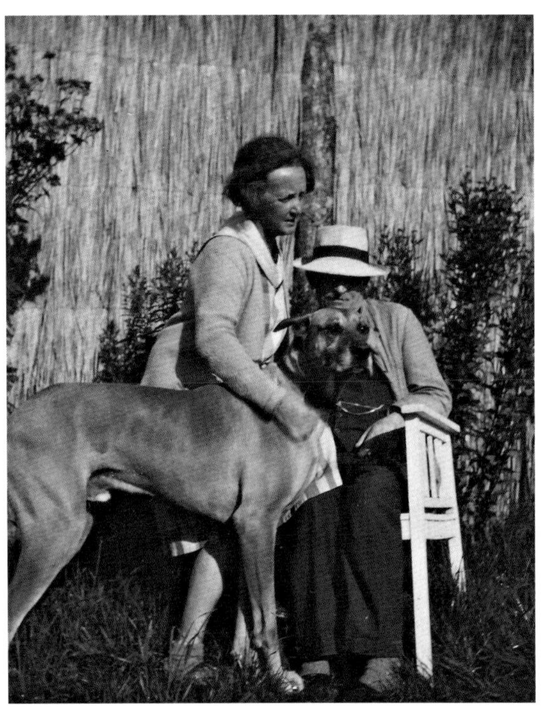

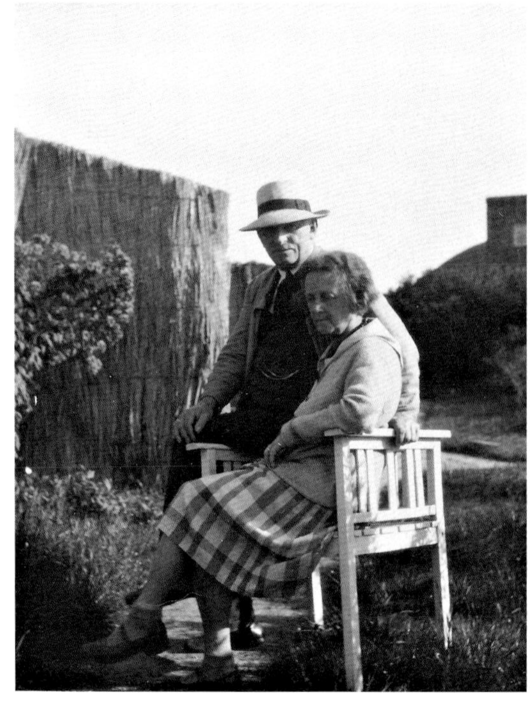

Ada und Emil Nolde, Seebüll um 1940

Ada and Emil Nolde, Seebüll circa 1940

die kleine Dorfkirche in Ölstrup nicht weit von Borris, um etwas Geld zu verdienen. Die Auftragsarbeit entstand in enger Anlehnung an Rembrandts Gemälde der »Jünger zu Emmaus« von 1648, welches Nolde zur Jahrhundertwende bei seinem Paris-Aufenthalt im Louvre bewundert und studiert hatte. Etwa zur gleichen Zeit entstanden – freilich ganz anders geartet und persönlich empfunden – vier kleinformatige, teils mehr frei und auffallend großzügig angelegte Bildnisse von Ada, einmal »in grünem Kleid« mit einem gewissen Ernst als Ehe- und Künstlerfrau in Vorderansicht (Kat. 3), zwei weitere vital und frech, die Nolde mit ihrem Kosenamen »Muggi« oder »Minuggi« betitelt und so auch offiziell im Werkverzeichnis seiner Gemälde geführt hat, voll Dynamik und expressiver Farbigkeit (Abb. S. 17).

Während der Maler in seinem Bretteratelier am Strand »bis in die Nacht hinein« bei Kerzenlicht »die letzten Farben, die an diesem Tag – aus technischen Gründen – noch gemalt werden mußten«, auftrug, saß Ada im nahen Fischerhaus »oder ging umher im bescheidenen Garten zwischen den Gemüsebeeten und den Blumen«, schildert Nolde in seiner Autobiographie die schwierigen Lebensumstände. »Aber leider allzu oft war dies gar nicht möglich, sie war viel krank und lag dann leidend wartend, wartend, bis am späten Abend ich müde, zuweilen todmüde und wie verstört und abwesend nach Hause kam …« (II, 34) Das eindrucksvolle Gemälde »Frühling im Zimmer« von 1904 mit der in sich gekehrten, lesenden Ada im Bildzentrum, ein Höhepunkt im Frühwerk des Malers, zeigt den sonnig durchfluteten Wohnraum der Fischerkate auf Alsen (Abb. S. 18); es gibt vergleichbare Zeichnungen aus diesen Jahren. Die gleichzeitige Bedrückung und Schwere der sorgenvollen Lebenslage bleibt in der Darstellung auf den ersten Blick verborgen, wenngleich ihr eine verhaltene Stimmung und gewisse Melancholie innewohnt. Die klare, ausgewogene Bildgestaltung ist von einer lichten, einfühlsam

flowers in the modest garden". Nolde described their difficult circumstances in his autobiography. "But unfortunately, this was not possible all that often; she was often ill and then she lay suffering and waiting, waiting until I arrived back home late in the evening, sometimes deathly tired, truly distraught and absent …" (II, 34). The impressive 1904 painting "Springtime in the Room" portraying the withdrawn Ada reading in the centre, a highpoint of the painter's early work, shows the living room of the fishing cottage on the island of Als bathed in sunlight (fig. p. 18); there are comparable drawings dating from these years. Despite being imbued with a reserved atmosphere and a certain melancholy, the depiction conceals at first glance the despair and harshness of the Noldes' sorry circumstances at that time. The clear and balanced composition is guided by a bright, sensitively attuned colour scheme; on the surface, the mood conveyed is one of grave tranquillity and an albeit fluting security. Time seems to be standing still; all outer hardships are expelled – at least for the moment. In this respect, the impressionistically oriented style of painting and manner of representation conforms to the predetermined situation; nevertheless, a secret, virulent conflict remains hidden. The painter does not wish to see his wife portrayed as a "domestically sheltered, youthful beauty" (Brigitte Reinhardt), but rather in the momentary deceptive idyll of a sick captured bird, uncertain and very fragile. With regards to this work,

abgestimmten Farbigkeit geprägt; die Atmosphäre wird an der Oberfläche von einer getragenen Ruhe, doch nur flüchtigen Sicherheit geleitet. Die Zeit scheint stillzustehen, jedwede äußere Bedrängnis – wenigstens für den Augenblick – gebannt. Insofern deckt sich die impressionistisch ausgerichtete Mal- und Darstellungsweise mit dem vorgegebenen Ereignis; dennoch bleibt untergründig ein heimlicher, virulenter Zwiespalt. Nicht seine Frau »als häuslich behütete jugendliche Schönheit« (Brigitte Reinhardt) will der Maler geschildert sehen, vielmehr eine momentane, trügerische Idylle des gefangenen, kranken Vogels, unsicher und leicht zerbrechlich. Werner Haftmann spricht bei diesem Werk »von verhaltenem Impressionismus, in dem das ekstatische Moment nur wie unter der Oberfläche der Farbhaut brennt«. Als Nolde zwei Jahre darauf Karl Ernst Osthaus, den Industriellensohn und Gründer des Museum Folkwang in Hagen, als Freund und Förderer seiner Kunst gewinnen konnte, erwarb dieser spontan das Gemälde für sein Museum; es gelangte damit als eines der ersten in eine öffentliche Sammlung. Bei einem Besuch von Emil und Ada Nolde in Hagen ging Osthaus, wie der Maler berichtet, freudig mit dem Bild »umher, von einem Raum zum anderen, und als er den richtigen Platz gefunden hatte, frug er, was es kosten solle, und zahlte mehr, als ihm gesagt wurde« (II, 81). Doch im Herbst 1911, nachdem Osthaus kurz zuvor eine Nolde-Ausstellung im Barmer Kunstverein besucht hatte, wünschte er das frühe Werk bei entsprechender Zuzahlung gegen das Gemälde der »Klugen und der törichten Jungfrauen« von 1910 einzutauschen, das ihn bei der Begegnung im Barmer Kunstverein in so hohem Maß beeindruckt hatte. Bei aller Qualität des frühen Bildes schien es ihm, wie er Nolde am 7. November wissen lässt, seine »Kunst für das Museum doch nicht genügend zu repräsentieren«; es wird ihn die erst vorläufige Handschrift des Malers gestört haben, der zu dieser Zeit und in diesem Werk noch nicht zu einer eigenständigen, unverwechselbaren Ausdrucksweise gefunden hatte.

»Wenn ich sie, wie auch mich selbst, nicht oft gemalt habe, so doch lebt ihr feiner Sinn und ihr Wesen mit mir in allen meinen Bildern«, bekennt Nolde tief überzeugt nach Adas Tod (IV, 178). Die lebenslange, innige Verbundenheit des Paares hat ihren eigenen, prägenden Einfluss im künstlerischen Werk des Malers hinterlassen, wie er selbst bemerkt hat, zumal in der außerordentlichen Vielfalt und Hintergründigkeit der zahlreichen Frauenbildnisse sowie allgemein in dem Phänomen des Weiblichen, das sich in seinem Werk ebenso unterschiedlich wie bestimmend findet. Ada war ihrem Mann zugleich Weib und Geliebte, kritische Begleiterin, Muse, hilfreiche Partnerin und auch Ratgeberin, die seine künstlerische Entwicklung stets mit leidenschaftlicher Nähe verfolgt, sein Werk häufig auch angeregt hat und bleibend in es eingegangen ist, wenngleich solch untergründige Virulenz im Einzelnen sicherlich nicht aufzuzeigen ist. »Ihr Gemüt war in unserem schweren Leben fast immer glücklich hell und sonnig lieb, aber doch auch hatte sie schwere dunkle Stunden. Für mich als Künstler war ihre Melancholie bisweilen sehr erregend, für mich als Mensch und Geliebter entsetzlich traurig schwer«, schreibt Emil Nolde mit tiefer Wehmut nach dem Tod seiner Frau Ada im Herbst 1946, mit dem der letzte Band seiner Autobiographie abschließt.

Werner Haftmann spoke of a "reserved Impressionism in which the ecstatic moment only burns under the surface of the paint."
When Nolde succeeded in winning over Karl Ernst Osthaus, the son of an industrialist and founder of the Museum Folkwang in Hagen, as a friend and patron two years later, Osthaus spontaneously acquired this painting for his museum, thus making it one of the painter's first works in a public collection. As Nolde recorded, when he and Ada visited Hagen, Osthaus went about joyfully with the picture "from one room to the next, and when he found the perfect spot, he asked about its price and then paid more than the sum I quoted" (II, 81). However, shortly after visiting an exhibition of Nolde's works at the Kunstverein in Barmen in the fall of 1911, Osthaus paid an additional fee in order to exchange the early work for the 1910 painting depicting "The Wise and the Foolish Virgins" that had impressed him very much at the Barmen show. Despite the earlier picture's qualities, on 7 November Osthaus informed Nolde that his (earlier) 'art was not sufficiently representative for the museum', and that Osthaus had suffered doubts about the still tentative style of the artist who, at that time and in that work, had not yet found his way to an autonomous, unmistakeable means of expression.

"Although I did not paint her, or myself, all that often, her fine sense and her being lives with me in all my pictures," wrote Nolde, deeply convinced of this after Ada's death (IV, 178). The couple's life-long, heartfelt attachment left behind its own distinctive influence on the painter's work, as he himself noted, particularly regarding the extraordinary diversity and subtlety of his numerous women's portraits as well as the phenomenon of the feminine in general that is equally varied and determinative in his opus. For her husband, Ada was wife and lover, critical companion, muse, helpful partner and advisor. She followed his artistic development with a passionate affinity, often inspiring it and thus becoming an enduring part of it, although it is surely impossible to point out such hidden forces in detail. "Her disposition in our difficult life was almost always endearingly bright and sunny, but she also had difficult dark hours. As an artist, her melancholy was sometimes stimulating for me, as a person and lover, however, it was sadly and horribly difficult for me," Emil Nolde wrote with profound wistfulness after his wife Ada's death in the autumn of 1946, with which he concluded the final volume of his autobiography.

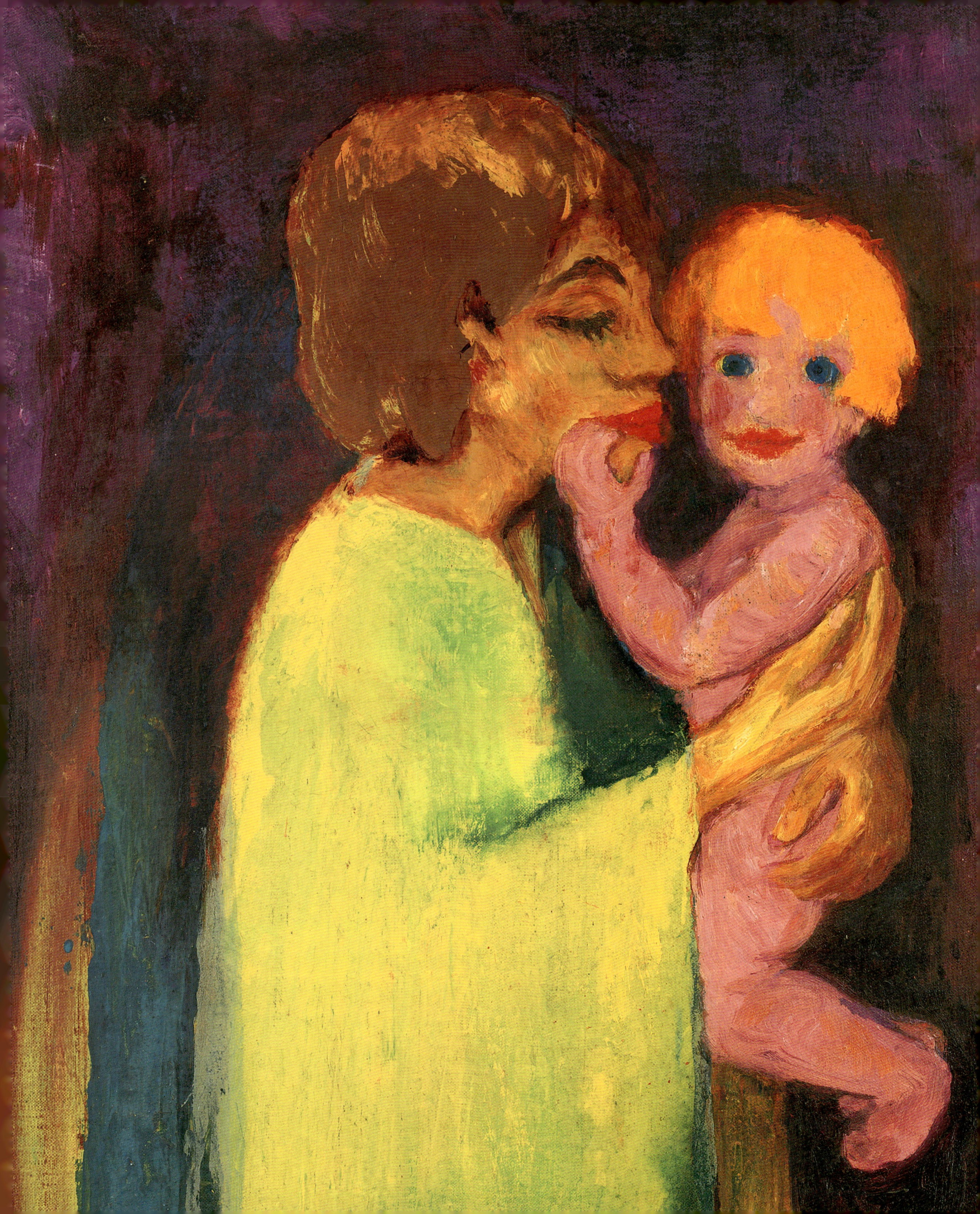

Manfred Reuther »Sie war einmal auch ich«
Mutter und Kind im Werk Emil Noldes

Die innige Beziehung von Mutter und Kind als natürliches Ereignis und zugleich behütete Idylle ist im Werk Emil Noldes ein ebenso auffallendes wie intensives Thema, das den Maler bis ins hohe Alter begleitet und immer wieder bewegt hat. Mit seinen verschiedenen bildnerischen Mitteln und Ausdrucksmöglichkeiten, die ihm bei seinen künstlerischen Äußerungen gegeben waren, hat er das Bildmotiv auf allen Feldern in gleicher Weise, doch ebenso vielseitig gestaltet, ohne in ideologische Verbrämungen oder ins sentimental Vordergründige abzuleiten. In den zahlreichen Gemälden, die diesem Thema gewidmet sind, darunter sehr bedeutenden wie die »Heilige Nacht« von 1912 mit der unkonventionellen, ganz neuen Darstellung der Weihnachtsszene, die ohne Vorbild ist, wie die in großen Zügen, sehr malerisch gestaltete »Junge Mutter« von 1916 oder das harmonisch intime »Familien«-Bild von 1931 mit einer Sonnenblume, in dem das Elternpaar zu einer formal geschlossenen Einheit findet, hat er das Motiv fast ausschließlich freundlich und heiter, wiederholt mit biblisch religiösen Inhalten aus dem Neuen Testament bis in sein Spätwerk dargestellt (Abb. S. 28, 33, 35). In seiner Aquarellmalerei ist es unterschiedlich stark vertreten; in einzelnen Schaffensphasen und Werkgruppen wird es kaum oder nur zurückhaltend, in anderen hingegen ausführlicher angesprochen wie etwa während der Reisen in die Südsee oder nach Spanien, bei den frei erfundenen »Phantasien«, die im Frühjahr 1919 auf der Hallig Hooge entstanden sind, oder den meist großformatigen von 1931/1935 bis zu der späten Folge der »Ungemalten Bildern« in erstaunlicher Vielfalt, jedoch ohne sich zu wiederholen, und farblich in großer Virtuosität (Abb. S. 36). Darüber hinaus findet sich das Motiv in Zeichnungen, Bildentwürfen und Skizzen, mehrfach und besonders ausdrucksstark unter seinen graphischen Arbeiten, ebenso in der schmalen Werkfolge seiner Skulpturen sowie bei dem einzigen Mosaik von 1912, dem eine Madonnen-Darstellung von 1906 aus der Reihe der Märchenholzschnitte als enges Vorbild gedient hat (Kat. 5).

Auch in seinen Lebenserinnerungen hat er wiederholt diese Themenwelt angesprochen, manchmal mit anschaulicher Nähe und tiefem Ernst Begegnungen, Erlebnisse oder Bilder geschildert. Auf einer Bergwanderung im Sommer 1894 traf er unverhofft in einem entlegenen Alpental bei einer Almhütte eine junge Frau mit ihrem kleinen Sohn Johannes. »Es war

"She was once also me"
Mother and Child in the Art of Emil Nolde

The intimate relationship between mother and child as a natural occurrence and a sheltered idyll at the same time is an equally conspicuous and intense topic that accompanied and frequently moved the painter up until old age. Using the various artistic means and modes of creative expression available to him, he fashioned the diverse types of this motif similarly but also in a varied way, without lapsing into ideological masquerades or sentimental superficialities. Nolde devoted numerous paintings to this subject matter. They include such significant works as the unprecedented 1912 "Holy Night" with its unconventional and innovative depiction of the Christmas scene, the broadly outlined and exceptionally painterly "Young Mother" from 1916 and the harmonious, intimate picture "Family" with a sunflower from 1931 where the parents constitute a closed entity in terms of form (fig. p. 28, 33, 35). Up until his late works, Nolde almost exclusively portrayed the motif in an affable and mirthful manner, making regular use of religious biblical contents from the New Testament. In his watercolours it is represented varyingly. During some phases of his artistic career, he took up the motif only occasionally or hardly at all. At other times, however, he dealt with it more extensively. These include the periods of his travels to the South Seas and Spain, the imaginary "Fantasies" made in early 1919 on Hallig Hooge or the mostly large-format "Unpainted Pictures" from 1931/1935 in addition to the later works from this group. With astonishing diversity, he never repeated himself in these works and made virtuoso use of colour (fig. p. 36). The motif can furthermore be found in his drawings, drafts and sketches. Particularly frequent and expressive works dealing with this theme can be found among his prints in addition to the constricted group of sculptures and his only mosaic from 1912 that is closely modelled after a 1906 portrayal of the Madonna from his suite of fairy-tale woodcuts (cat. 5). Nolde repeatedly addressed this subject matter in his memoirs, sometimes describing encounters, experiences or pictures with vivid affinity or profound seriousness. During a mountain hike in the summer of 1894, he unexpectedly met a young woman with her small son Johannes in a remote Alpine valley. "It was very beautiful how she stood there with her boy resting devoutly in her arms," he recalled. "As an image of the Madonna, there must be better, depicting bourgeois or royal women," he wrote, glorifying the occurrence, "but none

wunderschön, wie sie dastand mit ihrem Jungen, der lieb auf ihrem Arm ergeben ruhte«, erinnert er sich. »Madonnenbilder gibt es wohl feinere, mit bürgerlichen und fürstlichen Frauen«, überhöht er das Erlebnis, »aber keines so einfach schön wie dieses hier‹, so dachte ich.« (I, 135) Das Elementare und Selbstverständliche dieser Begegnung, eingebunden in den einfachen, natürlichen Lebensrahmen ohne gesellschaftliche Ansprüche, haben ihn gefangen genommen wie später in der Südsee Familien dicht gedrängt vor Palmenhütten oder einzelne Frauen – fast ebenso madonnengleich – mit ihren kleinen Kindern auf dem Dorfplatz oder am Strand (Abb. S. 30) oder junge »Zigeunerinnen« mit einem Kind auf dem Arm vor den dunklen Wohnhöhlen in Granada. Doch mögen ihn auch einzelne Erlebnisse dieser Art unmittelbar und persönlich berührt haben, ohne gleich künstlerisch umgesetzt werden zu können, so hat sich auch auf diesem Feld schon früh ein nahezu unerschöpflicher Reichtum an Vorstellungen ausgebildet, insgeheim eine Fülle von Phantasien und Visionen angelegt, die sein Inneres zeitlebens beherrscht haben und von der Entwicklungsstufe an, da er über seine bildnerischen Mittel sicher zu verfügen wusste, aus einem untergründigen Reservoir stets abgerufen werden konnten.

Über die Hochzeit seiner »hübschen Kusine Marie« berichtet Noldes Mutter Hanna Christine Hansen (1830–1902) in einem Brief vom Juni 1881 ausführlich ihrem ältesten Sohn Hans, der damals seinen Soldatendienst abzuleisten hatte (I, 16 f.). Als ihr Sohn Emil viele Jahre später diesen Brief, der ihm erhalten geblieben war, von Neuem liest, »merkte ich«, wie er Anfang der dreißiger Jahre in seiner Autobiographie ausdrücklich festhält, »wie auch sie erzählte, und meine Neigung damals, ein Ereignis zu beschreiben, mit anderen teilend noch einmal zu erleben, fand ich wie bestätigt«, um fortzufahren: »Ich mußte denken: Sie war einmal auch ich.« (I, 133)

Es faszinierte ihn, dass seine Mutter im Alter die Fähigkeit des zweiten Gesichts besaß. »Sie war hellsichtig«, berichtet er. »Aber, es war ihr dies gar nichts Außergewöhnliches, sondern alle diese Gesichte waren ihr mit zum Leben gehörend, wie alles andere.« (I, 117) Auch Nolde selbst war dem Traumbereich zugetan; in ihm liegt Geheimnisvolles, eine unmittelbare Nähe zu den fernen Müttern und den Mächten der Tiefe. In seinen »Worten am Rande«, Notizen auf kleinen Zetteln, die in der Zeit des Malverbots fast tagebuchartig die Arbeit an den »Ungemalten Bildern« begleiteten, schrieb er am 8. Juli 1943: »Ausflüge ins Traumhafte, ins Visionäre, ins Phantastische stehen jenseits von Regeln und kühlem Wissen. Es sind freie, herrliche Gefilde und Gebiete voll Reiz und Scharm in lichtem und tiefem und leichtem geistigem Erleben. Wer nicht träumen und schauen kann, kommt nicht mit.«

Es erweist sich, dass das verträumte, introvertierte Kind in seinen außergewöhnlichen Anlagen seiner Mutter sehr nahe stand, dass ihrer beiden Lebenssphären eng miteinander korrespondierten. Hinter der Verschlossenheit des Sohnes verbarg sich ebenso eine ungestüme Leidenschaft

as simply beautiful as this', I thought to myself" (I, 135). He was captivated by the uncomplicated and self-evident character of this encounter, integrated into the simple and natural living conditions unburdened by social demands, just as he was later in the South Seas by families huddled in front of palm-branch cottages or individual women standing almost Madonna-like with their small children on village squares or the beach (fig. p. 30) and the young "gypsy women" with children in their arms in front of the dark caves they inhabited in Granada. While this type of singular experience might have directly and personally moved Nolde without him immediately implementing them artistically, he formed a nearly inexhaustible wealth of ideas regarding this subject matter early on, secretly laying out an abundance of fantasies and visions in the process that dominated his inner being for the rest of his life. From the moment of his development when he was sure that he had a hidden reservoir of artistic means at his disposal, he was able to draw upon them whenever he needed to.

In a letter dated June 1881, Nolde's mother Hanna Christine Hansen (1830–1902) wrote at length about the wedding of his "pretty cousin Marie" to her eldest son Hans who was then doing his military service (I, 16f.). Many years later, when her son Emil again read the letter that had come into his possession, "I realized," as he expressly noted in his autobiography in the early nineteen thirties, "in the way she also recounted the occurrence, I found confirmation of my penchant at that time to describe an event, to experience it again by sharing it with others." And he continued, "I had to think: She was once also me" (I, 133).

He was fascinated by the fact that, as an older woman, his mother possessed the ability to tell the future. "She was clairvoyant," he reported. "But this was nothing unusual for her; all of this was a part of life, she believed, like everything else" (I, 117). Nolde himself was partial to the realm of dreams; it contained something mysterious, an immediate proximity to the distant mothers and the powers of depth. In his "Words in the Margin", notes written on small slips of paper that accompanied his work on the "Unpainted Pictures" almost like a diary, he wrote on 8 July 1943: "Excursions to the dream-like, the visionary, the fantastic were beyond rules and cool knowledge. They are free, wonderful realms and regions, attractive

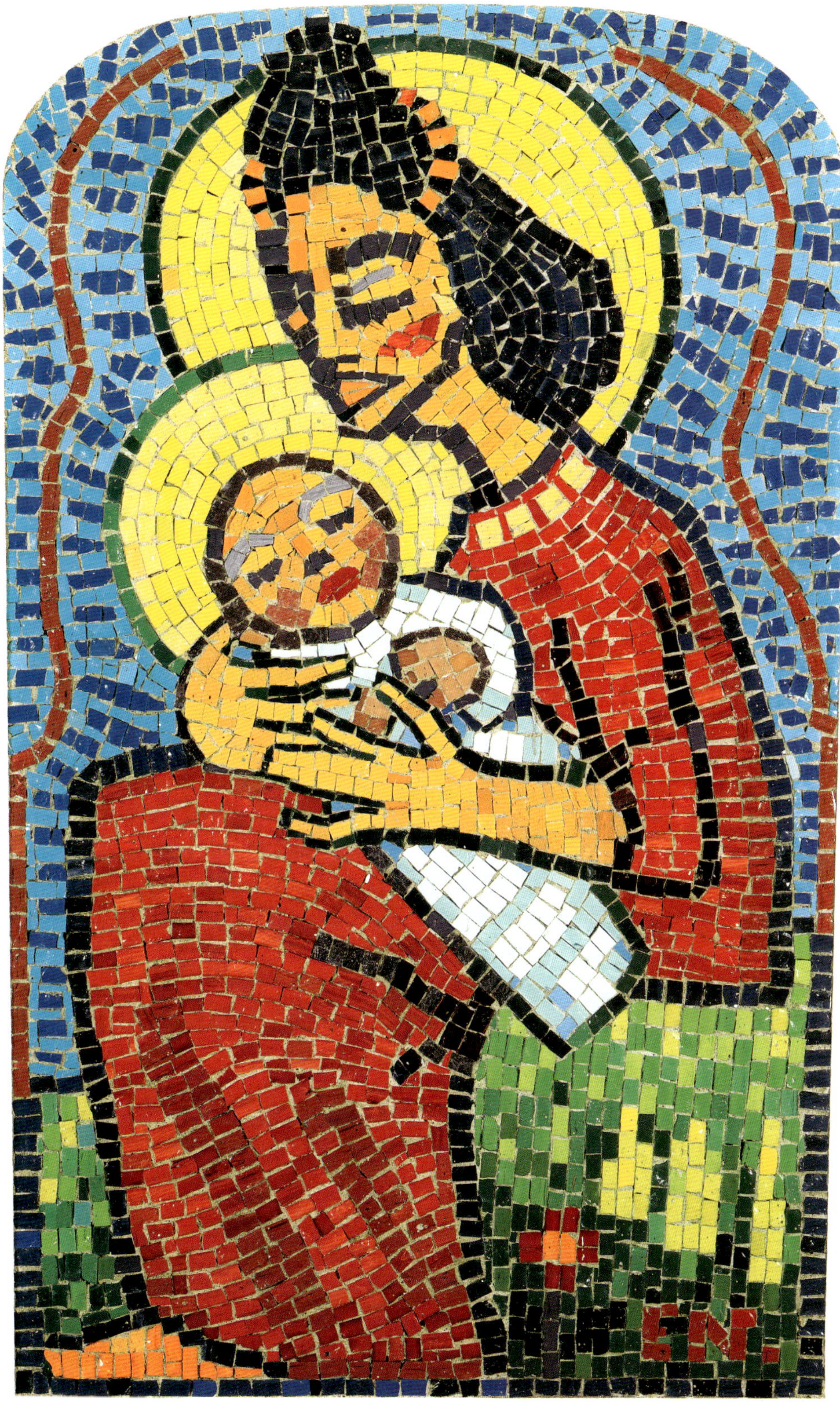

5 | »Madonna«, 1912
Madonna, 1912

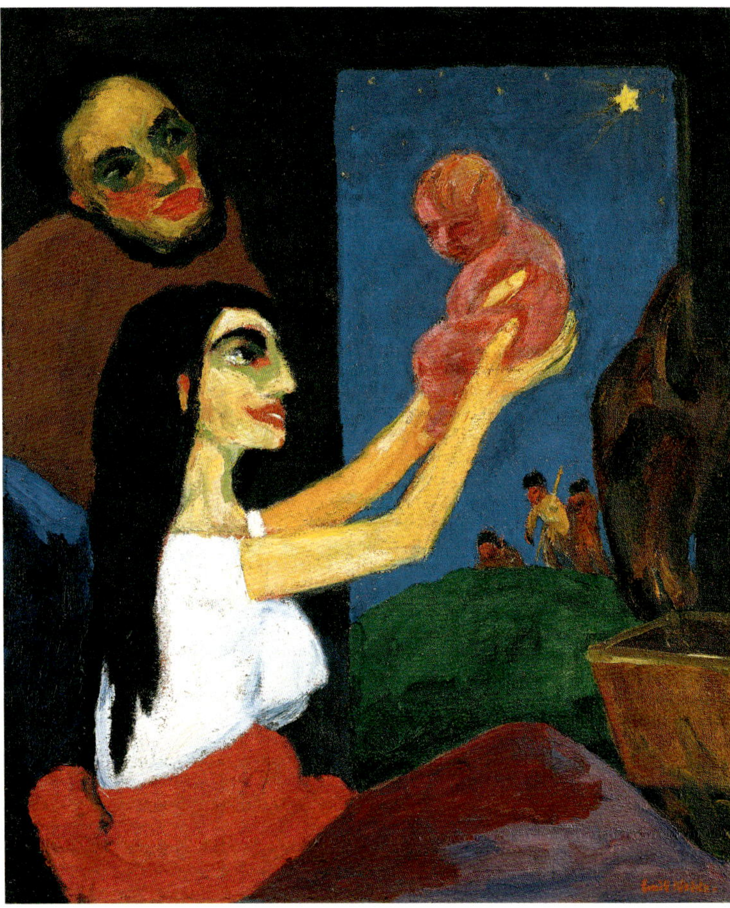

»Heilige Nacht«, 1912
Holy Night, 1912

und ausgeprägte Willensstärke. In ihm fanden sich ihre Sensibilität, ihr sicherer, naturhafter Instinkt wieder und die vertrauensvolle Ahnung um eine andere, unterhalb der handgreiflichen Wirklichkeit liegende reiche, doch nur schwer fassbare Dimension. Das Tiefgründige und Visionäre in Noldes Werk nahmen hier ihren Ausgang. Etwas Uraltes, Geheimnisvolles, für das sich das Kind empfänglich zeigte, wurde ihm ungebrochen übermittelt. Im Verhältnis zu seiner eigenen Mutter eröffneten sich ihm über die individuelle Zuwendung hinaus allgemeine, übergreifende Phänomene des elementar Weiblichen, die sich in den verschiedenen Bildideen von »Mutter und kleiner Sohn« als naturgegebenem Ereignis (Kat. 27), von »Urweib«, »Die Urmutter« (Kat. 32), »Eva« oder »Erste Menschen« (Kat. 23), von mehr mythologisch oder religiös ausgerichteten Darstellungen wie »Meerweib« (Kat. 22), »Seeweib«, »Tolles Weib« (Kat. 17), »Verlorenes Paradies« (Kat. 21) oder »Ekstase« (Kat. 26) eindrucksvoll abzeichnen. Dieses Uralte, Hintergründige und Vitale verbarg sich gleichzeitig in den archaischen Strukturen der bäuerlichen Lebenswelt, in ihren ursprünglichen Denkkategorien und alten, tradierten Normen, vor allem auch im täglichen Umgang und im engen, selbstverständlichen Zusammenleben mit der Natur. Es wurde erfahren in den zahlreichen Überlieferungen, die mündlich fortlebten, den alten Liedern, den Märchen und Sagen, die an den langen Winterabenden am heimischen Herd die Runde machten, wie Nolde anschaulich schildert; sie haben das Kind in besonderer Weise angeregt.

and charming in bright, deep, and light spiritual experience. Those who cannot dream and see will not progress." The languorous, introverted child with his extraordinary disposition proves to have been extremely close to his mother and their living spheres closely corresponded to each other. The son's taciturnity equally took in unbridled passion and a pronounced strong-mindedness. He shared his mother's sensitivity and self-assured, natural instincts as well as the confident intuition about the rich and elusive dimension lying below the surface of palpable reality. The profundity and visionary quality of Nolde's work has its starting point here. Something ancient and mysterious to which the child proved to be receptive was conveyed to him in an unbroken fashion. Over and above the individual attention devoted to him, his relationship to his mother made him responsive to the general overriding phenomena of the elementary nature of woman. This impressively manifested itself in such diverse pictorial ideas as "Mother and Little Son" as a natural occurrence (cat. 27), the "Primordial Woman", "The First Mother" (cat. 32), "Eve" or "First Human Beings" (cat. 23) as well more mythological or religious depictions such as "Sea

Paul Klee würdigt den geschätzten Malerfreund in der Festschrift zu dessen 60. Geburtstag in einem eigenen Beitrag als »die uralte Seele«, »den Vetter dort der Tiefe«. Er »ist mehr als nur erdhaft, er ist auch Dämon dieser Region«, der auch seine Mutter, ihre unmittelbare Einflussnahme und kulturelle Prägekraft zuzuordnen sind. Die wesentlichen Ansätze dieser elementaren Entwicklung liegen in Noldes Kindheit; Umwelt und mütterlicher Einfluss haben ihren entscheidenden Anteil an der Ausbildung seiner Persönlichkeit und Begründung des Künstlers sowie seiner überaus reichen, doch zugleich überschaubaren Bildwelt. Es war seine Mutter, die ihren Sohn entgegen dem väterlichen Beharren über die konventionelle, dörfliche Enge hinausgewiesen und zugleich in ihren begrenzten Möglichkeiten mit großem Verständnis begleitet hat.

Bei den zahlreichen Familienbildern in Noldes Werk, den Darstellungen von einzelnen Frauen oder Paaren mit Kindern ist häufig die Gestalt des Vaters in das Bildgeschehen einbezogen. Während das innige Verhältnis von Mutter und Kind anschaulich und oft recht bewegt im Vordergrund ausgebreitet wird, ist die ernste, zurückhaltende Gestalt des Vaters, meist aufrecht still und streng, doch mit sicherer Würde und auch Ausdruck von Fürsorge in die nahe Bildtiefe gerückt.

Noldes Verhältnis zu seinem Vater Niels Hansen (1831–1891) war schwierig und blieb zeitlebens belastet. Der Sohn, der entgegen dessen festen Vorstellungen andere, diesem fremde Wege einzuschlagen suchte, wie sich schon früh abzeichnete, und sich von der bäuerlichen Lebenswelt abwandte, hat stets um die väterliche Gunst und Anerkennung gerungen. Insofern war Emil tief bewegt, ihm Ende Dezember 1891 noch auf dem Sterbebett mit großer Erleichterung und Stolz berichten zu können, dass er »eine befriedigende Lebensstellung« als Lehrer in St. Gallen antreten werde. »Und ich wagte noch, ihm zu sagen, daß ich vielleicht einmal Professor werden würde!« Nolde hat sein beunruhigtes Gewissen gegenüber den strengen, fordernden Erwartungen seines Vaters nie überwinden können. Der Vater brachte nur wenig Verständnis auf für das anders geartete Naturell seines Sohnes. Er »wollte absolut, dass auch ich Landwirt werden sollte«, schreibt Nolde etwa Mitte Oktober 1906 aus Kopenhagen an Gustav Schiefler nach Hamburg. Mag solcher Hintergrund an Schicksale anderer expressionistischer Künstler, deren Kampf gegen ihre Väter, ihre literarische Bearbeitung oder künstlerische Bewältigung denken lassen, etwa an Walter Hasenclevers Drama »Der Sohn«, in dem erst die Überwindung der väterlichen Bedrängnis die Entfaltung des Sohnes zu einer autonomen Persönlichkeit eröffnet hat, an Georg Heym, Franz Kafka oder Gottfried Benn, auch an Maler wie Karl Schmidt-Rottluff oder Otto Müller, so sind bei näherem Hinsehen nur bedingt Parallelen festzustellen, vor allem der sozialpsychologische Hintergrund ist ein anderer. Während die eigentliche Expressionisten-Generation zumeist aus bürgerlichen Häusern stammte und sich entschieden gegen die brüchige, vordergründige Lebenswelt der Wilhelmi-

Woman" (cat. 22), "Raving Woman" (cat. 17), "Paradise Lost" (cat. 21) or "Ecstasy" (cat. 26). The ancient, the enigmatic and the essential was simultaneously concealed in the archaic structures of the rural environment, in its archetypal categories of thought and old established norms, particularly as regards daily contacts, and in the close and genuine coexistence with nature. It was experienced in numerous folk traditions handed down orally; the old songs, fairy tales and myths that made the rounds on long winter nights at the hearth. As vividly described by Nolde, they had a particular influence on him as a child.

Paul Klee praised his esteemed colleague in his own contribution to the festschrift on the painter's sixtieth birthday as "the ancient soul... He is more than just earthy; he is also the demon of this region ... where one always feels the cousin of the depths..." This region can also be associated with Nolde's mother, her direct exertion of influence and cultural shaping power. The essential approaches of this elementary development rests in Nolde's childhood; environment and maternal influence played a decisive role in the formation of his personality and his artistic foundations in addition to his exceedingly rich, and yet simultaneously assessable pictorial world. Unlike his father's strict adherence to confining rural conventions, it was his mother who pointed out what lay beyond, accompanying him at the same time with much understanding, within the limits of her possibilities.

In numerous family pictures painted by Nolde, with representation of individual women or couples with children, the figure of the father is often included. While the intimate relationship between mother and child is vividly and often movingly displayed in the foreground, the serious and reserved figure of the father, usually erect, silent and severe but with a self-assured dignity as well as an expression of paternal care, is pushed back into nearby pictorial depths.

Nolde's relationship to his father Niels Hansen (1831–1891) was difficult and remained strained all their lives. The son, who from the outset opposed his father's fixed notions and beat a different, unfamiliar path for himself, turning away from the rural way of life, continuously struggled to attain paternal affection and recognition. Emil was therefore particularly moved when, relieved and proud, he was able to inform his father on his deathbed

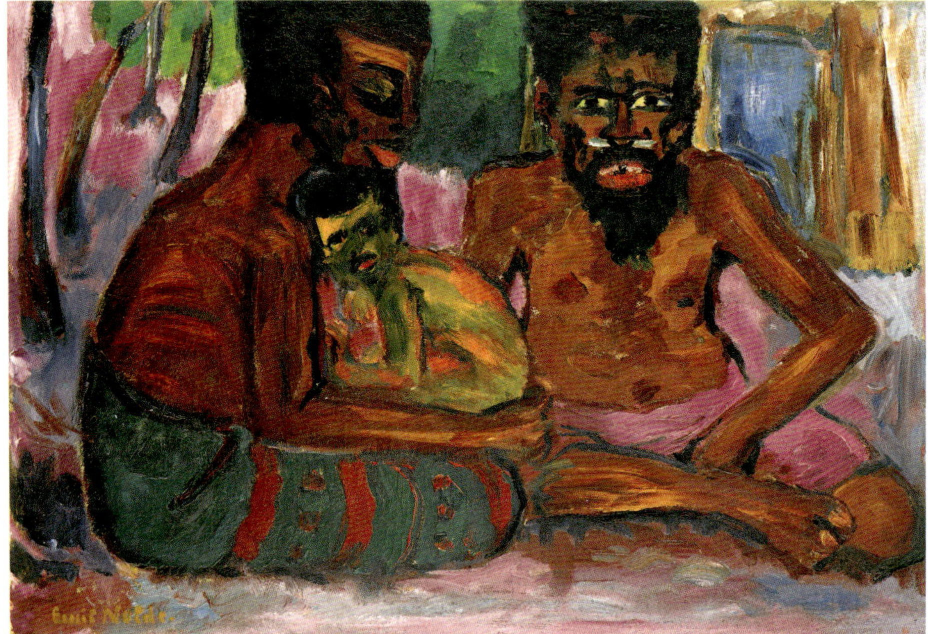

»Familie«, 1914

Family, 1914

nischen Ära wandte, hat Nolde die gegebenen Normen seiner heimischen, bäuerlichen Welt als eines im wesentlichen intakten, weithin geschlossenen Sozialgefüges durchaus anerkannt. Ihre Ordnung war von alters her begründet und noch nicht entscheidend der Diskrepanz von Anspruch und Wirklichkeit erlegen. In der persönlichen Auseinandersetzung mit dem Vater empörte er sich nicht gegen dieses Normgefüge, vielmehr erstrebte er die Möglichkeit einer Selbstverwirklichung außerhalb dieser Lebenswelt unter weitgehender Anerkennung ihrer Wertvorstellungen. Die Scharfsinnigkeit des Vaters war begrenzt; »so weit sein Gesichtskreis reichte«, entschuldigt ihn der Sohn (I, 12). Wenn es auch ein allgemein gehegter Wunsch aller Väter sein mag, »das was ihnen selbst abgegangen, an den Söhnen realisiert zu sehen« (Goethe), so konnte sich dieses Streben nur in den Bahnen des Hergebrachten und Bekannten verwirklichen lassen. Etwas anderes als die begrenzte, heimische Welt hatte der Vater nie erfahren, noch erahnt. Mit seinem bäuerlichen Wirklichkeitssinn wird er als ernste Gefährdung erkannt haben, dass die Begabungen und Sehnsüchte den Sohn aus dem sicher umrissenen Bezirk in unbekannte Bereiche jenseits seines Gesichtskreises entführen würden. Da im bäuerlichen Betriebswesen, damals fast ausschließlich patriarchalisch und ländlich-herrschaftlich strukturiert, traditionsgemäß alle Mitglieder der Familie zusammenwirkten, sah der Vater das familiäre Gefüge durch solches Auseinanderstreben ernsthaft beeinträchtigt, wie es weitgehend kennzeichnend war für den Einbruch des Industriezeitalters in den ländlichen Raum. Zwar achtete Nolde uneingeschränkt die Welt des Vaters, schätzte dessen Lebensklugheit, seinen ausgeprägten Sinn für Verantwortung und Gerechtigkeit, bewunderte seine Tüchtigkeit und das sichere Selbstbewusstsein seines Standes, Werte, die in dieser bäuerlichen Sozialstruktur unantastbar begründet lagen. Doch standen sie in manchem dem eigenen, künstle-

in late December 1891 that he would be taking on a "satisfactory lifetime position" as a teacher in St. Gallen. "And I even risked telling him that I might become a professor one day!" Nolde was never able to surmount his troubled consciousness of his father's stern and demanding expectations. His father had little understanding for his son's dissimilar disposition. He "absolutely wanted me to also become a farmer", Nolde wrote from Copenhagen to Gustav Schiefler in Hamburg around mid October 1906. Such a background recalls the fate of other Expressionist artists, their struggles against their fathers as well as their literary treatments or artistic works in which they attempted to cope with these circumstances; for example Walter Hasenclever's drama "The Son" in which overcoming paternal conflicts made the development of an autonomous artistic personality possible. One also thinks of writers such as Georg Heym, Franz Kafka and Gottfried Benn as well as the painters Karl Schmidt-Rottluff and Otto Müller. Upon closer examination, however, the parallels with Nolde are limited; the socio-psychological background, in particular, is different. While the true Expressionist generation, mostly from middle-class backgrounds, decisively turned against the brittle and superficial environment of Wilhelminian Germany, Nolde largely accepted the given norms of his native rural world as an essentially intact, basically closed social structure. Its time-honoured order had not yet conclusively succumbed

rischen Naturell entgegen, das sich den Ansprüchen des bloß Zweckmäßigen und Praktischen widersetzte und dagegen in der mütterlichen Seite verständnisvolle Zuwendung fand. Es handelt sich um eine jener bekannten Konstellationen mit gestrengem, gefühlsarmem, doch angesehenem und erfolgreichem Vater, männlich aufrecht und autoritär, und liebevoller, einfühlsamer Mutter, ausgezeichnet mit den weiblichen Vorzügen wie Herzensbildung, Großmut und Weite wie bei Johann Wolfgang von Goethe oder Clemens von Brentano, bei Edouard Manet oder Paul Cézanne, Arnold Böcklin, Pablo Picasso oder Max Ernst. Geradezu nach klassischem Vorbild verkörperte die Mutter in Noldes Entwicklung die weibliche Gegenwelt zum Vater; »seiner Arbeit und Tüchtigkeit standen ihre menschliche Wärme und der sichere Instinkt zur Seite« (I, 13), Sinn für das Schöne und für Phantasie, für eine reiche, vielfältige Welt außerhalb des konkret Gegebenen und mit einem sicheren Selbstbewusstsein. Der elterliche Hof war ihr bei ihrer Heirat überschrieben worden. Wenn Nolde von glücklichen, ja sonnigen Kinderjahren spricht, so ist es gewiss neben dem Elternhaus als sicherem Hort und dem ungezwungenem Leben auf dem Lande vor allem die Erinnerung an seine Mutter, die ihn zu diesem Urteil bewogen und auf sein künstlerisches Werk in besonderer Weise Einfluss genommen hat.

Hanna Christine Hansen entstammte einer alten, angesehenen Bauernfamilie, die seit über zwei Jahrhunderten auf dem Hof in dem kleinen, abgelegenen Dorf Nolde nahe der Kleinstadt Tondern ansässig war. Das Haus barg manche Schätze der mütterlichen Familie aus vergange-

to the discrepancy between aspiration and reality. In his own personal dealings with his father, Nolde did not revolt against these standards, striving rather for individual fulfilment outside them, while principally acknowledging their value judgements at the same time. His father's perspicacity was limited, as the son understandingly wrote, "to the extent of his own horizon" (I, 12). Even though it is assumed that all fathers generally wish "to see what they themselves failed to attain realized in their sons" (Goethe), these aspirations, however, could only be realised within familiar conventional channels. Nolde's father never experienced or even had a notion of things outside his own narrow native world. Through his rustic sense of reality, however, he realised that his son's talents and desires were a serious danger and would abduct him from his firmly delineated region to unknown areas beyond his own sphere. Because all family members traditionally worked together in the agricultural system of that time, oriented as it was almost entirely in a rural patriarchal organization, his father, as was typical during the early Industrial Era in rural farming regions, saw the family structure seriously compromised because of such a deviation. Nolde unconditionally

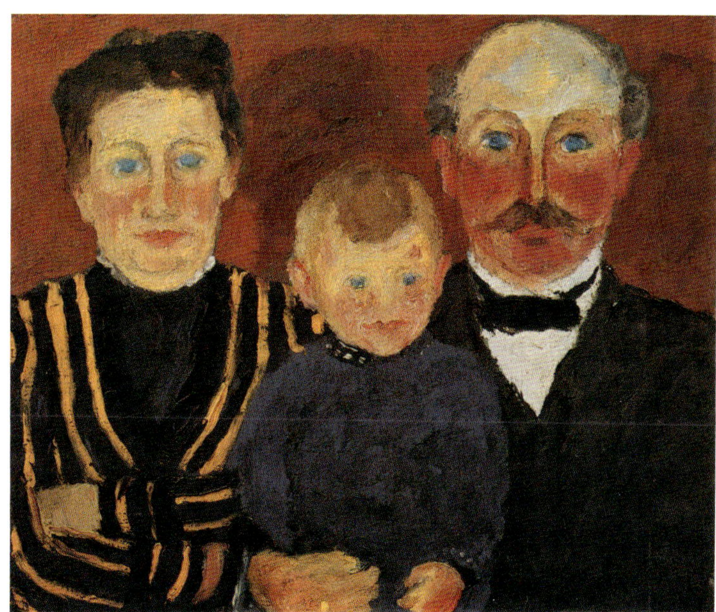

»Familie (Bonnichsen)«, 1915

Family (Bonnichsen), 1915

nen Zeiten wie ein Alkovenpaneel, einen gotisch geschnitzten Schrank oder eine eisenbeschlagene Truhe mit zwölf bemalten Holztafeln mit biblischen Motiven, darunter eine Darstellung von Adam und Eva, die das sensible, empfängliche Kind tief beeindruckt haben. Es war die Mutter, die einen gewissen kulturellen Rahmen mitbrachte und über den allgemeinen Tagesablauf hinaus pflegte. Neben dem häuslichen Bezirk, der von ihrer unverheirateten Schwester besorgt wurde, kümmerte sie sich um die Organisation und Gestaltung im Haus und den Blumengarten. Nur gelegentlich, wenn zum Viehhandel auswärtige Bauern auf den Hof kamen, übernahm sie die Bewirtung; »und ihr feiner Sinn für die Speisen und Getränke und deren Anrichtung wurde immer bewundert, so daß wir etwas im Hintergrund stehenden Kinder ganz stolz waren« (I, 19).

Nolde war seiner Mutter in großer Verehrung und Liebe bis in ihr Alter zugetan; sie »war lieb und schön und gut« und »hatte schöne Sachen besonders gern«, bemerkt er mit Stolz (I, 12). Gegenüber der praktischen, überschaubar geregelten Welt des tätigen Vaters verkörperte sie Anmut, Sinn für das Schöne mit einem beweglichen Intellekt; dessen Neigung zum Praktischen setzte sie ästhetische Ansprüche, Phantasie, die Freiheit des Träumens und musisches Empfinden entgegen. So hatte sie sich, wenngleich vergeblich, bemüht, ihren Sohn das Geigenspiel lernen zu lassen, »es könne so schön sein« (I, 42). Als Nolde während seiner Schweizer Lehrtätigkeit in den Sommerferien nach Hause reiste – »Meine alte liebe Mutter hatte es so sehr gern, wenn ich nach Hause kam« (I, 117) –, besuchten sie gemeinsam in einem benachbarten Dorf einen Bekannten, ihren Freier aus jungen Jahren. »Meine Mutter machte sich schön zum Besuch an jenem Tag.« Noch nach so vielen Jahren lässt Nolde all seine Bewunderung, auch für weibliche Eigenheiten und manche Details, und seinen besonderen Stolz in die Schilderung einfließen. »Sie zog das braunviolette heimgewebte Kleid an, die geklöppelte Haube, die goldene Barockbrosche und den schönen goldenen Schlangenring, der sich dreimal um den Finger legte. Ich war ihr Begleiter.« (I, 119)

Mutter und Sohn waren nah verwandte Seelen; es bestanden über alle Jahre eine große, vertrauensvolle Zuneigung und offensichtlich sehr enge, tiefe Bande, die diesem Kind einen gewissen Vorzug vor den übrigen eingeräumt haben. Auch unter diesem Aspekt ergeben sich für die Bedeutung dieses Themenfeldes in Noldes Werk und die eindringliche Darstellungsweise von Mutter und Kind eigene Ansprüche. Wenngleich der leidenschaftliche Wunsch, Maler zu werden, ganz und gar außerhalb der bäuerlichen Lebens- und Denkgewohnheiten lag, so hat seine Mutter aufgrund ihrer wesensmäßigen Voraussetzungen ein sicheres Gespür für die elementaren Neigungen ihres Sohnes und deren Ernsthaftigkeit entwickeln können sowie ein unerschütterlich tiefes Vertrauen in ihn gesetzt, ihn jedenfalls nicht behindert. »Zu meinen Sachen, die ich ihr zeigte, hatte sie immer ein starkes und richtiges Verhältnis; was damals anderen kurios und unverständlich schien, war ihr interessant und selbstverständlich gut«,

respected his father's world and had high regard for his life experience, his distinctive sense of responsibility and justice, admiring his adeptness and the steadfast self-assuredness of his status, values unimpeachably rooted in the rural social structure. Nevertheless, they were diametrically opposed to his own artistic temperament that rejected the demands of the simply expedient and practical, finding instead understanding affection in his mother. Thus we find one of those well-known constellations involving a strict, emotionally cold yet respected and successful, upright and authoritarian masculine father and a loving, sensitive mother endowed with such female assets as nobleness of the heart, magnanimity and breadth of mind, familiar from the biographies of Johann Wolfgang von Goethe and Clemens von Brentano, Edouard Manet and Paul Cézanne, Arnold Böcklin, Pablo Picasso and Max Ernst. Nolde's mother embodied an almost classic female alternative to his father's world in their son's development, "his work and aptitude stood side by side with her human warmth and secure instincts" (I, 13), with her sense for beauty and imagination, for a rich varied world beyond the concrete circumstances in addition to her assured self-confidence. The parental farm was signed over to her upon marriage. When Nolde mentioned his happy, even sunny childhood years, then it was certainly, aside from his parental home as a safe shelter and the unceremonious life in the countryside, the memory of his mother that induced this judgement that had a particular influence on his work as an artist. Hanna Christine Hansen came from an old and respected farming family that lived for over two centuries on the farmstead in the remote little village of Nolde near the small town of Tondern. The house contained a number of treasures from past times belonging to his mother's family. These included and alcove panel and a carved Gothic cabinet as well as an chest with iron mountings that additionally featured twelve painted wooden panels with biblical motifs, among them Adam and Eve, which made a deep impression on the receptive child. It was his mother who brought with her a certain cultural framework that she nurtured over and above the routine of daily life. Aside from the domestic responsibilities that her unmarried sister cared for, she concerned herself with the organisation and constitution of the house and flower garden. Only on occasion, for example when out-of-town farmers

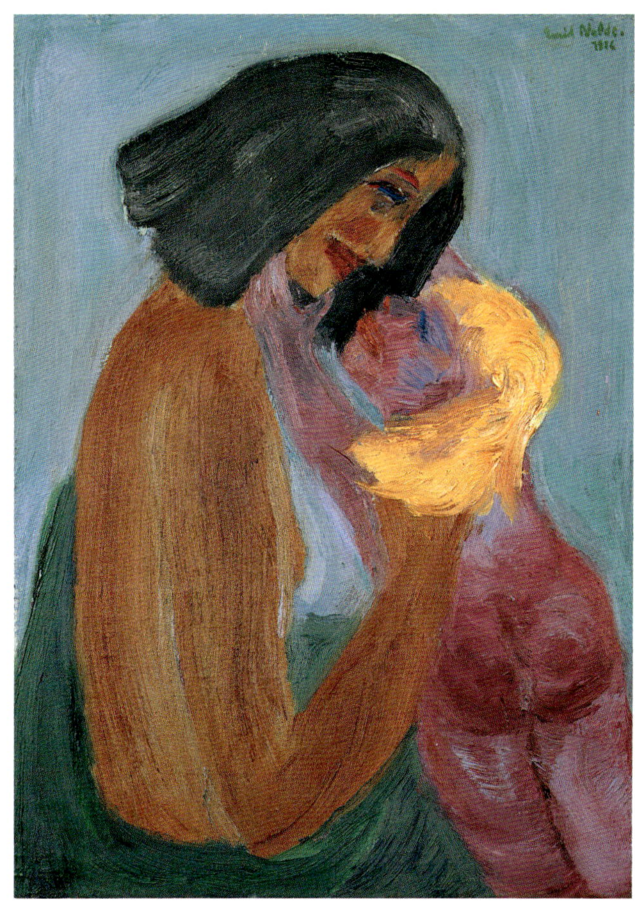

»Junge Mutter«, 1916

Young Mother, 1916

erinnert sich Nolde, als er ihr erste, freie Arbeiten zeigte (I, 210). Bei einem seiner späten Besuche aus St. Gallen verabschiedete sie sich früh morgens noch vor Sonnenaufgang: »Ich liege schon eine Weile wach und sehe immer hin« auf einen hellen Stern »und habe dann gedacht, daß dies dein Stern sei« (I, 120). Sie war beweglich genug, über den abgesteckten Rahmen ihrer Lebenswelt hinaus denken zu können. Denn auch die Heirat ihres Sohnes mit einer Kopenhagener »Schauspielerin«, die, wenn man sich auch bereits mit dem Kunstmaler weitgehend abgefunden hatte, erneut Familie und Dorf in Unruhe versetzte, wurde von ihr mehr als lediglich hingenommen. »Nur meine gute, liebe Mutter allein saß wartend alt und still« bei der Ankunft des Paares »in ihrem Lehnstuhl, und als meiner Ada die Zimmertür geöffnet wurde, setzte sie fest den Stock auf den Bretterboden nieder und reckte sich hoch – das hatte sie seit Monaten nicht mehr können. Ihr Gesicht lebte in einer fast übermenschlichen Spannung, in Größe, in Güte und Freude.« (II, 11)

Soweit sich herausfinden lässt, hat Nolde seine Mutter, wie auch seinen Vater, nicht in einem eigenen Bildnis festgehalten, vielleicht in einem flüchtigen Entwurf von 1899 schemenhaft als Ölskizze, die jedoch nicht ausgeführt wurde. Nur wenige Familienbilder sind als Gruppenporträt entstanden wie etwa die Darstellung der »Familie (Bonnichsen)« vom Sommer 1915 in Stemmilt mit Noldes Schwester, ihrem Mann Lorenz und Sohn Emil in der Mitte, einfache, aufrechte Gesichter bäuerlichen Schlags (Abb. S. 31). Eine größere Zahl Gemälde mit

came to the farmstead to trade in livestock, was she responsible for the hospitality; "and her fine sense for food and drink as well as their presentation was always admired so that we children standing off in the background were very proud" (I, 19).

Nolde was reverently and affectionately attached to his mother for the rest of her long life; she "was loving and beautiful and good" and "liked beautiful things very much," he noted with pride (I, 12). Unlike the practical, straightforward and regulated working world of Nolde's father, she embodied grace, combining a sense for the beautiful with an active intellect, confronting her husband's practical nature with aesthetic ambitions, fantasy, the freedom of dreams and artistic sensibilities. She thus attempted, albeit in vain, to have her son learn to play the violin; "it could have been so beautiful" (I, 42). When Nolde returned home from his Swiss teaching position during the summer holiday – "My dear old mother loved it so much when I came home" (I, 117) – they visited a friend in a neighbouring village, her suitor from her youth. "My mother spruced herself up for the visit on that day." Even so many years later, Nolde integrated all his

religiöser Thematik, die Nolde dem Kanon seiner biblischen und Legendenbildern zugeordnet hat, wurden durch die Berichte des Neuen Testaments angeregt – vornehmlich seien es Kindheitserinnerungen, die sich ungebrochen in diesen Bildern niedergeschlagen haben, ist der Maler fest überzeugt – wie die »Heilige Nacht« oder »Die Heiligen Drei Könige« von 1912 aus dem neunteiligen Werk »Das Leben Christi« (1911/12), die »Anbetung« von 1922 mit einem Himmelschor von neugierigen Putten, die fast barock anmutende »Heilige Familie« von 1925, ebenfalls mit schwebenden, beflügelten Putten, oder die »Familie« von 1918 sowie vergleichbar die »Familie« von 1931. Doch der überwiegende Teil im Gesamtwerk ist ohne konkrete Vorgabe allein der Phantasie entsprungen und den freien Figurenbildern des Malers zuzurechnen, die er besonders geschätzt hat. Mögen ihn bestimmte Erlebnisse unmittelbar bewegt und angeregt haben, mag auch der Umstand, den er manchmal bitter beklagt, dass seine Ehe mit Ada kinderlos geblieben ist, für diese auffallend häufige Motivwahl von Bedeutung gewesen sein, so haben die frühen Eindrücke seiner Kinder- und Jugendjahre, zumal das intensive, außerordentlich innige Verhältnis zu seiner eigenen Mutter in hohem Maße die Grundlage bereitet und sicherlich sowohl inhaltlich als auch formal die Neigung zu solcher Thematik und ihre eigene Darstellungsweise weitgehend geprägt.

Für die große Zahl der unterschiedlichen Stillleben unter den Gemälden und Aquarellen haben über viele Jahre volkstümliche, antike oder exotische, einfache, doch auch sehr wertvolle Figuren, auch Gegenstände des Alltags aus der persönlichen, umfangreichen Sammlung und eigene Skulpturen dem Maler, häufig mit Blumen arrangiert, unmittelbar als Bildvorlage gedient. Unter ihnen sind eine Reihe Stillleben mit spätmittelalterlichen bis barocken Madonnenfiguren, die auch, wenngleich mehr indirekt, in diesen Themenkreis einzubeziehen sind. Diese eingeschlossen, lassen sich unter den Ölbildern ungefähr fünfzig in der Zeitspanne von 1904 bis zu dem letzten Gemälde »Ihre kleine Tochter« von 1951 ausmachen, das auf ein Aquarell aus der Reihe der »Ungemalten Bilder« zurückgeht, darunter fünf großformatige, wichtige Gemälde, allein aus dem Jahre 1914 die ursprünglichen, naturhaften Darstellungen einer einfachen sibirischen Bäuerin oder einer schlanken, exotischen Südseefrau jeweils mit ihren Kindern im Arm. Unter den graphischen Arbeiten finden sich insgesamt sieben Radierungen, Holzschnitte oder Lithographien solcher Thematik. Dagegen lässt sich die Zahl der Aquarelle und »Ungemalten Bilder« nur annähernd benennen. Zu Noldes eigenen Skulpturen zählt in Seebüll eine kleine, ovale Madonnenfigur von etwa 1920, eingehüllt in einen weiten, blauen Umhang, mit ihrem Kind auf dem Arm und einigen Blumen, in einen Flintstein geritzt und mit Aquarellfarben ausgemalt.

Von den Darstellungen von Mutter und Kind im engeren Sinn sind – zumal in der frühen Phase, da der Maler noch nicht zu einer freien, eigenständigen Ausdrucksweise gefunden hatte und sich noch stärker an äußere Gegebenheiten gebunden sah – einige nachweislich durch

admiration in his description, including some details of her feminine appearance in which he took particular pride. "She wore her home-woven brownish violet dress, the lace bonnet, the golden baroque brooch and the beautiful golden snake ring that wound around her finger three times. I was her companion" (I, 119). Mother and son were kindred spirits; over the course of many years there existed a great and trusting affection for each other as well as clearly very close and deep ties that placed this child in a certain position of preference over the others. This aspect as well had consequences on the painter's own ambitions regarding the significance of this subject matter and the urgency of his portrayals of mother and child. His passionate wish to become a painter lay completely beyond customary rural life and thought, and yet his mother was able to develop a sure feeling for her son's elementary inclinations and the seriousness with which he took them as a result of her own intrinsic nature as well as the deep and steadfast trust she placed in him; in any case, she did not hinder him. "She always had a strong and proper relationship to the works I showed her; she was interested and quite naturally found good in things that seemed curious and incomprehensible to others," Nolde recalled about his showing her his first free works (I, 210). During a later visit from St. Gallen, she took leave of him early in the morning, before sunrise: "I lay awake for a while and constantly looked" at a bright star "and then I thought that this is your star" (I, 120). She was flexible enough to think beyond the narrow boundaries of her environment. She did more than simply accept the marriage of her son to a Copenhagen "actress", which caused further anxiety in both family and village after they had already put up with the notion of Nolde becoming an artist. "Only my good dear mother sat alone in her armchair, old and quiet", when the couple arrived, "and when the door was opened for my Ada, she firmly planted her cane on the wood plank floor and rose to her feet – she had not been able to do that for months. Her face lived in an almost superhuman tension, in grandeur, in goodness and joy" (II, 11). As far as ascertainable, Nolde never captured his mother or father in an autonomous portrait, perhaps only a schematic and fleeting oil sketch from 1899 that was never executed. Only a few family pictures were made as group portraits, for example the portrayal of the "Family

(Bonnichsen)" he painted in Stemmilt in the summer of 1915 showing Nolde's sister, her husband Lorenz and son Emil in the middle, simple upright rural faces (fig. p. 31). A large number of religious paintings that Nolde assigned to the canon of his biblical and legendary pictures were inspired by the narratives of the New Testament – encompassing primarily childhood reminiscences that found unbroken expression, as the painter was convinced, in these pictures – like the 1912 "Holy Night" or "The Three Magi" from the nine-part "The Life of Christ" (1911/12), the 1922 "Adoration" with a heavenly chorus of curious putti, the almost seemingly baroque "Holy Family" from 1925 that likewise shows winged hovering putti, or the "Family" from 1918 as well as the comparable "Family" from 1931. However, the overwhelming majority of such works in his complete oeuvre are without concrete models; they are drawn solely from his imagination and should be ascribed to the painter's figural pictures that he himself particularly cherished. It could be the case that this noticeably frequent choice of motif derived from Nolde being directly moved and inspired by specific experiences or the fact that he occasionally bitterly complained that his marriage with Ada remained childless. But it was early impressions of his childhood and adolescent years, and particularly the intimate relationship with his own mother, that greatly influenced his preference for this subject matter and had a far-reaching affect on their manner of representation in terms of content and form. Over many years, the painter directly modelled the large number of diverse still lifes among his paintings and watercolours on folk art, antique and exotic, simple but also exceedingly valuable figures in addition to everyday items, as well as his own sculptures, often arranged with flowers, from his personal collection. They include a number of still lifes showing figures of the Madonna dating from the Late Middle Ages to the Baroque period that also, albeit less directly, can be factored into this theme. Including these works, about fifty such oil paintings can be identified, dating from 1904 to the last painting "Her Little Daughter" from 1951, which was based on a watercolour from the "Unpainted Pictures". They include five important large-format paintings from 1914 alone featuring prototypical, exceptionally natural portrayals of a simple Siberian peasant woman or a slender exotic South Seas woman holding a child in her

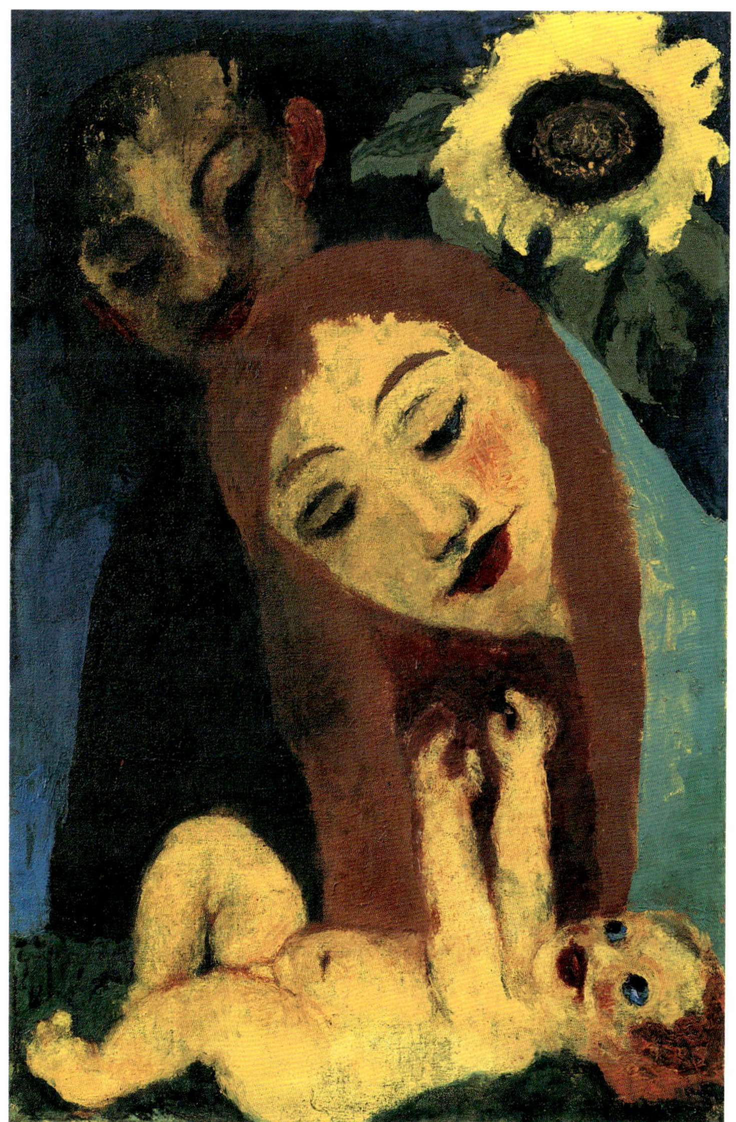

»Familie«, 1931
Family, 1931

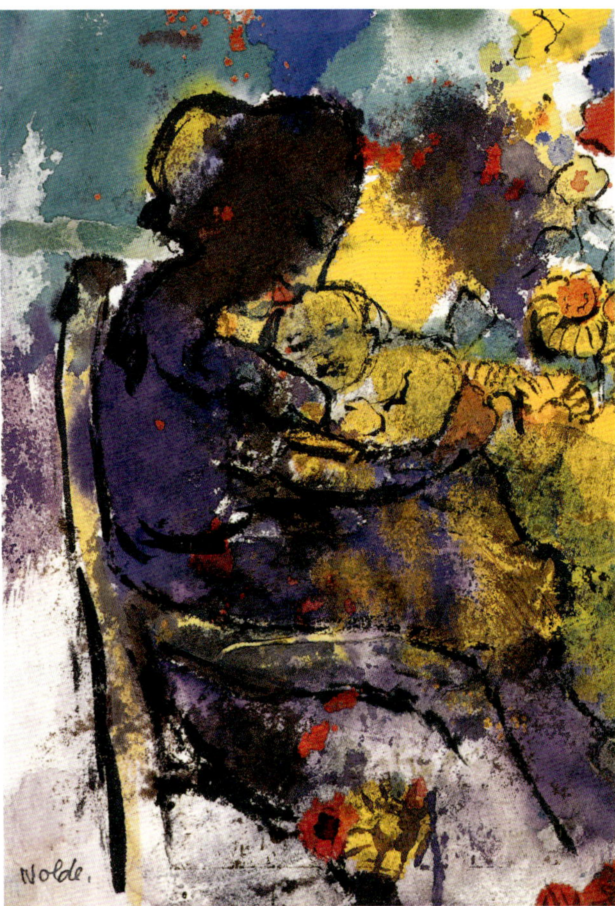

Mutter mit schlafendem Kind, 1938/1945

Mother with Sleeping Child, 1938/1945

Begegnungen direkt angeregt worden. Eine kleine, skizzenhafte Strichätzung vom Herbst 1904, die Nolde nicht weiter ausgeführt und nur in einem Exemplar – so Gustav Schiefler in seinem Werkverzeichnis – hat drucken lassen, zeigt die Frau seines Freundes Hans Fehr im Halbprofil mit ihrem ersten Sohn Adolf auf dem Schoß, der sich lebhaft dem Betrachter zuwendet. Eine größere, anschauliche Pastellzeichnung mit Nelly Fehr und ihrem Sohn wird zur gleichen Zeit entstanden sein; Nolde hat sie unter dem Titel »Der Stammhalter« in das Verzeichnis seiner Gemälde aufgenommen. Dabei beugt sich die Mutter dicht und liebevoll über ihren kleinen, strahlenden Sohn; die konzentrierte Komposition ist als schmaler Ausschnitt und in enger Nahsicht angelegt. Wenn auch dieses Bildnis auf die besondere Bitte des Freundes zurückgehen und sich in der Darstellung weitgehend an der gegebenen Wirklichkeit ausrichten mag, so offenbart das großzügige Verschmelzen von Mutter und Kind zu einer mehr kompakten, bildnerischen Einheit bereits deutliche Momente späterer Auffassung und Darstellungsweise. Die Entwicklung zu einer konzentrierten unauflöslichen Dichte und fast skulpturalen Geschlossenheit bei der Gestaltung dieses Bildmotivs finden einen gewissen Höhepunkt in verschiedenen Werken der Jahre 1913 und 1914, in Gemälden wie »Mutter und Kind« oder »Frau und Kind«, vielleicht in besonderem Maß in der ausdrucksstarken, dramatisch bewegten Lithographie »Mutter und Kind« von 1913, die sich durch starke, dynamische Hell-Dunkel-Effekte auszeichnet. In ihr werden jene weibliche Ursprünglichkeit und die in-

arms. Seven etchings, woodcuts and lithographs dealing with this theme can be found among Nolde's prints. The number of watercolours and "Unpainted Pictures", however, can only be estimated. Nolde's sculptures preserved in Seebüll include a small oval Madonna from about 1920 cloaked in a wide blue robe holding her child on her arm, and a few flowers that he carved in flint and painted with watercolours.

Of his depictions of mother and child in the narrow sense of the term – particularly in his early phase when the painter had not yet found his way to a free and autonomous means of expression, seeing himself linked more to external situations – several were provably inspired directly by encounters. A small uncompleted sketch-like line-etching dating from the fall of 1904 which, according to Gustav Schiefler's catalogue raisonné, exists only in a single print, shows a half-profile view of the wife of Nolde's friend Hans Fehr with her first son Adolf on her lap, turned animatedly to the viewer. A large vivid pastel drawing depicting Nelly Fehr and her son was probably made about the same time; Nolde recorded it under the title "The Son and Heir" in the catalogue of his paintings.

nige, natürliche Verbindung zwischen Mutter und Kind als ursprünglichem Naturereignis, jene elementare Erfahrung von Schutz und Geborgenheit sinnfällig. In ebenso eindringlicher Weise hat der Maler mit der Farbe als seinem eigentlichen Ausdrucksmittel unter Einbeziehung des »kontrollierten Zufalls«, wie er es nennt, frei aus Flecken und Verläufen solche Bildthemen in den großformatigen Aquarellen aus der Reihe der »Phantasien« (1931–1935) gestaltet, nachfolgend noch vielfältiger in den kleinen »Ungemalten Bildern« (1938–1945) unmittelbar allein aus der Farbe entwickelt. Darunter findet sich das eigenwillige Bildnis der »Urmutter«, in das vorgeschichtliche, mythisch hintergründige und auch ursprüngliche, persönliche Momente eingegangen sind; es diente dem Maler 1947 als enge Vorlage für ein Ölbild (Kat. 32).

Die aufrichtige, ebenso selbstverständliche wie authentische Ausdrucksweise all dieser Arbeiten Noldes verweist auf frühe kindliche Prägungen und die eigene enge Beziehung zu seiner Mutter, die gleichsam als direkte, grundlegende Erfahrung die fundamentale Ausrichtung der verschiedenen Bilder und Reihen in Inhalt und Gestaltung nachdrücklich bestimmt hat. Die Skala dieser Bildmotive in seinem Werk reicht von einfachen, unbekümmert freundlichen, idyllischen, häufig auch religiös bestimmten Darstellungen einer sich dem Kind zärtlich zuwendenden Frau über ornamental angelegte, ikonenhaft strenge bis hin zu jenem originären, vitalen Phänomen des Urweiblichen.

Here the mother lovingly bends down closely over her small beaming son; the concentrated composition is laid out as a narrow detail and seen from up close. Even if this portrait perhaps derives from a request from his friend and the depiction is largely oriented in a given reality, the generous melding of mother and child into an increasingly compact artistic unit already clearly reveals aspects of his later approach and manner of representation. The development Nolde underwent in fashioning this motif as a concentrated, insoluble and almost sculptural unity found a highpoint, to a certain extent, in various works dating from 1913 and 1914. These include such paintings as "Mother and Child" and "Woman and Child", and perhaps none more so than the extremely expressive, dramatically moving lithograph "Mother and Child" from 1913, characterised by intense dramatic chiaroscuro effects. In it, the primordial female being and the intimate accepted link between mother and child as a prototypical natural occurrence encompassing the elementary experience of shelter and security manifests itself. The painter freely produced works dealing with this subject matter in an equally urgent manner through his use of colour as his true means of expression and by integrating "controlled chance elements", as he called them, from spots and courses of colour in the large-format watercolours of the "Fantasies" series (1931–1935). He later directly developed them in an even more diverse fashion from colour alone in the small "Unpainted Pictures" (1938–1945). These include the idiosyncratic image of "The First Mother" into which flow prehistoric, mythically enigmatic as well as prototypical personal moments. In 1947, the painter closely modelled an oil painting after it (cat. 32). The sincere, equally natural and authentic means of expression in all of these works point to influences from Nolde's early childhood and his own exceedingly close relationship to his mother. This direct and elementary experience was a decisive determining factor, as it were, regarding the fundamental orientation of the diverse pictures and series in terms of content and form. The range of representations of mothers in his work extends from simple, blithely cordial, idyllic, often religiously defined portrayals of a woman affectionately turning to her child, and ornamentally composed pictures with icon-like severity, through to the prototypical, vivid phenomena of primordial femaleness.

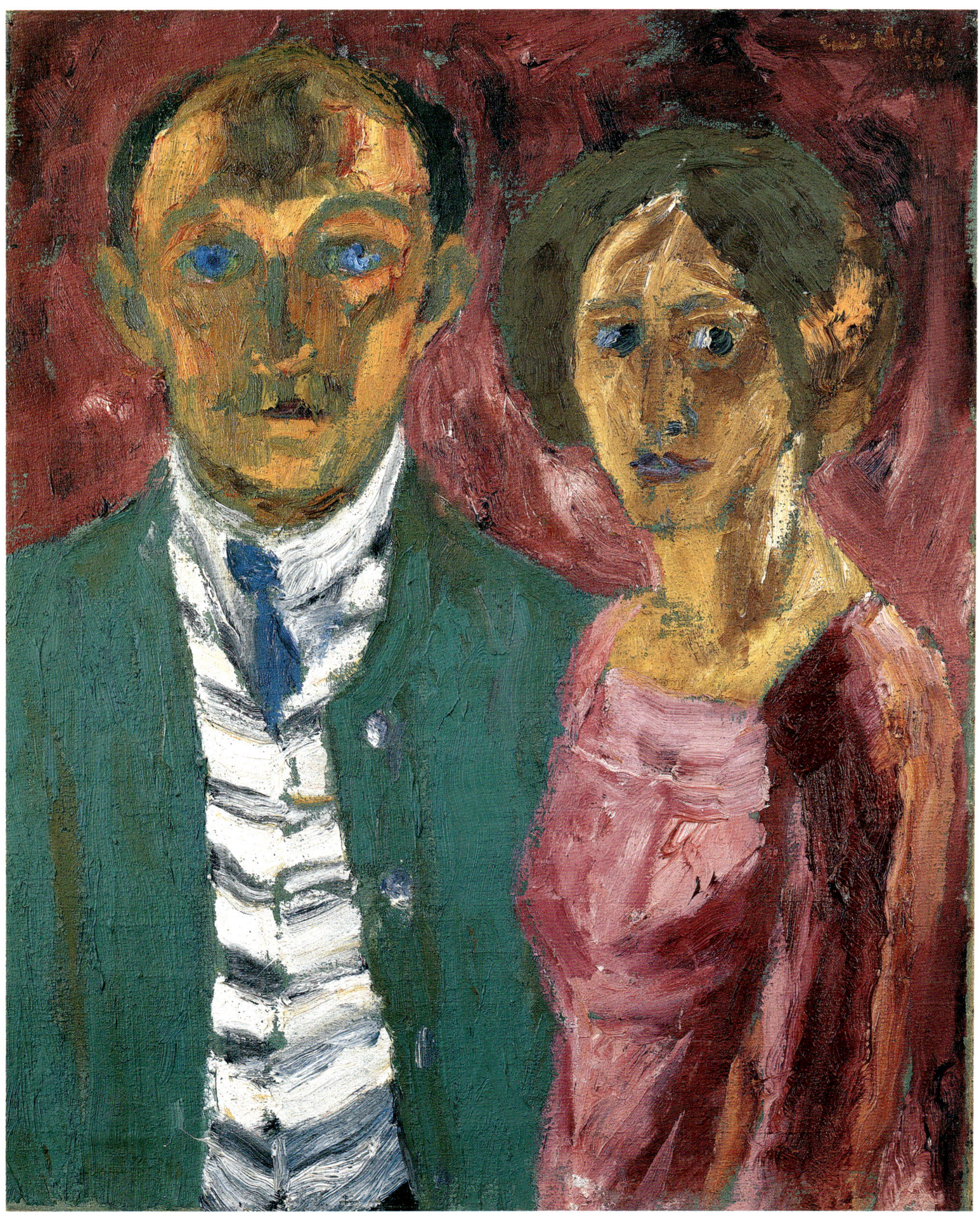

12 | »A. und E. Nolde«, 1916
A. and E. Nolde, 1916

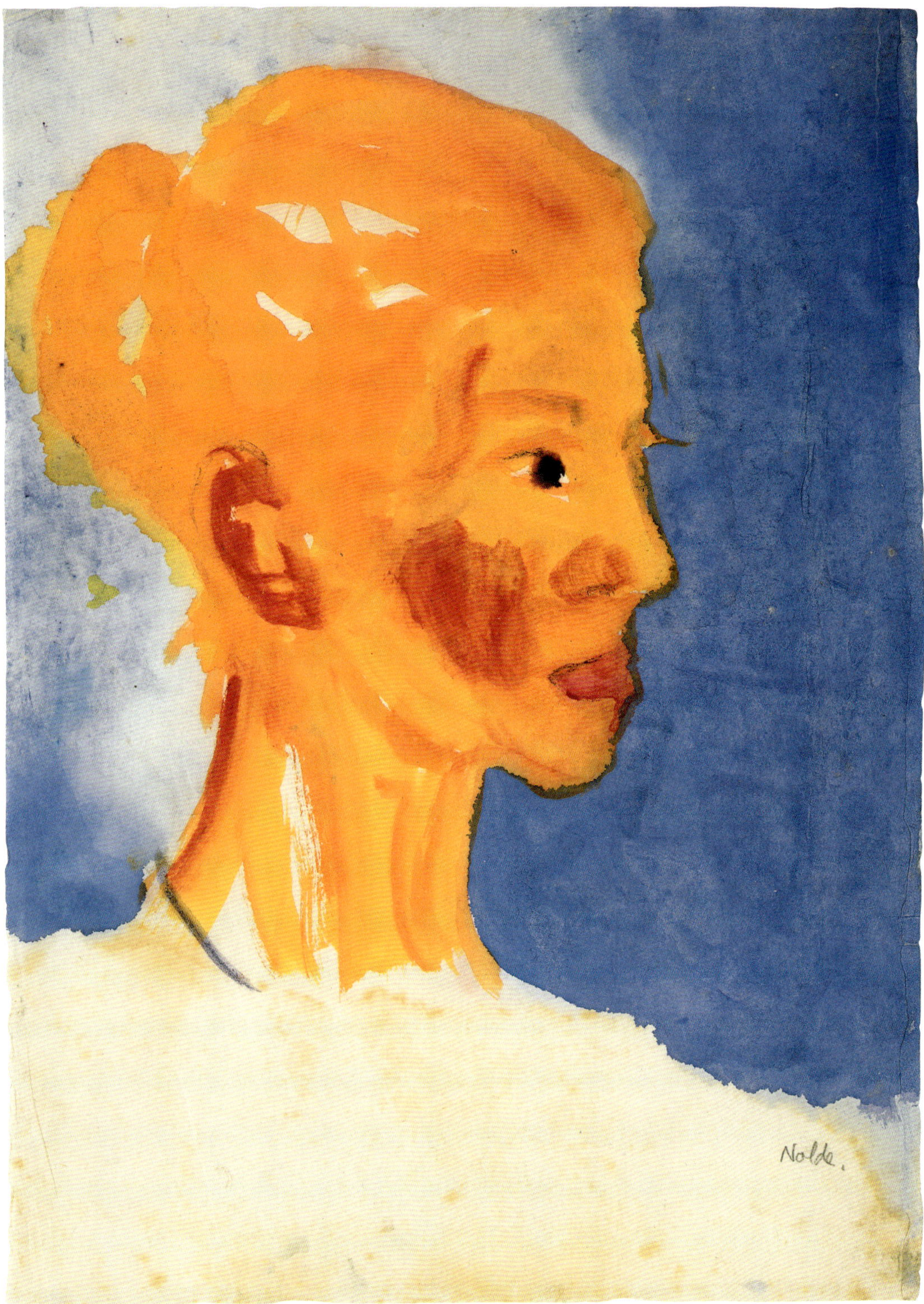

42 | Frauenkopf (im Profil, blond)
Head of a Woman (in profile, blonde)

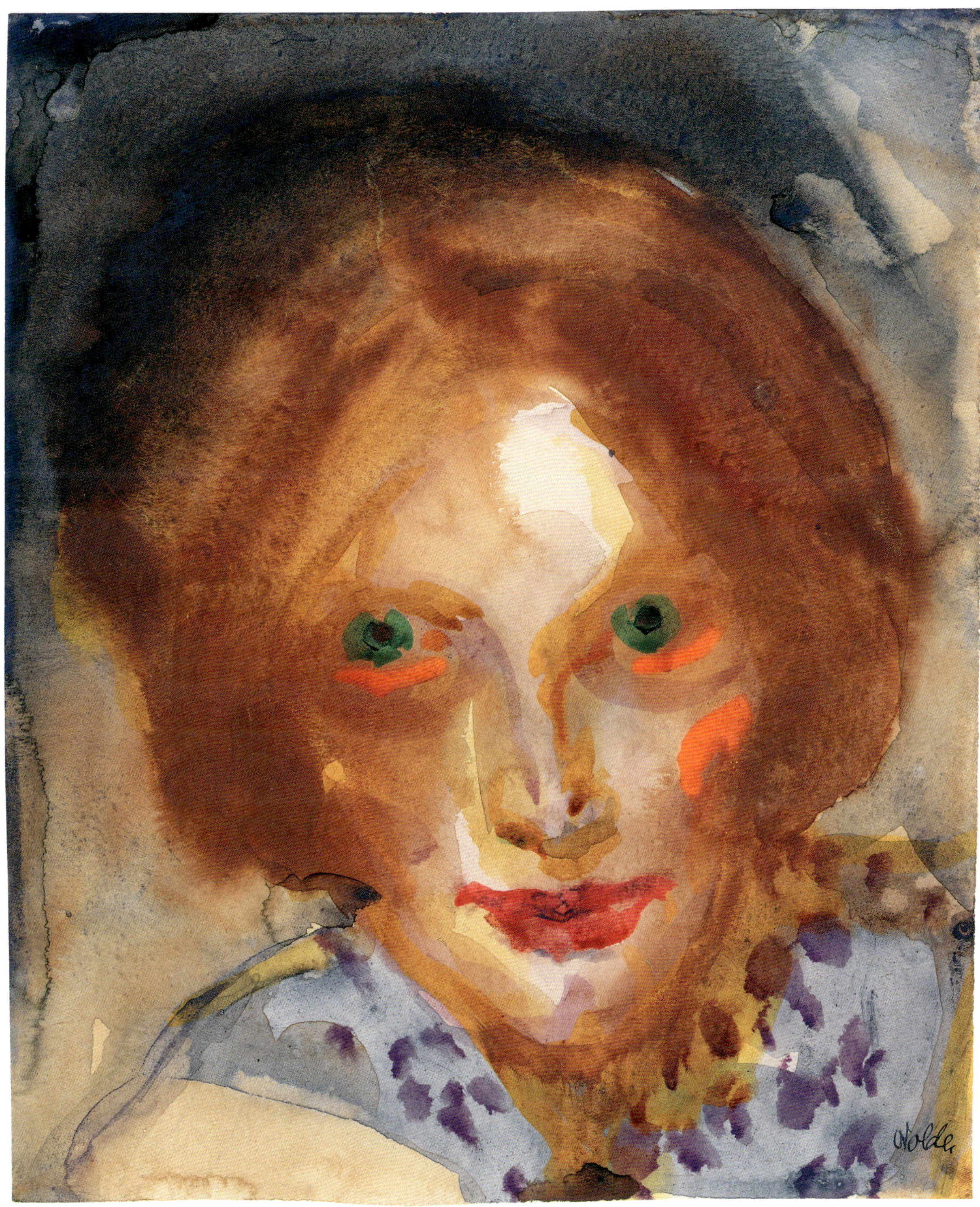

37 | Frauenbildnis (rotbraunes Haar)
Portrait of a Woman (auburn hair)

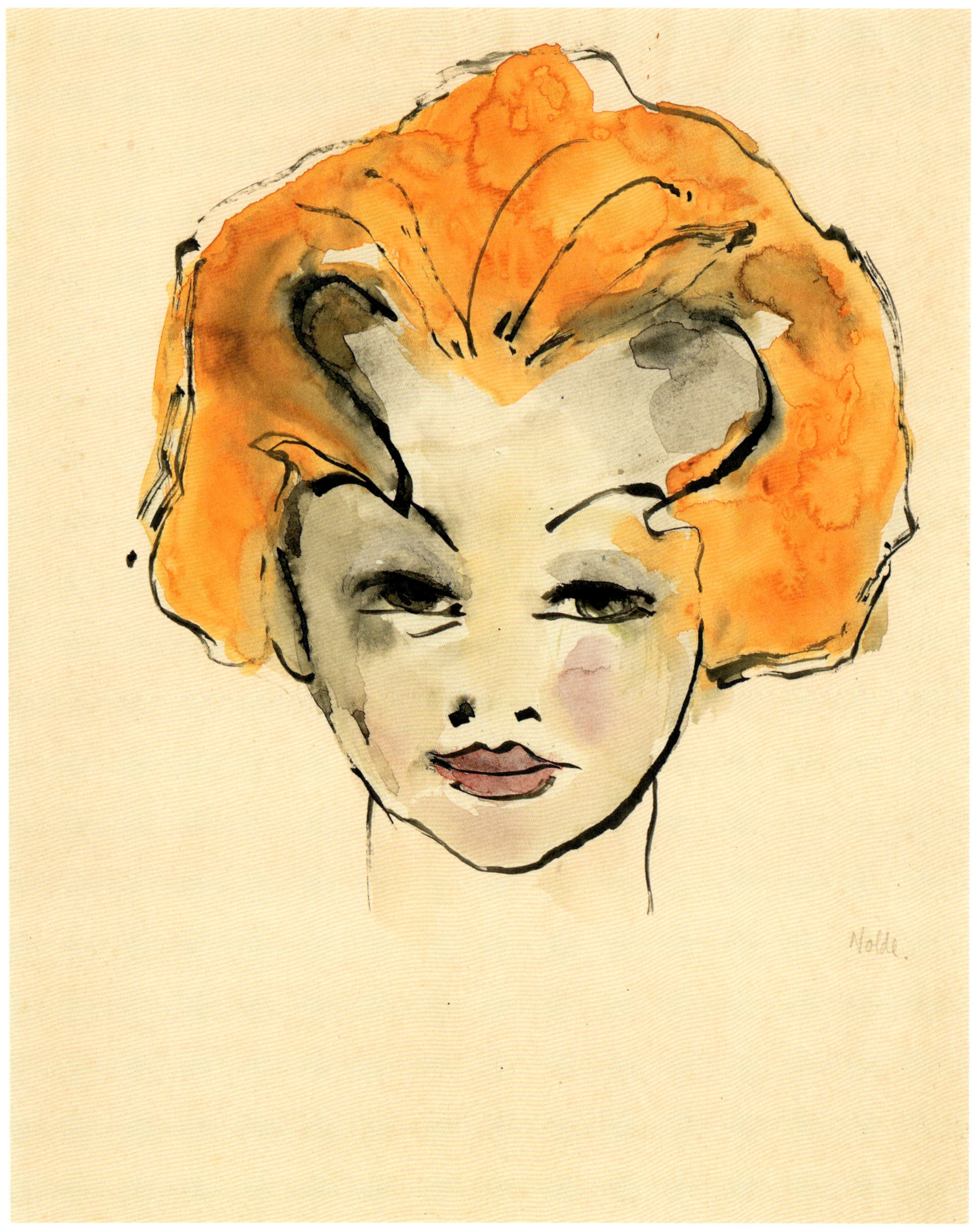

39 | Mädchenkopf (orangenes Haar)
Head of a Girl (orange hair)

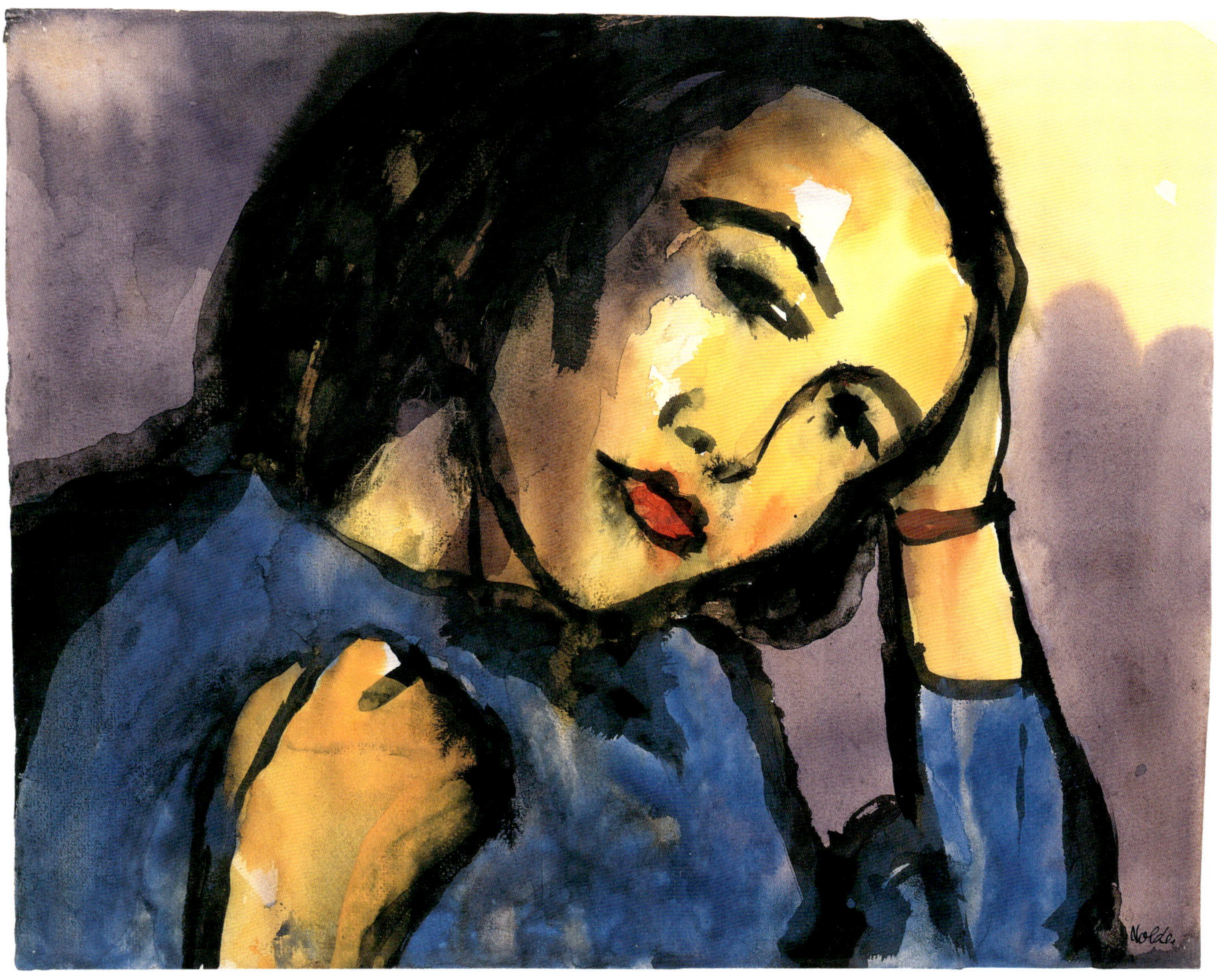

43 | Frauenporträt (J. Nolde, blaues Kleid)
Portrait of a Woman (J. Nolde, blue dress)

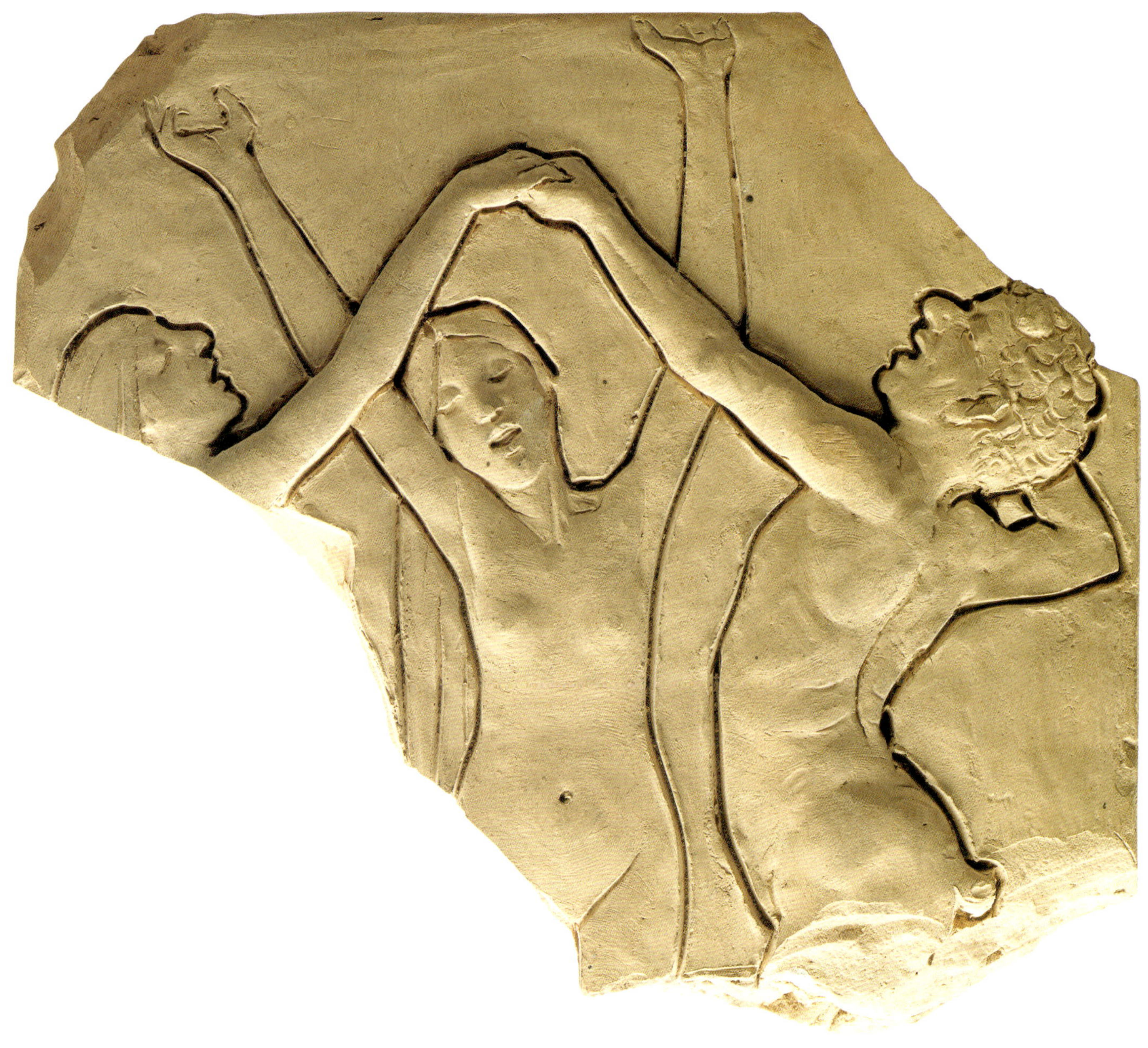

49 | Drei Tanzende (Faune), um 1885/1890
Three Dancers (Fauns), circa 1885/1890

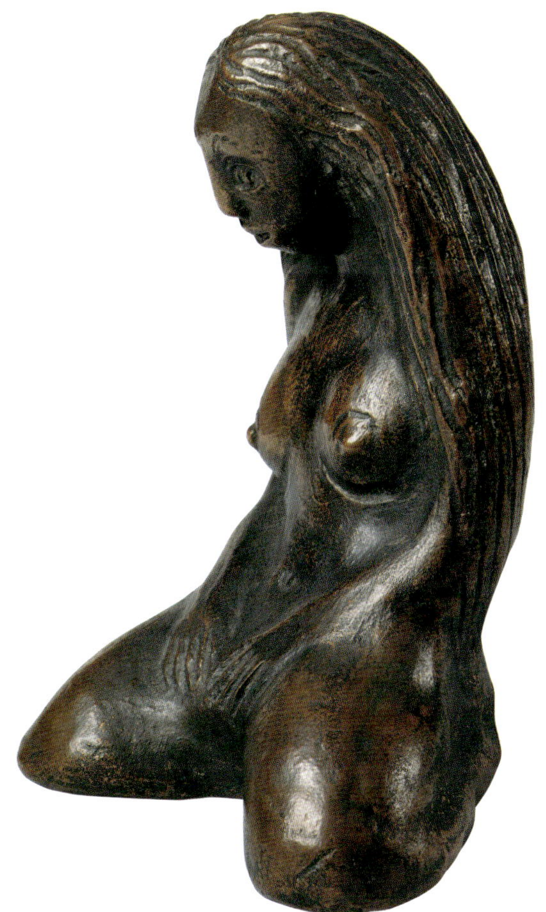

46 | Hockendes Weib, um 1920/1925
Squatting Woman, circa 1920/1925

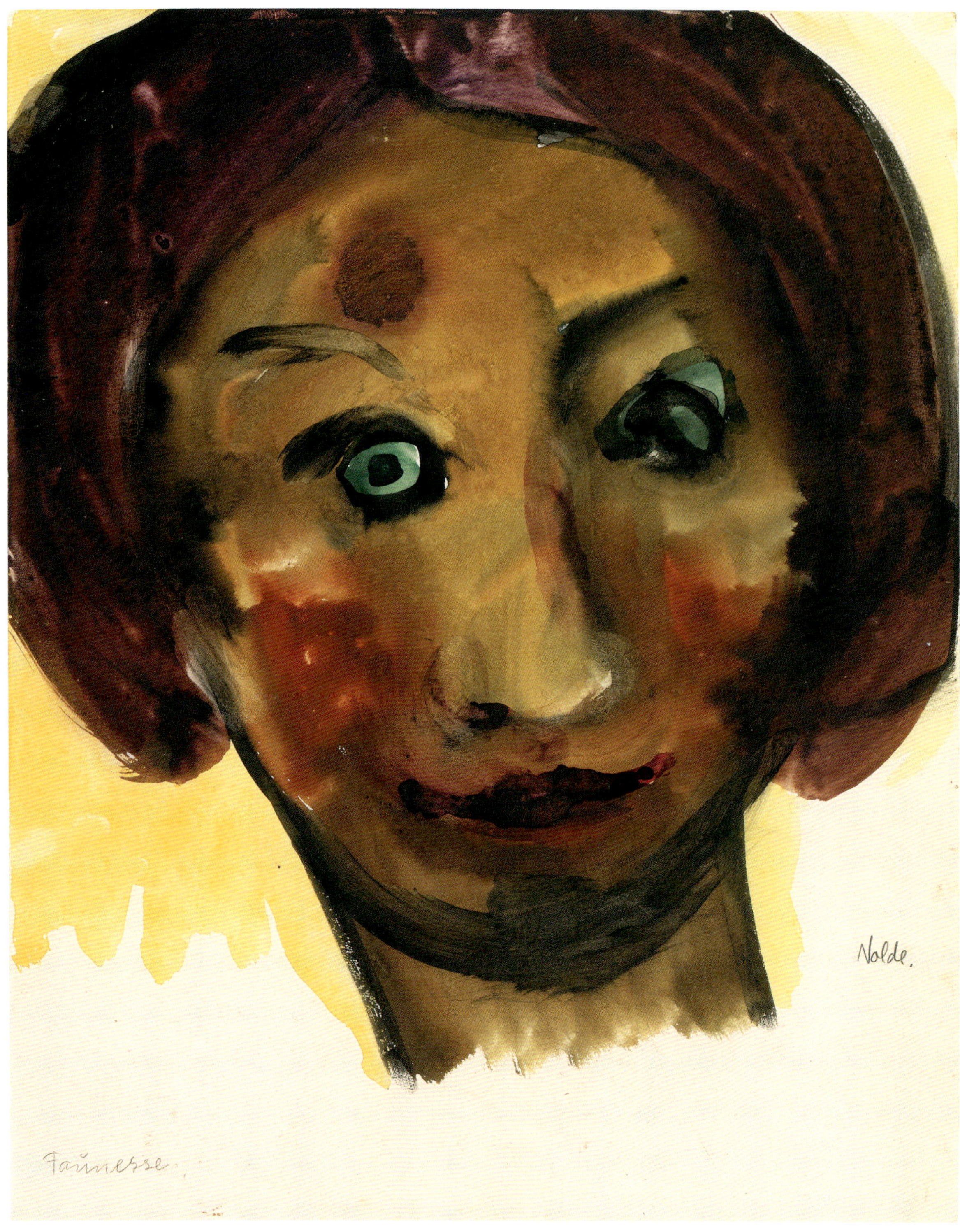

38 | »Faunesse«
Satyress

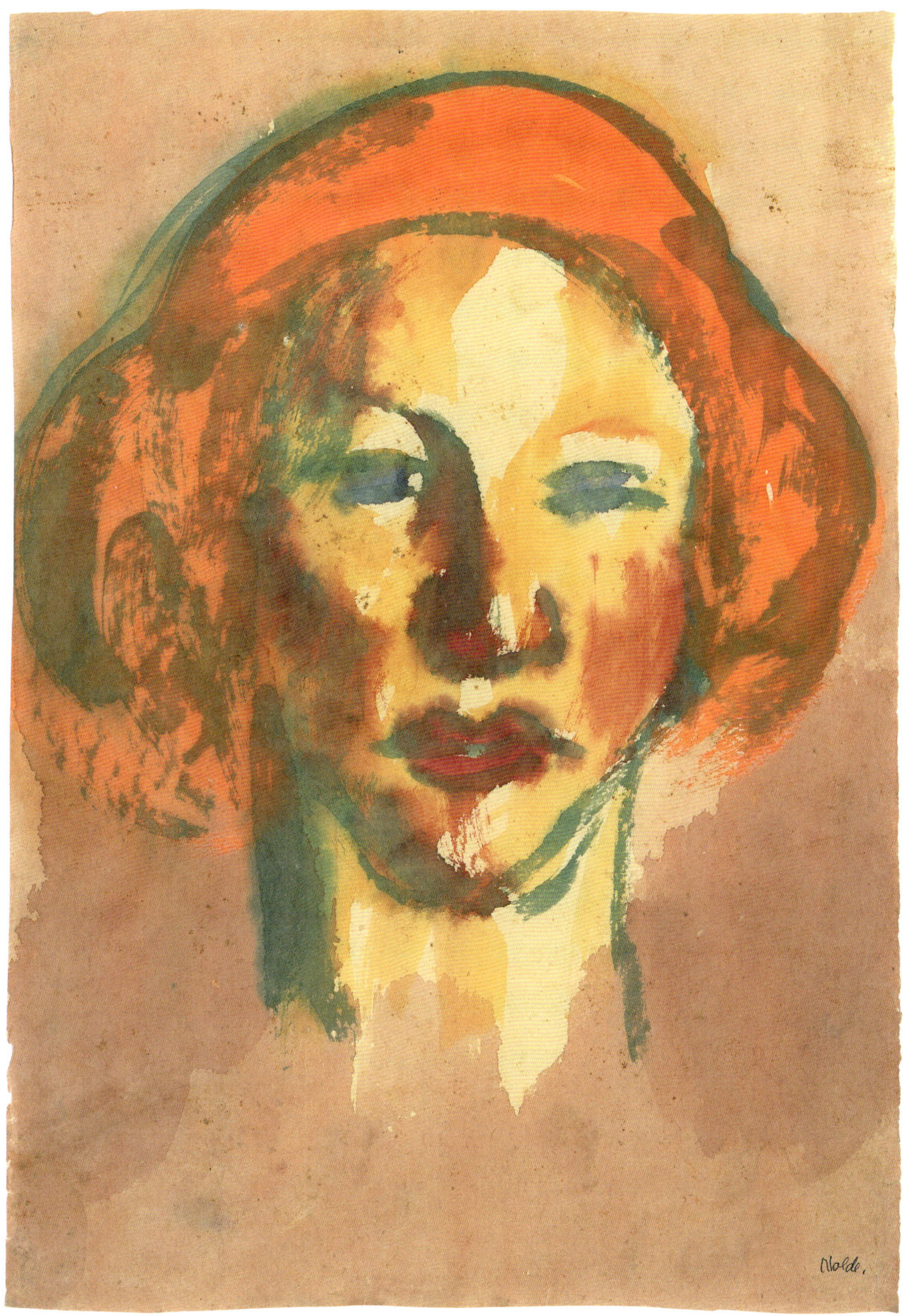

41 | Frauenkopf (rotes Haar)
Head of a Woman (red hair)

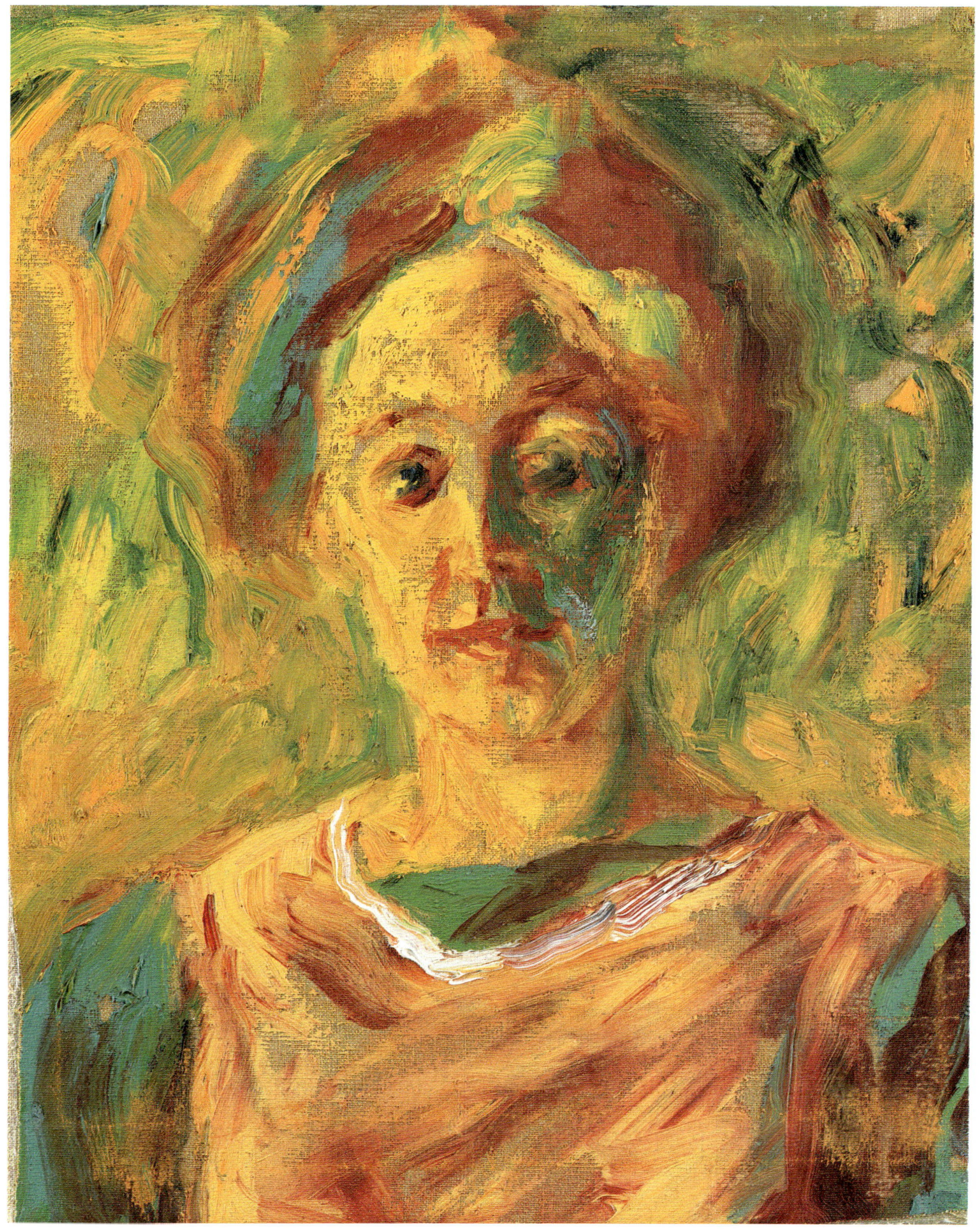

2 | »Bildnis Ada (im grünen Kleid)«, 1904
Portrait of Ada (in Green Dress), 1904

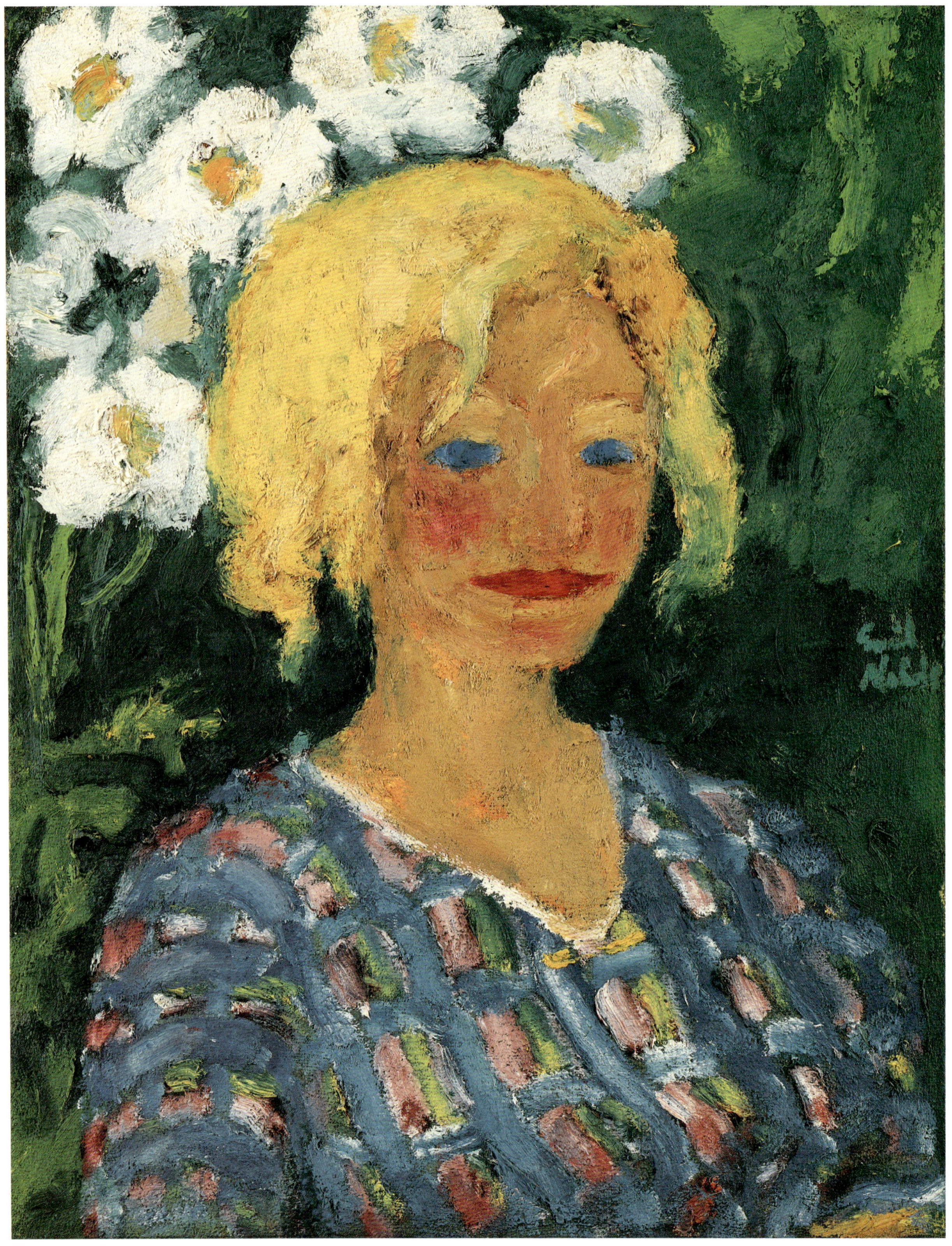

19 | »Alvilda«, 1921
Alvilda, 1921

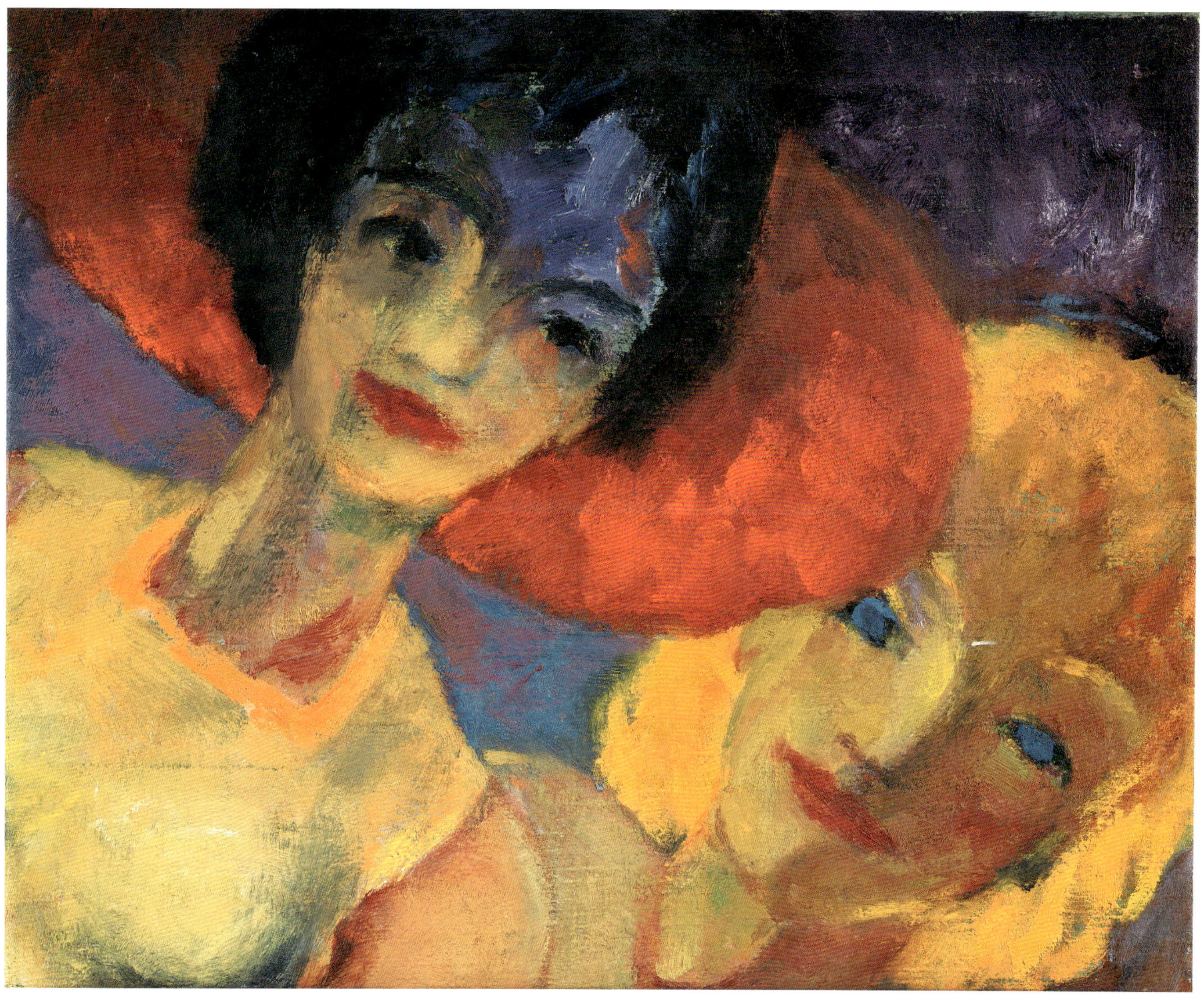

30 | »Sommergäste«, 1946
Summer Guests, 1946

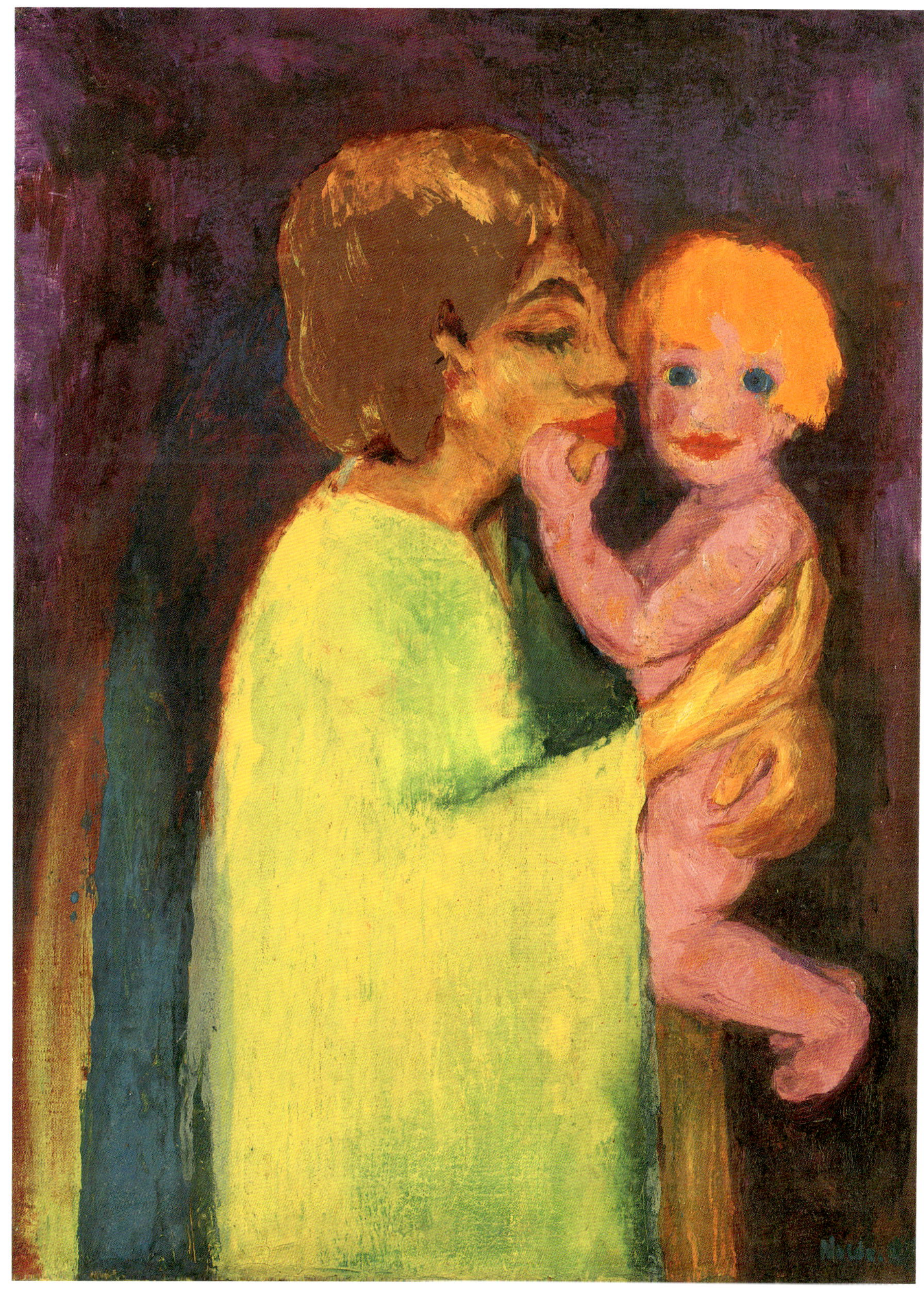

27 | »Mutter und kleiner Sohn«, 1932
Mother and Little Son, 1932

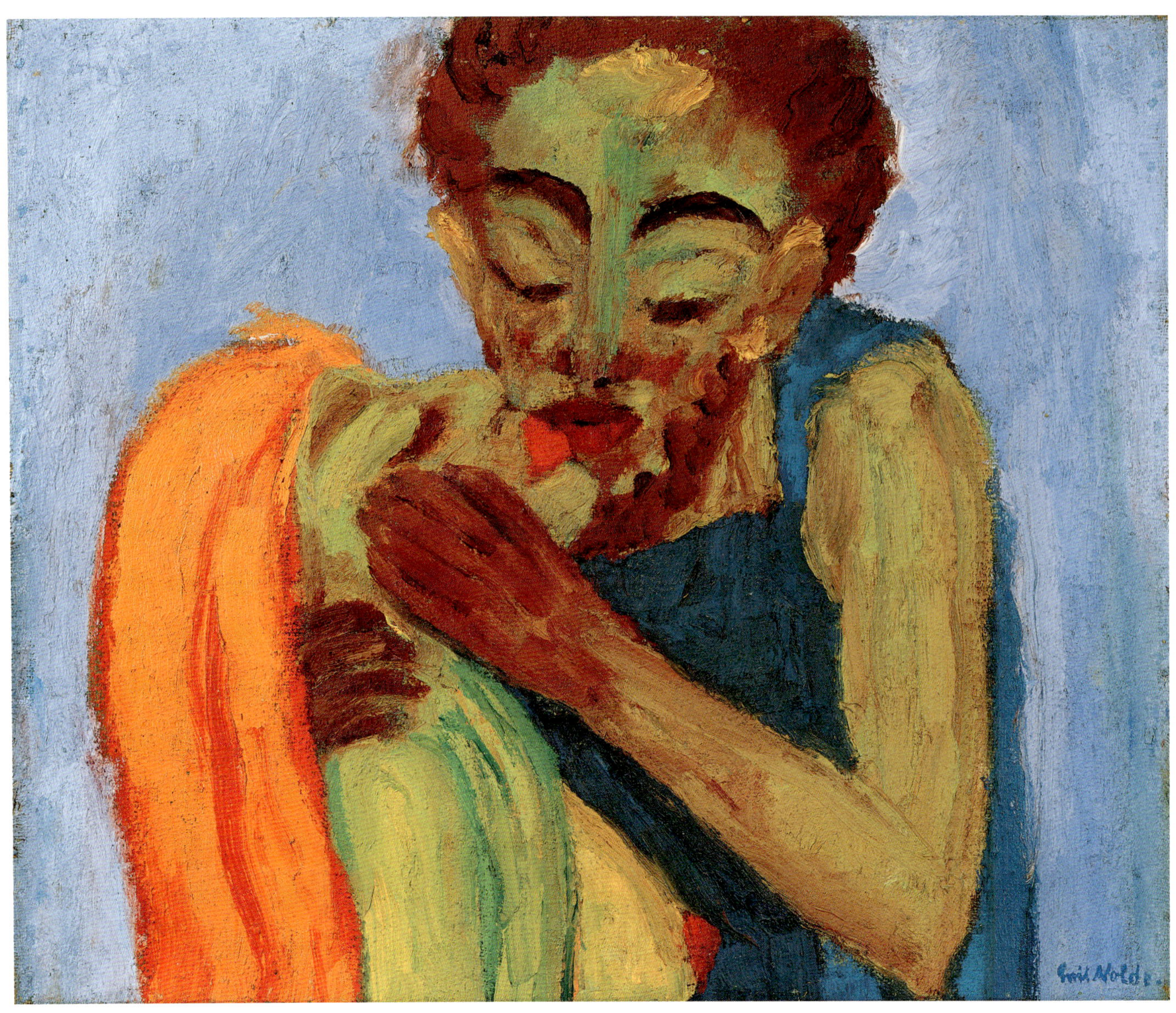

15 | »Menschenpaar«, 1919
Human Couple, 1919

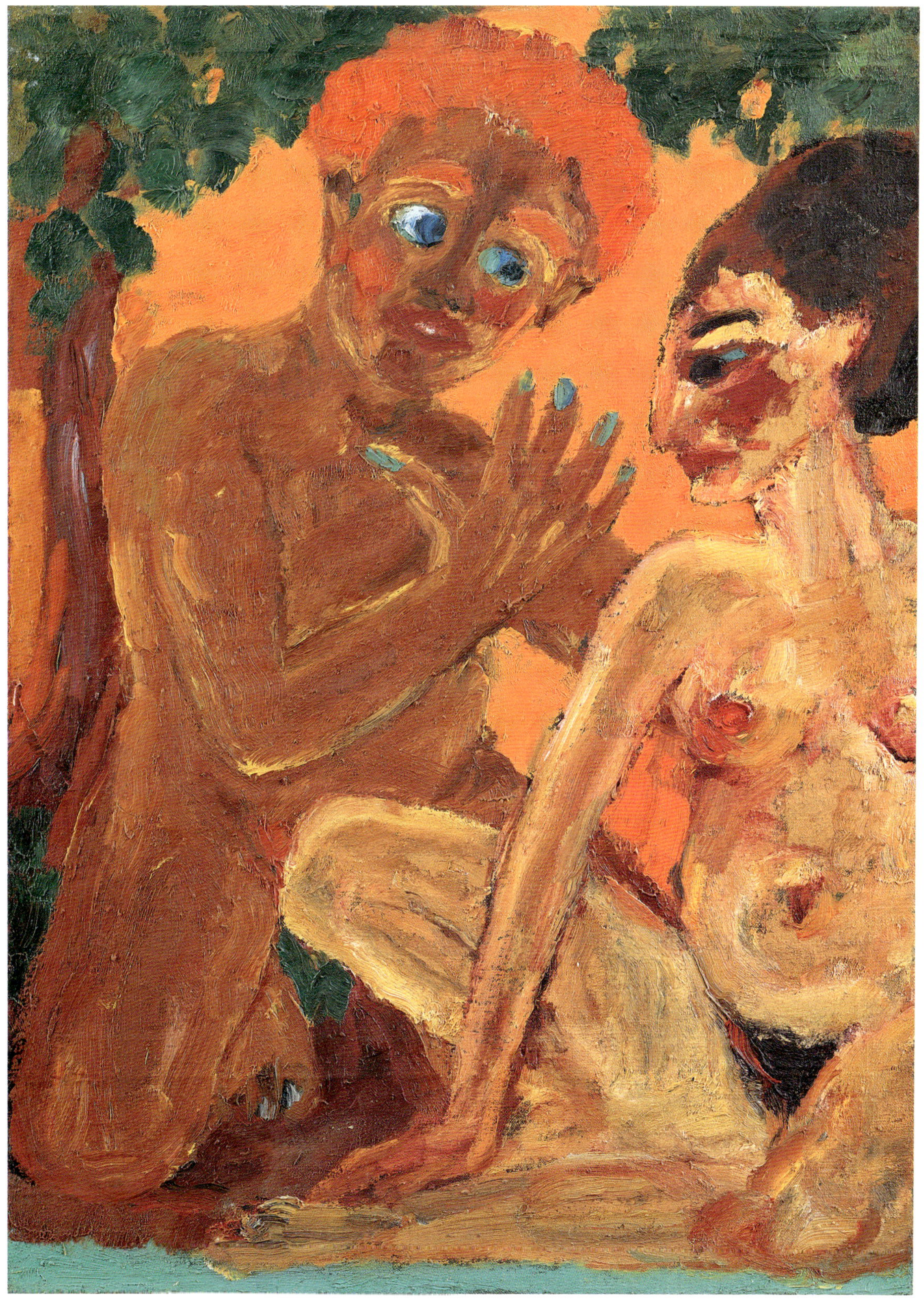

16 | »Werbung II«, 1919
Wooing II, 1919

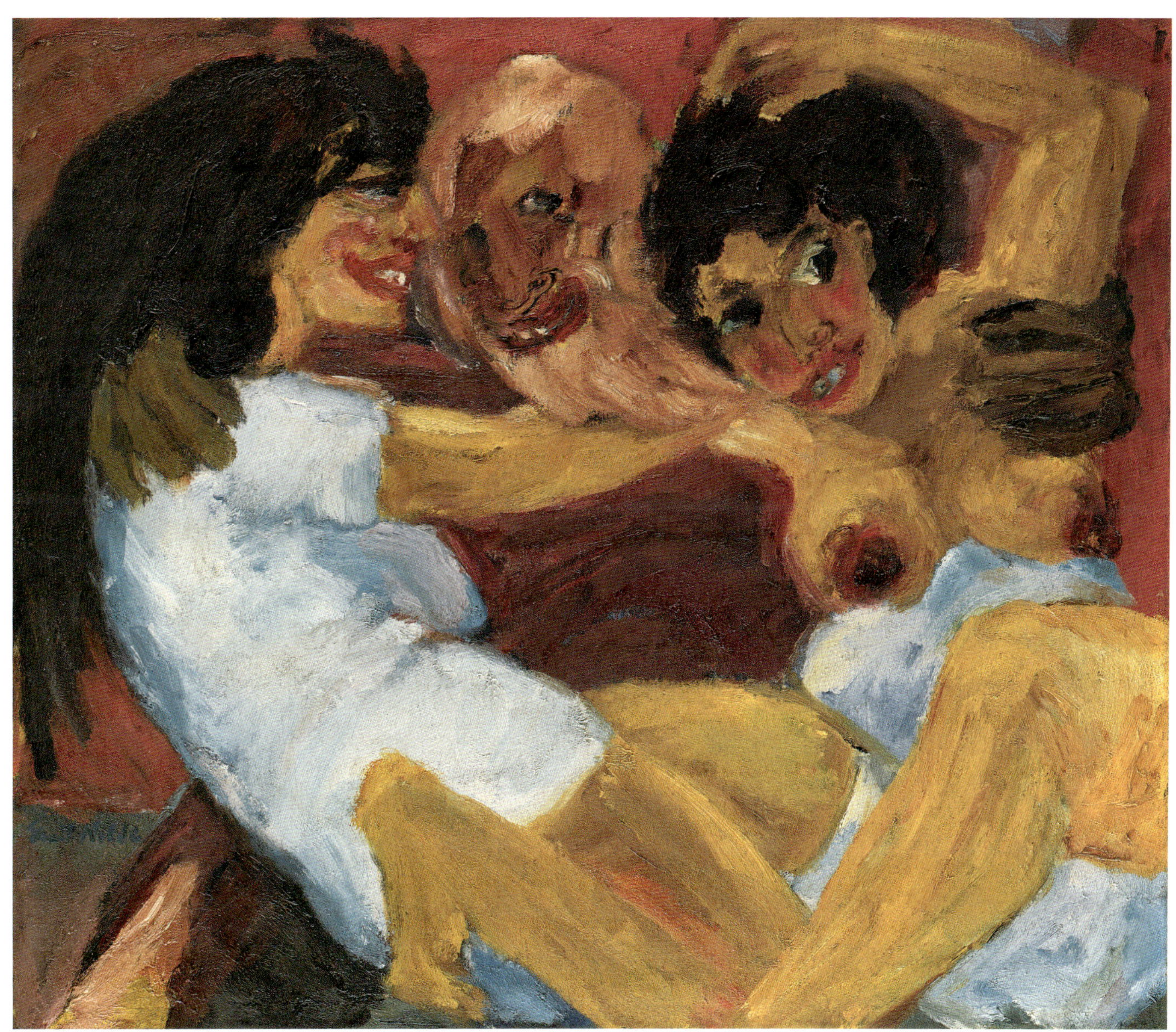

10 │ »Legende: Hl. Symeon u. die Weiber«, 1915
Legend: St. Symeon and the Women, 1915

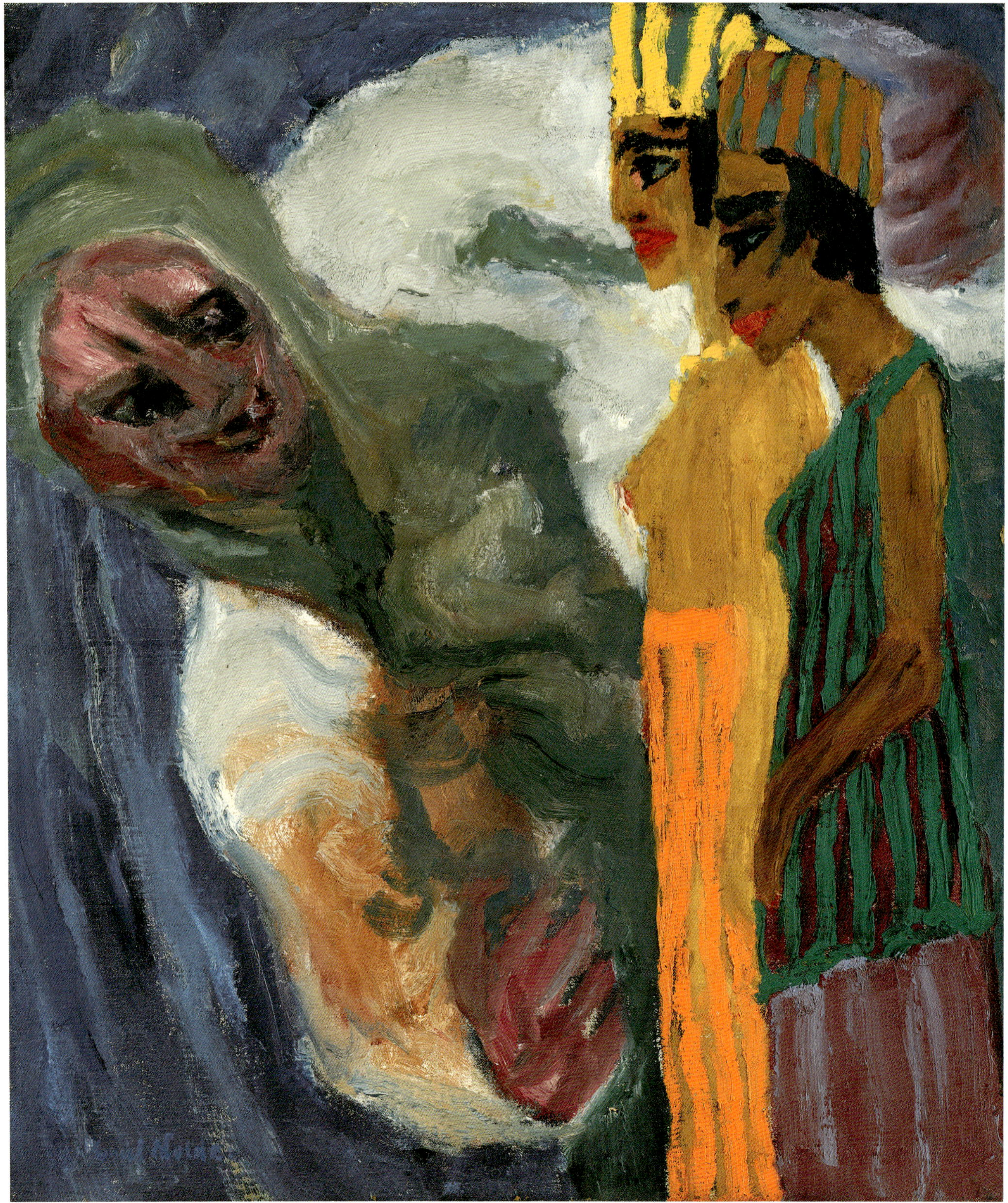

11 | »Verhängnis«, 1916
Fate, 1916

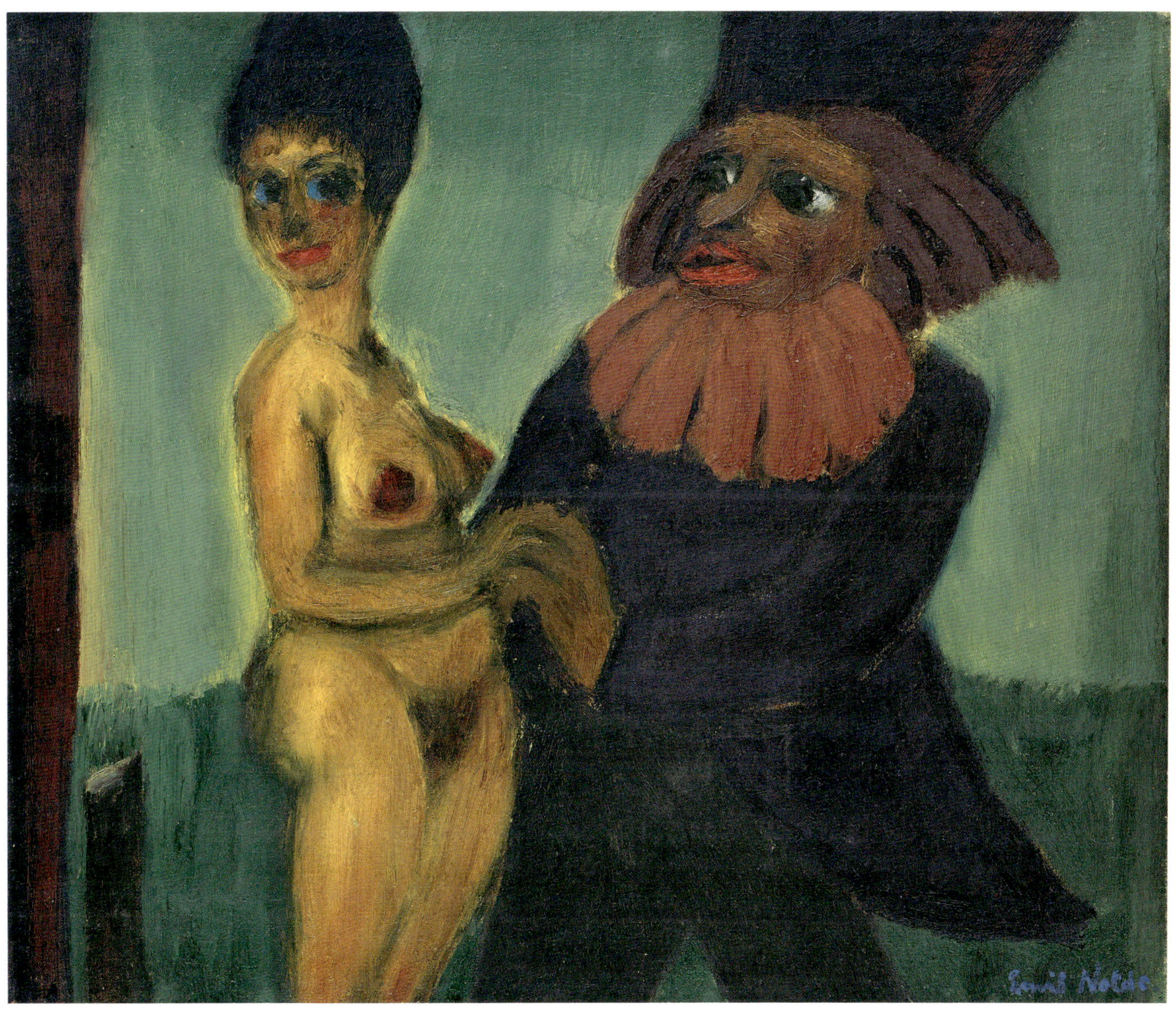

8 | »Mann und nacktes Weib«, 1915
Man and Naked Woman, 1915

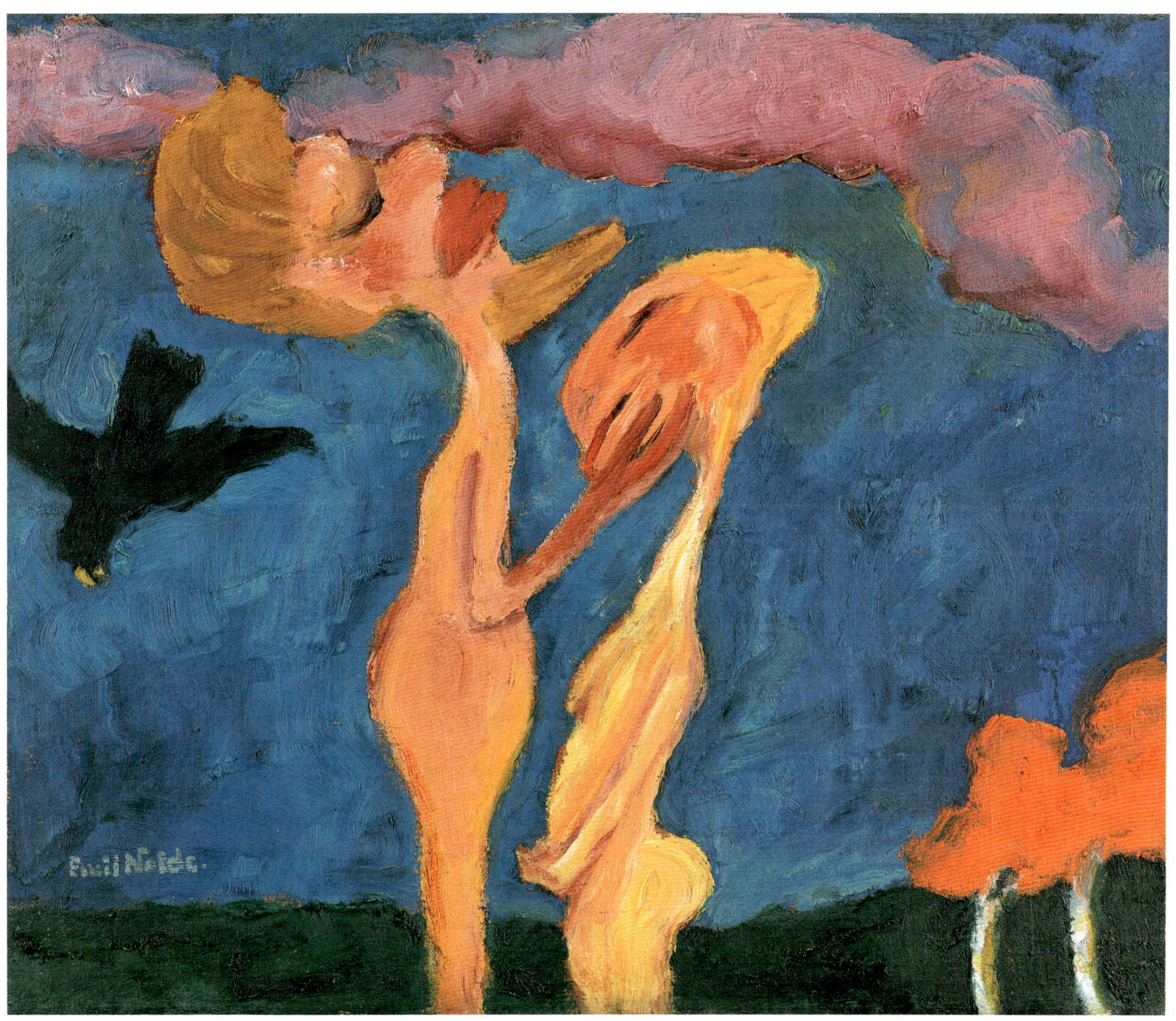

24 | »Seltsames Liebespaar«, 1923
Strange Courting Couple, 1923

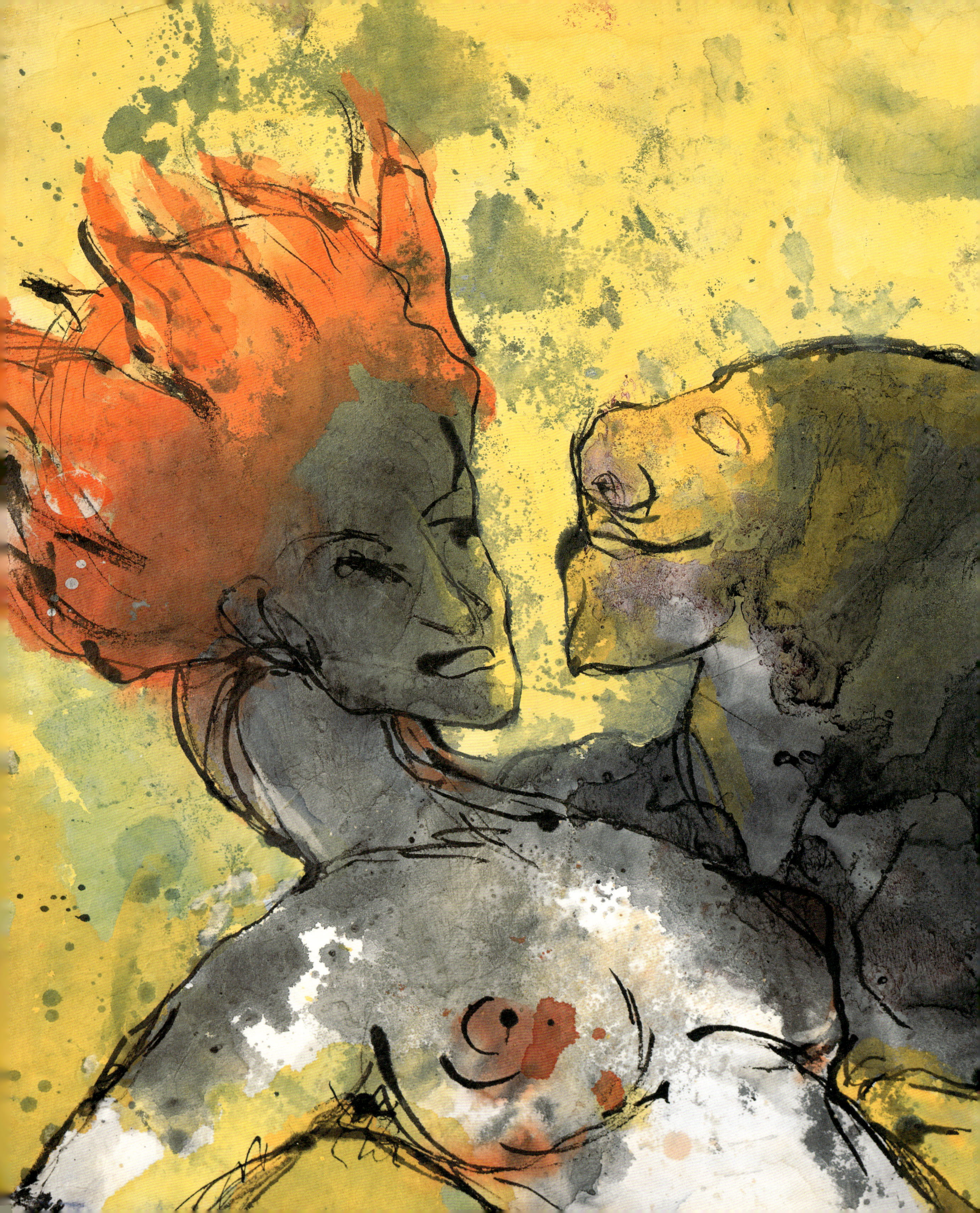

Jörg Garbrecht

Bewundert, gefürchtet und begehrt – Emil Nolde malt die Frauen

Emil Nolde konzentrierte sich in all seinen Schaffensphasen immer wieder auf die Frau als Motiv, doch fassbar wurde das weibliche Wesen für ihn nie. In Frauen »innigstes Wesen mich einlebend« entstanden seine Bilder, schreibt der Maler in seiner Autobiographie. »Unverständlich ist mir vieles, – ich brauche es nicht zu wissen.« (II, 202) Nolde strebte nie danach, ein allgemeingültiges Bild der Frau zu finden oder sie auf eine singuläre Rolle zu reduzieren. In Erfahrung und Phantasie, Zweifel und Erkenntnis, Furcht und Bewunderung setzte sich der Maler mit Frauen künstlerisch auseinander und zeigte sie in unterschiedlichsten Zusammenhängen von mythologischen und religiösen Szenen bis hin zum klassischen Porträt, als Mutter und Modell, Engel und Dämon, Heilige und Sünderin, Verführte und leidenschaftliche Verführerin. Diese reiche Vielfalt lässt jeden Versuch scheitern, Noldes Vorstellungen von »der Frau« erschöpfend zusammenzufassen und abschließend zu interpretieren. Folgerichtig bleiben eine Ausstellung zu Noldes Frauenbildnissen und der begleitende Katalog immer fragmentarisch. Der vorliegende Band montiert ausgewählte Motivgruppen und einzelne Werke zu einer Collage und skizziert den kunstgeschichtlichen Kontext. Historische Vergleiche und Gegenüberstellungen mit seinen Zeitgenossen wie Arnold Böcklin, Edvard Munch und Pablo Picasso zeigen Noldes genaue Kenntnis seines künstlerischen Umfelds, während die Vergleiche mit Andy Warhols ikonischer »Marilyn (rosa, gelb, braun)« (1967) und Eric Fischls Gemälde »The Philosopher's Chair« (1999) die zeitlose Aktualität von Noldes Frauenbildnissen offenbaren.

Die vier großen Themenbereiche Berliner Großstadtleben (einschließlich dem Tanz), Südsee, Frauenporträts und Gartenbilder werden im vorliegenden Band nicht berücksichtigt, da sie schon mit Sonderausstellungen in der Dependance Berlin und anderen Museen sowie umfangreichen Publikationen gewürdigt worden sind. In allen diesen Werkgruppen agieren Noldes Frauen in eindeutigen Themenzusammenhängen, die nur wenig variiert werden. In seinen

Admired, Feared, and Desired – Emil Nolde Paints Women

Throughout his artistic career, Emil Nolde regularly turned his attention to the woman as a motif, but he never fully fathomed the essence of the female character. As the painter wrote in his autobiography, his pictures were a consequence of "immersing myself in the innermost being" of women. "There is much that I do not comprehend, – and I do not have to understand it" (II, 202). Nolde never aspired to find a universally valid image of the woman or reduce her down to a singular role. The painter concerned himself artistically with women through experience and imagination, doubt and insight, fear and admiration, depicting them in various contexts ranging from mythological and religious scenes to the classic portrait, as mothers and models, angels and demons, saints and sinners, seduced and passionately seducing. From the start, this rich variety makes it impossible to exhaustively summarize and subsequently interpret Nolde's notions of "woman". An exhibition dealing with Nolde's images of women as well as the accompanying catalogue must consequently remain incomplete. The present volume presents selected groups of motifs and individual works as kind of collage, sketching their art historical context. Historical comparisons and juxtapositions with such contemporaries as Arnold Böcklin, Edvard Munch and Pablo Picasso show that Nolde was very much aware of his artistic environment, while comparisons with Andy Warhol's iconic "Marilyn (pink, yellow, brown)" (1967) and Eric Fischl's painting "The Philosopher's Chair" (1999) show the timeless currency of Nolde's pictures of women.

Four large thematic areas, big city life in Berlin (including dance), the South Seas, portraits of women and garden pictures, are not taken into consideration in the present volume as they have already been dealt with in special exhibitions at the Berlin branch of the Nolde Foundation as well as in other museums in addition to comprehensive publications. In all of these groups of works, Nolde's women function in unambiguous thematic relationships that vary only slightly. In his typical garden pictures, the painter portrayed women strolling through a sea of flowers, devoting themselves to garden work and other household activities or drinking tea amidst an abundance of flowers.

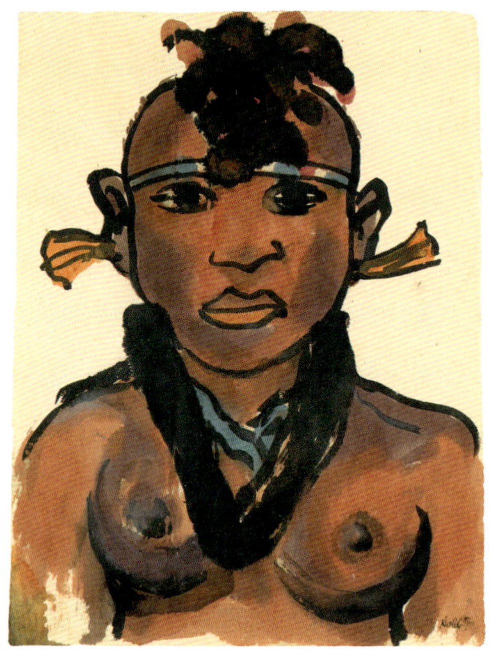

Frau mit Stirnband
(en face), 1913/14

Woman with a Headband
(full face), 1913/14

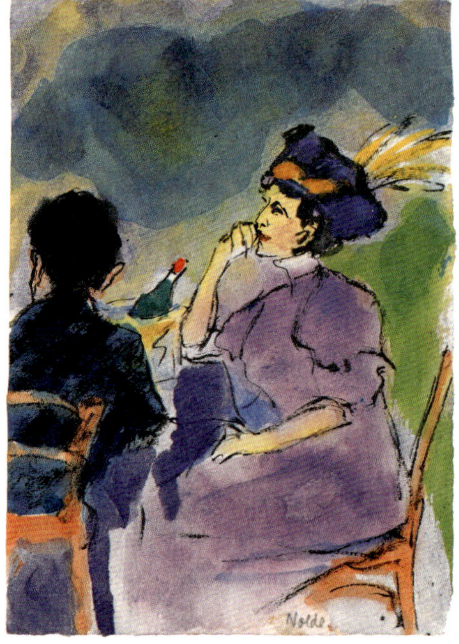

Dame und Herr am
Weintisch, 1910/11

Lady and Gentleman
at Wine Table, 1910/11

typischen Gartenbildern zeigt der Maler Frauen, die in Blütenmeeren lustwandeln, sich der Gartenarbeit oder anderen häuslichen Tätigkeiten widmen oder inmitten der Blumenfülle Tee trinken.

Die Frauenbildnisse in Noldes Südseewerk haben streng beschreibenden Charakter (Abb. oben links). Nolde war 1913 offiziell als dokumentarischer Zeichner zur »Medizinisch-demographischen Deutsch-Neuginea-Expedition« bestellt worden. Die für Nolde so typische Malweise des phantasievollen Erfindens und freien Setzens der Farbe fehlt in dieser Reihe der Frauenbildnisse ebenso wie die erzählerische Dimension oder der erotische Reiz, die in den Südseebildern von Paul Gauguin oder Henri Matisse zu finden sind.

Eines der besterforschten Themen in Noldes Werk – einschließlich der darin auftauchenden Frauen – ist das Berliner Großstadtleben. Seit 1905 lebte und arbeitete Nolde jedes Jahr über die Wintermonate in Berlin und widmete dem Leben in der Metropole einen eigenen, umfangreichen Aquarellzyklus (Abb. oben rechts). In diesen Werken übernahm Nolde die Thematik der französischen Avantgarde, die der einflussreiche Kritiker Charles Baudelaire 1845 aufgefordert hatte, zeitgenössische Themen für die Kunst zu finden: »Der wahre Maler wird der sein, der es vermag, dem heutigen Leben seine epische Seite abzugewinnen und der uns in der Farbe oder in der Zeichnung zeigt und begreiflich macht, wie bedeutend und poetisch wir in unseren Krawatten und Lackstiefeln sind.« Ähnlich wie Manet und Degas fängt Nolde in seinen Berlin-Bildern den Heroismus des modernen Lebens ein und schildert seine Eindrücke aus den Theatern, Ballsälen und Souterrains der Großstadt.

The pictures of women made in the South Seas have a strictly descriptive character (fig. above left). Nolde was hired in 1913 to officially accompany the "Medical-Demographic German New Guinea Expedition" as a documentary draughtsman. Nolde's so very typical painting style featuring imaginative invention and the free placement of colour is missing in this series of women's portraits compared to the narrative dimension or the erotic allure found in the South Seas pictures by Paul Gauguin or Henri Matisse.

One of the most thoroughly researched themes in Nolde's oeuvre – including the women appearing in them – is big city life in Berlin. Nolde spent the winter months in Berlin every year from 1905 on and dedicated a separate, comprehensive cycle of watercolours to life in the metropolis (fig. above right). In these works, Nolde took up the themes of avant-garde French painting, a school challenged to find contemporary artistic subject matters by the influential critic Charles Baudelaire in 1845: "The painter, the true painter for whom we are looking, will be he who can snatch its epic quality from the life of today and can make us see and understand, with brush or with pencil, how great and poetic we are in our cravats and our patent-leather boots." Like Manet and Degas, Nolde captured the heroics of modern life in his Berlin pictures and

Die Ausstellung »Bewundert, gefürchtet und begehrt – Emil Nolde malt die Frauen« zeigt die Frauenbildnisse des Malers, die außerhalb der oben genannten Themenkreise und ihrer eingrenzenden innerbildlichen Welten von Gärten, Südseeinseln und Großstadtinterieurs liegen. Sie konzentriert sich vielmehr auf Frauen, die nicht in wirklichkeitsnahen Bildräumen gefangen sind, sondern raumgreifend herrschen. Hatte doch schon der von Nolde viel bewunderte Edvard Munch gefordert: »Man sollte keine Interieurs mehr malen, keine Leute, die lesen, keine Frauen, die stricken. Es sollen lebendige Menschen sein, die atmen und fühlen und leiden und lieben … Das Fleisch würde Form annehmen und die Farben leben.«

Trotz einer überragenden Ausdrucksintensität setzte Nolde mit seinen Frauenbildnissen keine kunsthistorische Bildrevolution in Gang. Es war Pablo Picassos legendäres Werk »Les Demoiselles d'Avignon«, das zum bahnbrechenden Frauenbildnis der Moderne avancierte (Abb. unten). Ähnlich wie seine Zeitgenossen stand Nolde der Bildtradition des Nachahmens der geschauten Wirklichkeit kritisch gegenüber, doch wollte er keine derart zerstörerischen Neuerungen vorantreiben wie Picasso mit dem Kubismus. »Jetzt kam der Kubismus«, schreibt Nolde in seiner Autobiographie, »als anarchistische Zertrümmerung aller Form und Festigkeit … In Naturverneinung konnte ich nicht arbeiten, in bejahendem, vertieftem Naturmöglichen nur vermochte ich mich zu finden. Und anstatt Auflösung suchte ich Bindung, anstatt Formzertrümmerung Zusammenfassung, anstatt Geschmack und Technisierung vertieften Ausdruck, breite Flächen und gesunde starke Farben.« (II, 221 f.)

described his impressions from the theatres, ballrooms and basements of the big city.

The exhibition "Admired, Feared, and Desired – Emil Nolde Paints Women" focuses on the painter's images of women deriving from beyond the above-named thematic groups and their narrowed down inner pictorial worlds of gardens, the South Seas islands and big city interiors. It concentrates instead on women who are not captured in seemingly realistic pictorial spaces but who dominate in an expansive manner in keeping with the demand made by Edvard Munch, whom Nolde so greatly admired: "No longer should interiors be painted, people reading and women knitting: there would be living people, breathing and feeling, suffering and loving … The flesh will take on form, the colours take on life."

Despite an extraordinary intensity of expression, Nolde did not trigger a pictorial art historical revolution with his pictures of women. It was Pablo Picasso's celebrated "Les Demoiselles d'Avignon" which advanced to become modern art's pioneering image of woman (fig. below). Like his contemporaries, Nolde took a critical stance towards the pictorial tradition of imitating observed reality, but he did not want to push ahead with such destructive innovations as the ones Picasso achieved with

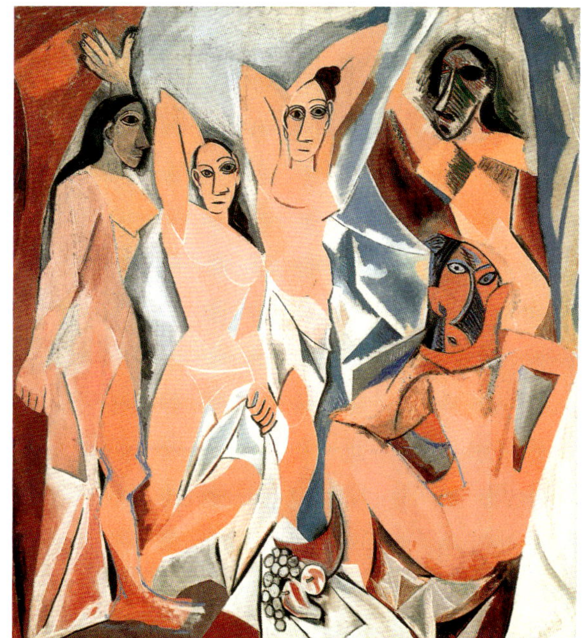

Pablo Picasso, »Les Demoiselles d'Avignon«, 1907

Pablo Picasso, "Les Demoiselles d'Avignon", 1907

Die in der Ausstellung gezeigten Werke zählen zu den »modernsten« Frauenbildnissen im Werk des Malers. In ihnen hat Nolde den klassischen, perspektivisch gemalten Bildraum in einen flachen Farbraum umgewandelt und die Farben frei gesetzt. Dies zeigt sich besonders deutlich im Hautton der Noldeschen Frauen, der von leuchtendem Orange und sattem Gelb über Braun und Grün bis zu Bonbonrosa und Dunkelviolett reicht. In seiner Autobiographie schildert der Maler ein Schlüsselerlebnis im Louvre: »Bei einigen Bildern der alten Kunst – Tizian und Rembrandt – versuchte ich, meine Hände zu denen der gemalten vergleichend hinzuhalten, sie wurden blaßgrün, die Hände der Bilder braun-orange. Auch mein weißes Taschentuch hielt ich zu den Kragen und weißen Hemden der Bilder hin; mein Taschentuch wurde blau, das Weiß des Bildes orange. – Was auf den alten Bildern überzeugend naturwahr aussieht, ist unendlich weit davon entfernt. Und wenn ich die Natur täuschend ähnlich nachbilde, dann habe ich, mit den alten Bildern verglichen, ein blasses, kleinliches Bildchen.« (I, 201) Die Farbwelten in Noldes Frauenbildnissen bewegen sich von harmonischen Farbakkorden bis hin zu starken Kontrastfeuerwerken. Sie beeinflussen den Stimmungsgehalt des Bildes. Allein mit dem Zusammenspiel seiner Farben gelingt es Nolde, Ungegenständliches wie Gefühle oder Gemütsstimmungen zu verbildlichen: »Farben, das Material des Malers«, notiert Nolde: »Farben in ihrem Eigenleben, weinend und lachend, Traum und Glück, heiß und heilig, wie Liebeslieder und Erotik, wie Gesänge und Choräle! Farben in Schwingungen wie Silberglockenklang und Bronzegeläute, kündend Glück, Leidenschaft und Liebe, Blut und Tod.« (II, 200) Mit der Intensität seiner Farben und dem Verzicht auf tiefe Bildräume versetzt Nolde das Bildgeschehen in die Welt *vor* dem Bild, in die Wirklichkeit des Betrachters. Die Eindringlichkeit und Energie der Noldeschen Malerei sprechen den Betrachter unmittelbar an und machen ihm die zeitlose Gültigkeit der verbildlichten Gefühle bewusst. Noldes Ausdruckskunst bleibt bis zum heutigen Tag zugänglich und aufregend.

Anders als Picasso, der mit seinen »Demoiselles« und dem Kubismus radikal Neues schuf, griff Nolde immer wieder auf seine Vorbilder in der Kunstgeschichte und ihre Traditionen zurück, um sie für sich und seine Malerei zu adaptieren. In seiner Autobiographie versteht es Nolde, sich selbst stets als einfachen Bauernsohn vom Lande darzustellen, der außer der Bibel wenig gelesen hat und Bildung auch gerne mit »Verbildung« gleichsetzte. Gute Malerei soll nicht dem Intellekt unterworfen sein, denn »verstandliche Kälte« führe – so Nolde – zu »Abschwächung« des Gemalten (II, 200). »Der Maler braucht nicht viel zu wissen«, schreibt Nolde weiter, »schön ist es, wenn er unter instinktiver Führung so zielsicher malen kann, wie er atmet, wie er geht.« (II, 201) Ohne Zweifel ist Nolde ein großer Maler mit Phantasie und Schöpfungsgenie, doch bauen viele seiner Werke auf seinem exzellenten Bildgedächtnis auf und bezeugen, dass Nolde über das kunsthistorische Kräftefeld, in dem er arbeitete und das sich vom Mittelalter bis zur Avantgarde erstreckt, hervorragend informiert war. Schon in seiner Münchner

Cubism. "Then came Cubism," Nolde wrote in his autobiography, "as an anarchistic fragmentation of all form and firmness … I could not work by negating nature; only in the affirmative, absorbed potentials of nature could I find myself. And I sought bonds instead of dissolution, the summarization instead of the fragmentation of form, deepened expression, broad areas and healthy strong colours instead of taste and technicalities" (II, 221f.). The works exhibited in this show are among the most "modern" portraits of women in the painter's oeuvre. In these pictures, Nolde transformed the classic, perspective-based painted pictorial space into a flat colour space and liberated the colours. This is particularly evident in the flesh tones of Nolde's women that range from brilliant orange and rich yellow to brown and green and to candy-coloured pink and dark purple. In his autobiography, the painter described a crucial moment he experienced in the Louvre: "In some Old Master paintings – Titian and Rembrandt – I tried holding up my hands against the painted ones to compare them; they turned a pale green, the hands in the pictures turned a brownish orange. I also held up my white handkerchief to the collars and white shirts in the paintings; my handkerchief turned blue and the white of the picture turned orange. – That which appeared convincingly true to nature in the old pictures is infinitely far removed from it. And when I emulate nature in a deceptively lifelike way, then I have, compared to the old paintings, a pale, small little picture" (I, 201). The worlds of colour in Nolde's images of women range from harmonious colour chords to starkly contrasting fireworks that influence the picture's atmosphere. Only by means of the interplay between his colours was it possible for Nolde to illustrate such non-representational things as feelings or emotions. "Colours, the painter's material," Nolde noted: "The inherent life of colours, crying and laughing, dreams and fortune, hot and holy like love songs and eroticism, like chants and chorals! The vibrancy of colour like the sound of silver bells and bronze chimes telling of happiness, passion and love, blood and death" (II, 200). Through the intensity of his colours and by rejecting deep pictorial spaces, Nolde shifted the pictorial occurrence to the world *in front of* the picture, to the viewer's own reality. The urgency and energy of Nolde's painted oeuvre directly addresses the viewer and makes him aware of the timeless validity of the illustrated

Zeit studierte Nolde in der Pinakothek die Werke der alten Meister und arbeitete nach Reproduktionen von Goya, Whistler, Böcklin und vielen anderen mehr. In den Pariser Museen kopierte er Tizian, und die Weltausstellung im Jahr 1900 brachte ihn in Kontakt mit der internationalen Kunstszene. Über hundert Künstler nennt Nolde in seiner Autobiographie und zeigt Kenntnis aller wichtigen Stilrichtungen der Moderne, die von der Plein-air-Malerei, dem Realismus, Impressionismus und Pointillismus über den Expressionismus, Futurismus, Kubismus, Dadaismus und Konstruktivismus hin zur Abstraktion, Neuen Sachlichkeit und dem Surrealismus reichen (I, 188). Dieses kunsthistorische Wissen verband Nolde auch in seinen Frauenbildnissen mit persönlichen Beobachtungen, Erinnerungen und Vorstellungen und erschuf so seine ganz eigene Bildwelt, die in den folgenden sieben Kapiteln mit unterschiedlichen Themenschwerpunkten vorgestellt werden soll.

Die Anbetungswürdigen

Emil Nolde gab seinem »Mädchenbildnis« einen Goldgrund und reiht sein Bild damit in die reiche Tradition der Ikonenmalerei ein (Kat. 6). In diesen Kultbildern wie der »Madre della Consolazione« wird die Frau als Muttergottes dargestellt, wobei der mit Blattgold ausgelegte Hintergrund die himmlische Sphäre symbolisiert (Kat. 50). Im Laufe der Jahrhunderte wurde der Goldgrund durch einen wirklichkeitsnahen Landschaftsraum ersetzt, um die Distanz zwischen dem irdischen Sein und der göttlichen Sphäre zu verringern, um die Menschwerdung Christi zu betonen und die Relevanz des Glaubens im Hier und Jetzt zu bekräftigen. Maria wurden dabei immer menschlichere Gesichtszüge verliehen. So zeigt Giovanni Battista Salvi in seiner »Madonna mit Kind« die Muttergottes mit dem Jesusknäblein als friedvolles, lebensnahes Mutter-Kind-Idyll (Kat. 51). Den traditionellen Goldgrund hat Salvi mit einem goldähnlichen Ockerton wiedergegeben. Nur der an einen Heiligenschein erinnernde Lichtschimmer um den Kopf der Frau und die traditionelle Farbsymbolik der Stoffe – das Rot als Zeichen der Passion Christi mit seinem blutigen Leidensweg und das Blau als Farbe der himmlischen Gottesmutter – verwandeln die alltäglich wirkende Szene in ein sakrales Marienbild.

Gold wurde als künstlerisches Ausdrucksmittel Anfang des 20. Jahrhunderts wiederentdeckt und so symbolträchtig wie glanzvoll-dekorativ von den Künstlern des Jugendstils eingesetzt. Eine Renaissance in der Kunst erfährt das Edelmetall in den 1950er Jahren, etwa in der Alchemie-nahen Kunst von Yves Klein oder den Gold Paintings von Robert Rauschenberg. Aber es ist Andy Warhol, der mit seinem monumentalen Meisterwerk »Gold Marilyn« – hier vertreten durch die ockergold schimmernde »Marilyn (rosa, gelb, braun)« (Kat. 56) – der traditionsreichen Ikonenmalerei mit der Frage nach der Relevanz des Glaubens in einer modernen Welt unmittelbare Aktualität verleiht. Warhol gelingt es in einzigartig pointierter Weise, die klassisch-religiöse Ikone mit dem Konterfei der Schauspielerin Marilyn Monroe zu

emotions. Even today, Nolde's expressive art remains accessible and stimulating.

Unlike Picasso, who created something radically new with his "Demoiselles" and Cubism, Nolde regularly returned to the models and traditions of art history with the purpose of adapting them for himself and his painting. Over and over again, Nolde understood how to present himself in his autobiography as a simple farmer's son from the countryside who had little to read other than the Bible and furthermore readily equated education with "miseducation". Good painting should not be subordinate to intellect because, as Nolde phrased it, "intellectual iciness" leads to a "weakening" of that which has been painted (II, 200). "The painter does not have to know too much," Nolde continued, "it is a wonderful thing when he can instinctively paint as purposely as he can breathe and walk" (II, 201). Nolde was doubtlessly a great imaginative and creative painter, but many of his pictures draw on his exceptional pictorial memory and confirm that he had an extraordinary knowledge of the art historical force fields in which he worked, ranging from the Middle Ages to the avant-garde. Even during his time in Munich, Nolde studied the paintings of the Old Masters in the Pinakothek and worked after reproductions of pictures by Goya, Whistler, Böcklin and many others. He copied the works of Titian in Paris's museums and the 1900 Exposition Universelle brought him into contact with the international art scene. Nolde named more than one hundred artists in his autobiography and demonstrated his knowledge of all of modern art's most important styles, from plein-air-painting, realism, Impressionism and Pointillism as well as Expressionism, Futurism, Cubism, Dada and Constructivism to abstraction, New Objectivity and Surrealism (I, 188). He additionally linked his art historical knowledge with his own observations, recollections and ideas in his images of women, creating in the process a very personal pictorial world which will be presented in the following seven chapters, each dealing with a different thematic emphasis.

The Admirable

Emil Nolde provided his "Girl's Portrait" with a gold ground, thus placing his painting within the rich tradition of icon painting (cat. 6). In such cult images as the "Madre della Consolazione", the woman is portrayed as

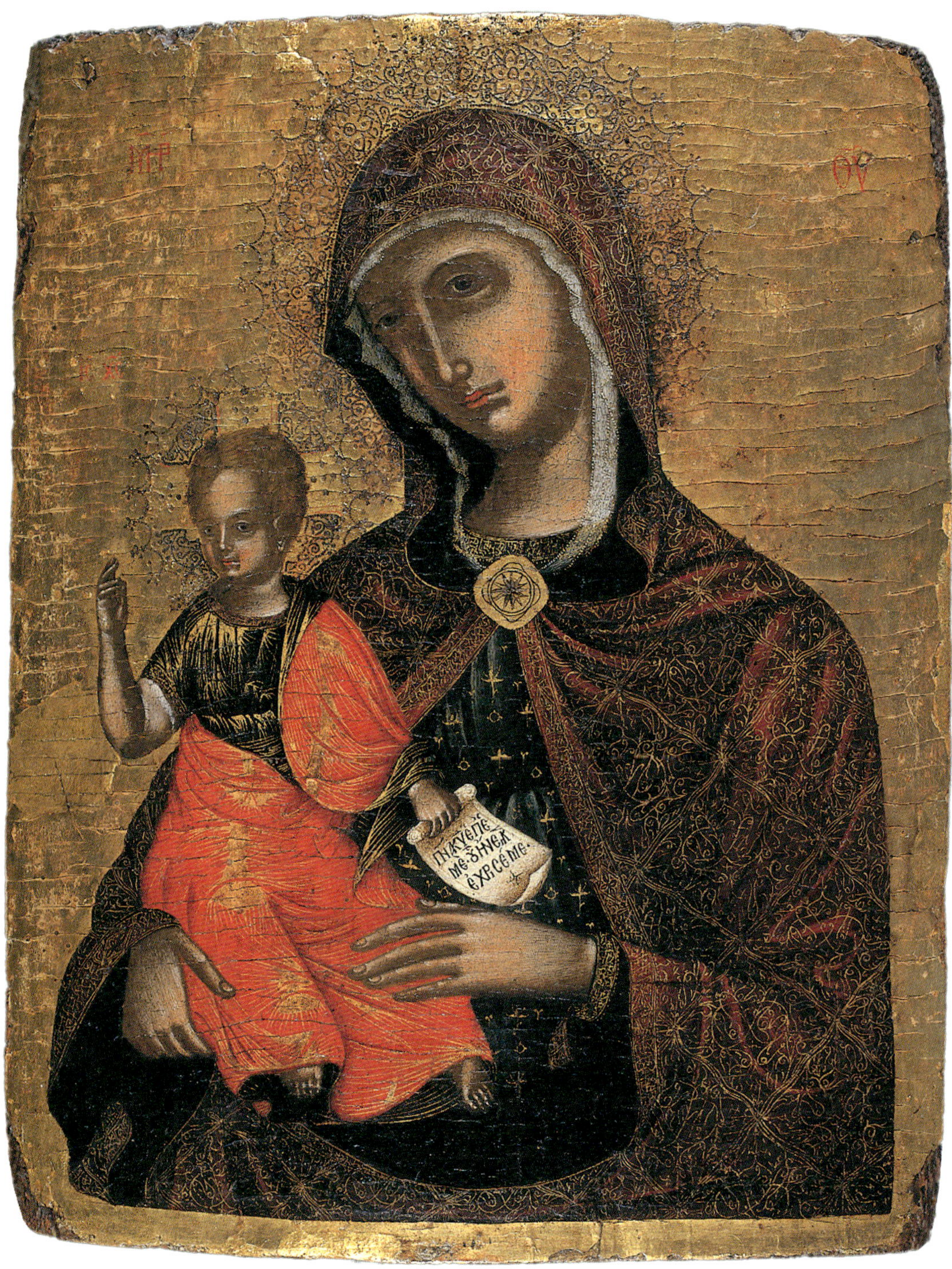

50 | »Madre della Consolazione«,
griechische Ikone (Kreta), Ende 15. Jahrhundert
"Madre della Consolazione",
Greek icon (Crete), late 15th century

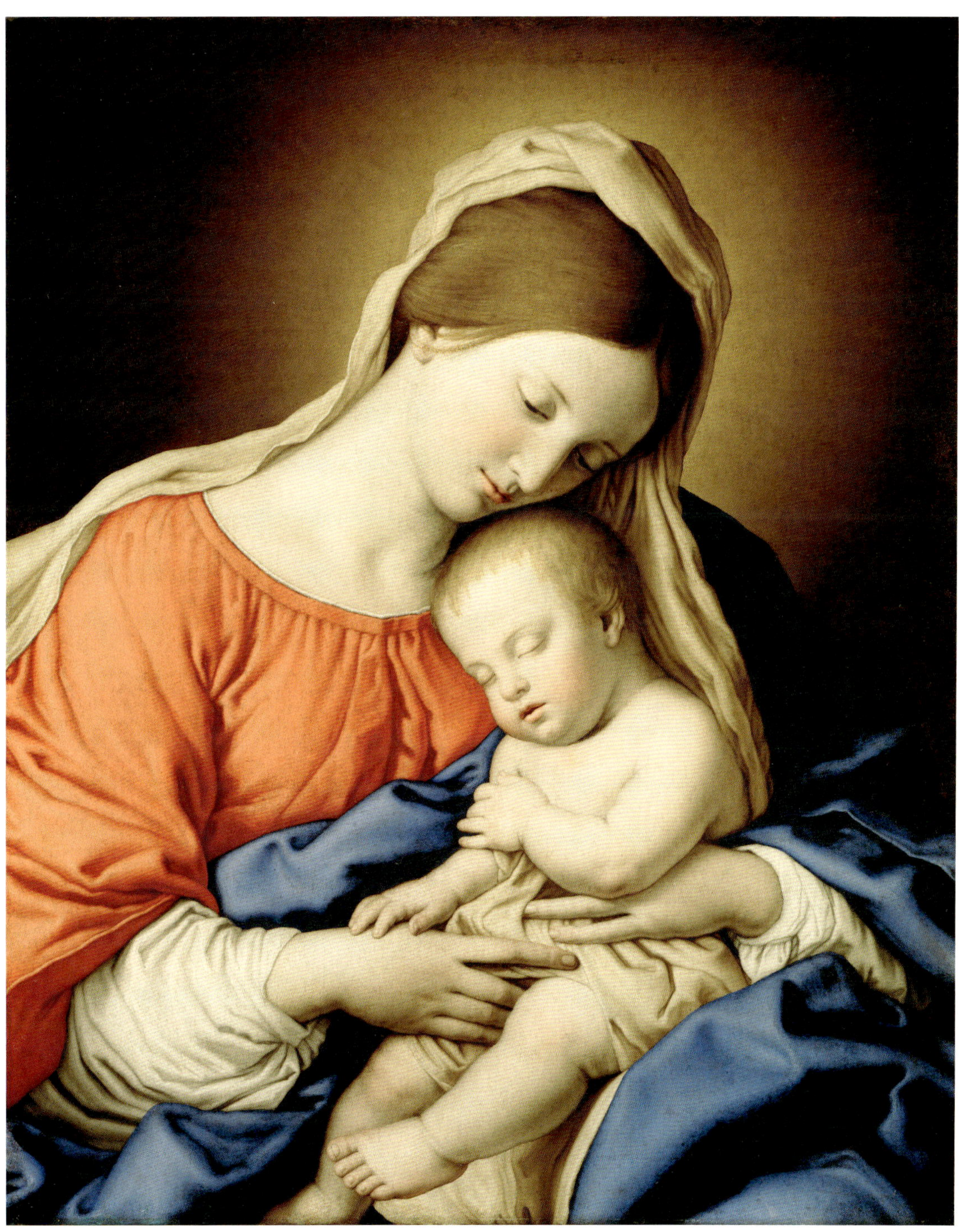

51 | Giovanni Battista Salvi da Sassoferrato,
»Maria mit Kind«, um 1650
Giovanni Battista Salvi da Sassoferrato,
"Virgin and Child", circa 1650

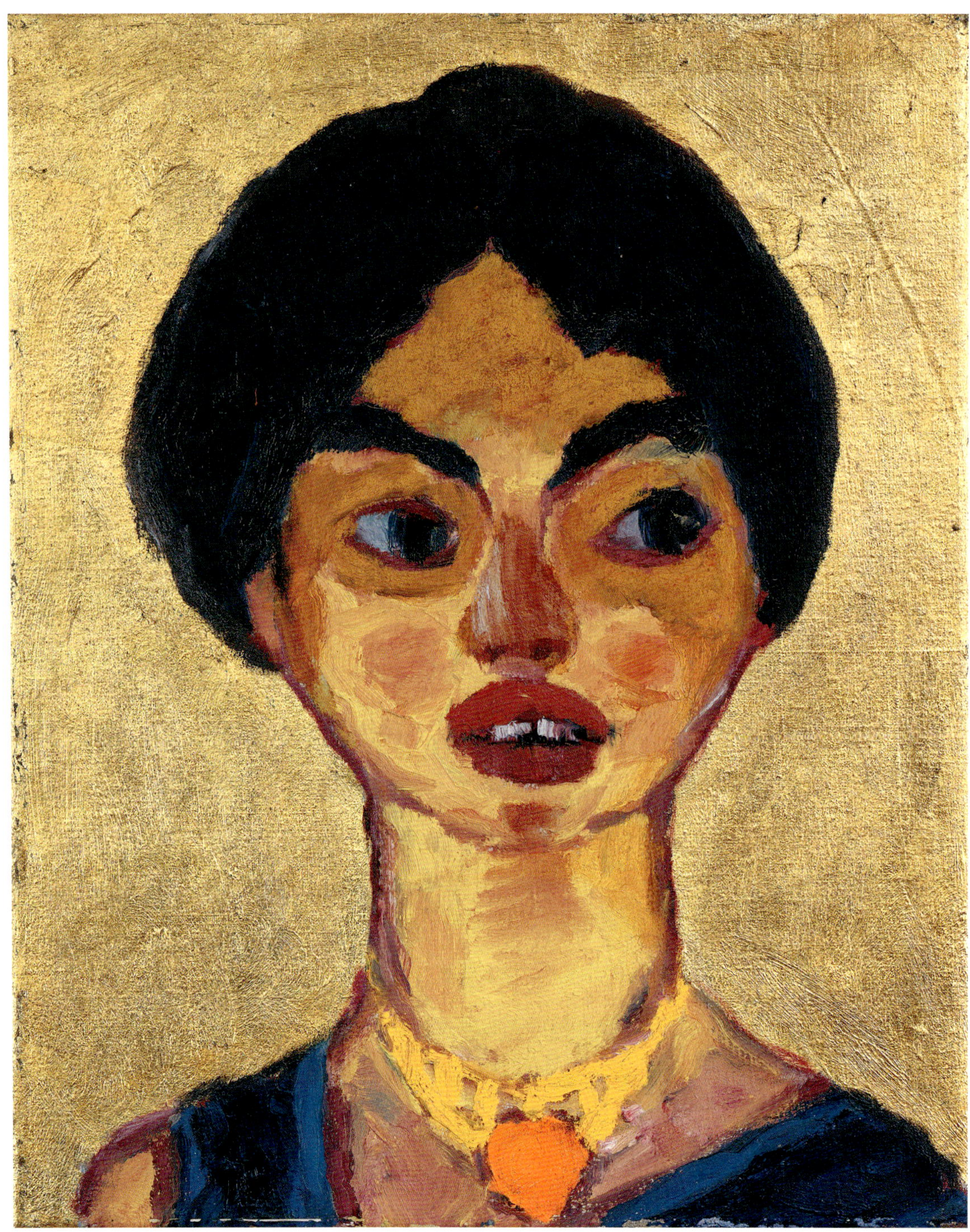

6 | »Mädchenbildnis«, 1913
Girl's Portrait, 1913

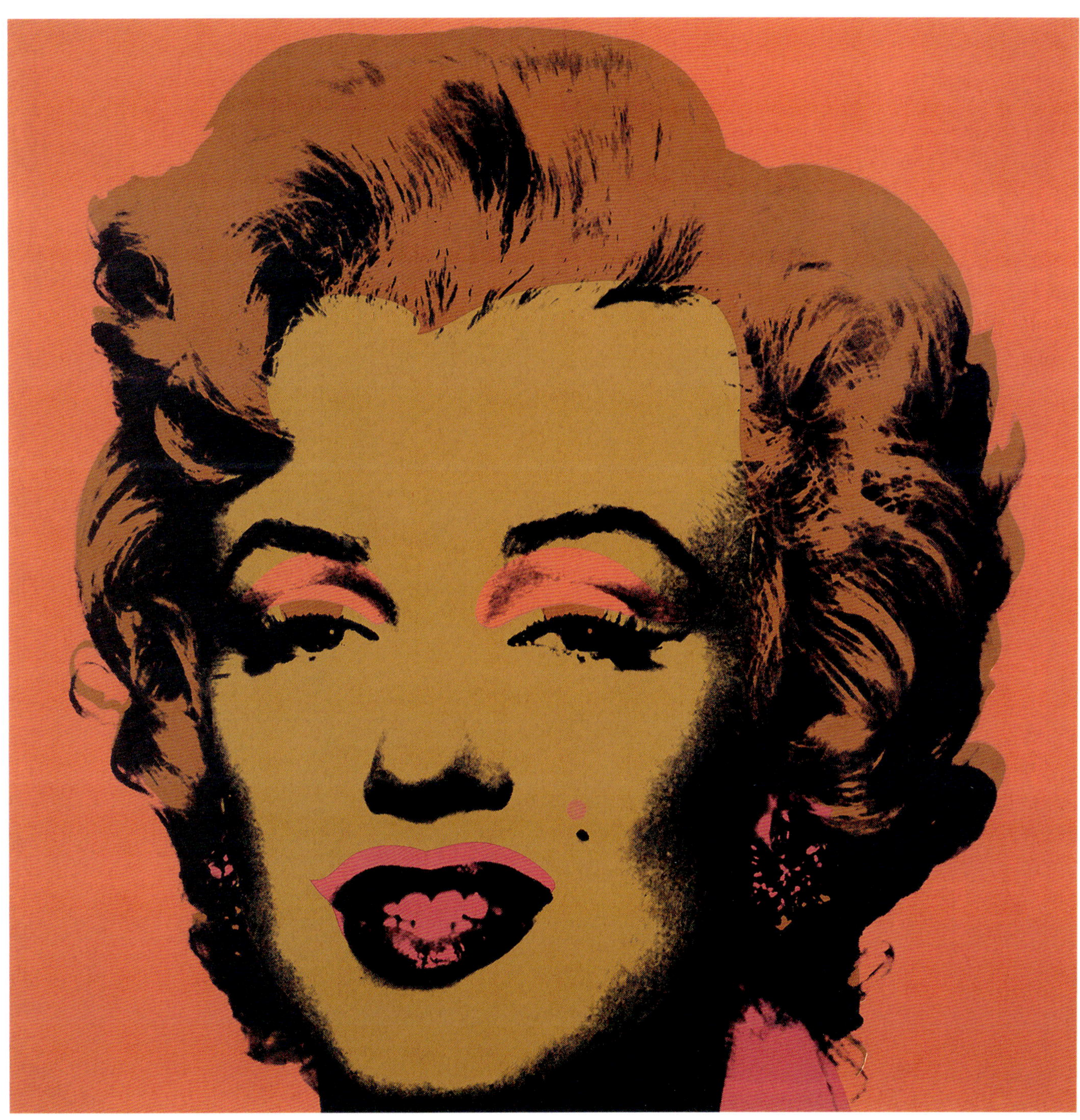

56 | Andy Warhol, »Marilyn (rosa, gelb, braun)«, 1967
Andy Warhol, "Marilyn (pink, yellow, brown)", 1967

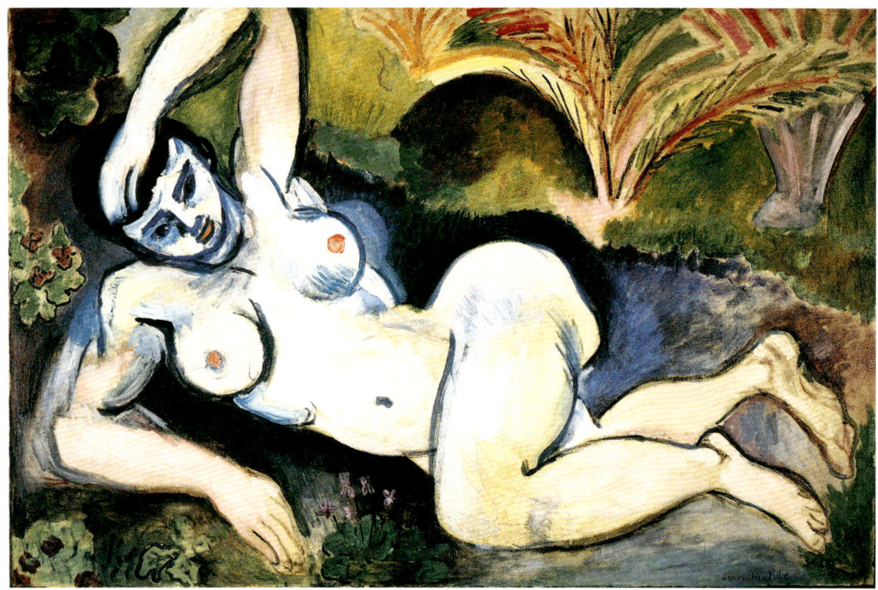

Henri Matisse, »Blauer Akt
(Erinnerung an Biskra)«, 1906

Henri Matisse, "Blue Nude
(Souvenir of Biskra)", 1906

profanisieren. Gleichzeitig führt Warhol dem Betrachter vor Augen, wer gottgleich verehrt wird: eine Sexgöttin mit bürgerlichem Namen Norma Jean Baker. Im Umkehrschluss verleiht Warhol dem weltlichen Star religiösen Legendenstatus, indem er sie vor goldockerfarbenem Hintergrund zeigt und sie als Pop-Ikone glorifiziert. Schon in der Antike hatte die Göttin der Liebe den Beinamen »die Goldene«, weil Geschmeide aus Gold ihr Haar, ihre Ohren und ihren Busen bei der Geburt schmückten, wie Homer in seinen »Hymnen« berichtet. Mit ihrer blonden Haarpracht, ihrem schmeichelnden, verhangenen Blick und ihrem verheißungsvoll geöffneten Kussmund ist Warhols Marilyn die perfekte Verkörperung einer Liebesgöttin, jung und von begehrenswerter Schönheit.

Ein halbes Jahrhundert vor Warhol hat Nolde eine junge Frau mit Hilfe eines Goldgrundes glorifiziert und ein ursprünglich weltliches Bildnis in eine Art Heiligendarstellung verwandelt. Im Gegensatz zu Warhols Weltstar ist die von Nolde verherrlichte junge Frau allerdings ein unbekanntes Mädchen. Und während Warhols Pop-Ikone in makelloser Schönheit strahlt, zeigt sich Noldes Mädchen mit einer prominenten Zahnlücke. »Es ist der Menschheit Glück«, schreibt der Maler in seiner Autobiographie, »daß nicht nur die achtzehn- oder zwanzigjährige menschliche Gestalt in ihrer formalen Vollendung alleinige Schönheit bedeutet. Künstlerisch schön kann jeder Körper sein, als Träger der Seele, vom Kinde an bis zum Tod.« (II, 140) Schönheit verbindet Nolde vor allem mit Charakter und Individualität. Es sind diese Eigenschaften, die eine Frau in den Augen des Malers zu einem verehrungswürdigen Geschöpf werden lassen. Der auch heute noch sichtbare, halbkreisförmige Rahmenabdruck in der oberen Bildhälfte des »Mädchenbildnisses« lässt darauf schließen, dass Nolde ursprünglich den sakralen Charakter des Bildes durch einen Rundbogenrahmen verstärken wollte.

the Mother of God, whereby the background covered with gold leaf symbolises the heavenly sphere (cat. 50). Over the course of the centuries, the gold ground was replaced by a realistic landscape space as a means of minimising the distance between earthly existence and the divine sphere, thus underscoring the significance of Christ's incarnation and the relevance of faith for the here and now. In the process, Mary was given features that became ever more humanized. Giovanni Battista Salvi's "Virgin and Child" hence depicted the Mother of God with the Christ Child as a peaceful and vibrant idyll between mother and child (cat. 51). Salvi depicted the traditional gold ground with a gold-like ochre tone. It is only the shimmer of light recalling a halo glowing around the woman's head and the traditional colour symbols of the fabrics – red indicating the bloody ordeal of Christ's Passion and blue as the colour of the heavenly Mother of God – that transform the seemingly everyday scene into a sacred image of the Virgin.

Gold was rediscovered as an artistic means of expression in the early twentieth century and employed symbolically as well as in a brilliantly decorative manner by Art Nouveau artists. The precious metal underwent an artistic renaissance in the nineteen fifties, for example in Yves Klein's alchemist-like art or Robert Rauschenberg's gold paintings. But it was Andy Warhol who, with his monumental masterpiece "Gold Marilyn" – represented here by

Vergleicht man die Schönheitsauffassungen von Nolde und Warhol, so zeigt sich der Pop-Künstler tief in der Antike verwurzelt, setzt er doch Schönheit mit dem Idealbild des menschlichen Körpers in Ebenmaß, Proportion und Ausformung gleich. Nolde als Maler der Moderne hingegen stand einem konventionellen, maskenhaft gleichförmigen und austauschbaren Schönheitsideal kritisch gegenüber. Nur das Authentische war für ihn schön, auch wenn es eine Abweichung von der genormten Schönheit darstellte. Ähnlich wie Nolde mit seinem »Mädchenbildnis« griff Henri Matisse mit seinem »Blauen Akt (Erinnerung an Biskra)« damalige Schönheitskonventionen der Salon- und Akademiemaler an und präsentiert eine alternative Schönheit (Abb. S. 72). Matisse, der 1906 nach Algerien reiste und die Biskra-Oase am Nordrand der Sahara besuchte, zeigt einen liegenden Akt in gedrehter Körperhaltung mit kreisrunden Brüsten und betont großem Po. Anatomie und Komposition wirken grob, der Blauschimmer auf der Haut unnatürlich und der Farbauftrag flächig. Wie Nolde inszeniert auch Matisse einen Bruch zwischen Motiv und malerischer Umdeutung und schafft so ein dynamisches und modernes Frauenbildnis.

Zu den schönsten und faszinierendsten Frauen gehörten in den Augen Noldes die Mütter, wie er sie in seinem Werk »Mutter und kleiner Sohn« darstellt (Kat. 27). Mütter hatten für Nolde eine geradezu religiöse Aura, und immer wieder zeigt sich der Maler ergriffen von der für ihn fast himmelsgleichen Harmonie zwischen einer Mutter und ihrem Kind; so bezeichnet er eine innige Szene zwischen Mutter und Sohn, die er in den Schweizer Bergen beobachtet, als schönes Madonnenbild, es gäbe wohl »feinere«, notiert Nolde, aber »keines so einfach schön wie dieses hier« (I, 135).

In ihrer Rolle als Lebensspenderin und Mutter wird die Frau in der Kunst- und Kulturgeschichte seit jeher allegorisch dargestellt, oft versinnbildlichen blühende Blumen und Früchte tragende Bäume den fruchtbaren Schoß der Frau. Auch Nolde vergleicht in seiner Autobiographie die Entwicklungsstufen eines Menschen mit dem Lebenszyklus einer Blume: »Ich liebte die Blumen in ihrem Schicksal: emporsprießend, blühend, leuchtend, glühend, beglückend, sich neigend, verwelkend, verworfen in der Grube endend. Nicht immer ist unser Menschenschicksal ebenso folgerichtig und schön …« (II, 100) Im Porträt der »Alvilda«, der Ehefrau von Ada Noldes jüngstem Bruder, verbildlichte Nolde die Fruchtbarkeit der Frau (Kat. 19). Die enge Verbindung zwischen dem fruchtbaren weiblichen Körper und der blühenden Natur unterstreicht Nolde auch dadurch, dass das Grün der Pflanzen in der Farbigkeit der Bluse wiederkehrt und die blonden Haarlocken mit dem Grün des Hintergrundes verschmelzen. Der Maler zeigt Alvilda umgeben von prächtigen Blumen, die mit der blonden Frau um Schönheit und Fruchtbarkeit wetteifern. Die weißen Anemonen strahlen ebenso wie das

the shimmering ochre-gold painting "Marilyn (pink, yellow, brown)" (cat. 56) – endowed immediate currency to traditional icon painting with the question regarding the relevancy of faith in a modern world. In a uniquely pointed manner, Warhol succeeded in profanizing the classic religious icon by means of the likeness of the actress Marilyn Monroe. At the same time, Warhol implies who it is who is really revered in a godlike manner: a sex goddess whose real name was Norma Jean Baker. In an apparent inversion of roles, Warhol also bestowed religious status on the secular star by depicting her against a golden ochre-coloured background and glorifying her as a Pop icon. The goddess of love had already been given the sobriquet "the Golden" in ancient times because, as described in the "Homeric Hymns", her hair, ears and breasts were adorned with pieces of golden jewellery at birth. With her magnificent head of blonde hair, her coaxing, veiled glance and her auspiciously opened lips pleading to be kissed, Warhol's Marilyn is the perfect embodiment of a goddess of love – young and desirously beautiful. Half a century before Warhol, Nolde employed gold ground to glorify a young woman, in the process transforming an initially secular image into a kind of representation of a saint. But unlike Warhol's international star, the young woman exalted by Nolde is an unknown girl. And while Warhol's Pop icon exudes immaculate beauty, Nolde's girl has a prominent gap between her teeth. "It is humanity's fortune," the painter wrote in his autobiography, "that not only the eighteen or twenty-year old human shape represents beauty in its formal perfection. Each and every body can be artistically beautiful as a bearer of the soul, from childhood until death" (II, 140).

Nolde particularly linked beauty with character and individuality. These are the characteristics that in his eyes made a woman an admirable creature. The still visible semi-circular imprint of the frame on the top half of "Girl's Portrait" indicates that he originally intended to heighten the sacred character of the painting by means of an arched frame.

A comparison of Nolde's and Warhol's concepts of beauty reveals that the Pop artist is deeply rooted in classical antiquity as he equated beauty with the ideal of the

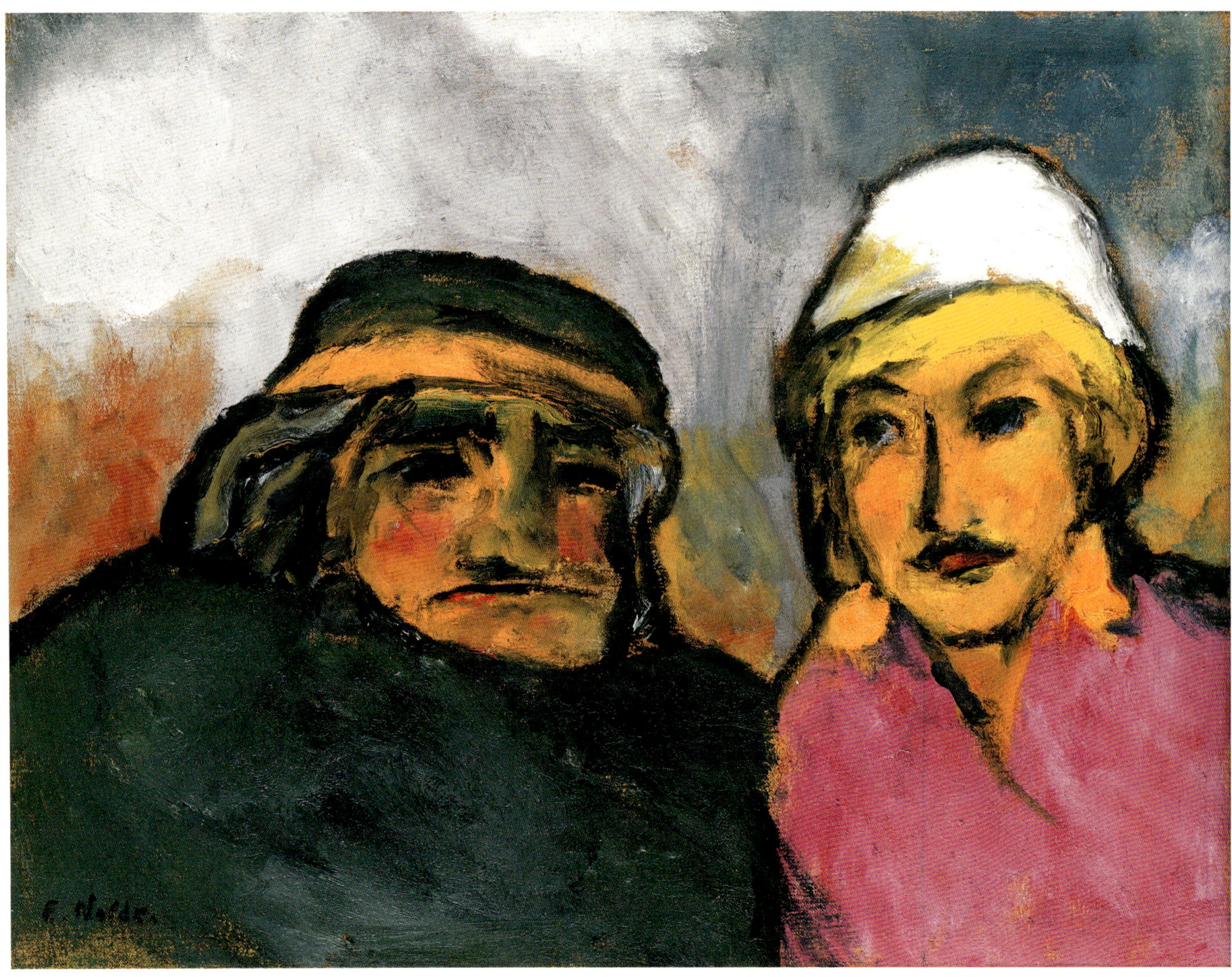

32 | »Die Urmutter«, 1947
The First Mother, 1947

blühende Gesicht Alvildas. Um die drallen Körperformen zu betonen, zeigt Nolde Alvilda in einer Bluse, deren geometrisches Muster sich über ihre weiblichen Rundungen dehnt und spannt und so die darunterliegenden Körperformen preisgibt.

In seinem Gemälde »Die Urmutter« stellt Nolde zwei Frauen dar, die unterschiedlichen Generationen angehören: Eine rosig-frische junge Frau trifft auf eine Greisin in Mantel und Hut, in deren eingefallene Gesichtszüge sich die Spuren der Zeit tief eingegraben haben (Kat. 32). Nolde verbildlicht den Ursprung allen Lebens und die Naturkraft in einer Urmutter, die wie ein gewaltiges Bergmassiv in der linken Bildhälfte ruht. Er greift damit auf die Motivwelt seiner frühen Bergpostkarten ebenso zurück wie auf die griechische Mythologie: Gaia war, laut Hesiods »Theogonie«, die mythische Ahnfrau der Menschen und als eine der ersten Gottheiten überhaupt Ursprung allen Lebens. Dass sich in Noldes Kunst Anklänge an antike Welten und mythologische Vorstellungen finden, liegt zum Teil an Arnold Böcklin, den Nolde am Anfang seiner künstlerischen Laufbahn sehr bewunderte.

Sagenhafte Frauen – Nolde und Böcklin

In den 1890er Jahren ist Arnold Böcklin (1827–1901) für Emil Noldes künstlerische Entwicklung von überragender Bedeutung. Der in altgriechischen Texten viel belesene Böcklin hatte während einer Rom-Reise um 1850 damit begonnen, seine Stimmungslandschaften mit Nymphen, Faunen und Seekentauren zu beleben, die er der antiken Naturmythologie entlehnte. Mit den Jahren setzte Böcklin diese anfänglich kleinen Staffagefiguren als Hauptdarsteller ein, die lebensgroß und wirklichkeitsnah seine Bildwelten bevölkern wie in »Triton, eine Nereide auf dem Rücken tragend« (Kat. 52). Nolde sah sich in seiner Vorstellung von einer beseelten Natur voller unerklärlicher Figuren und Fabelwesen bestätigt und war begeistert, in Böcklin einem mutigen Künstler begegnet zu sein, der seine Bildwelten aus der Fantasie heraus schuf. Nolde faszinierte auch, dass diese Fabelwesen und Naturgötter nicht antike Erzählungen darstellen, sondern wie selbstverständlich existierten. In seinen frühen Aquarellen wie »Wellenspiel« (Kat. 33) oder »Triton und Nereide« (Kat. 34) übernahm Nolde das heitere, sinnliche Spiel von Böcklins Wasserwesen. Mit zunehmender künstlerischer Reife verlagerte er das Reich der Nereiden an die raue Nordseeküste seiner Heimat. Dort bevölkerte die Wasserfrau die See nicht mehr als lieblich-reizvolle Erscheinung, sondern wurde zum Meer selbst, zu einem ungeheuerlichen, vorzeitlichen »Meerweib« (Kat. 22).

Neben Böcklin hat Noldes »Meerweib« noch weitere kunsthistorische Quellen. Betrachtet man die dem Gemälde thematisch verwandten Arbeiten »Liegender weiblicher Akt« (Kat. 36) und »Liegender Akt« (Kat. 1), fühlt man sich an Alexandre Cabanels »Geburt der Venus« erinnert, die Nolde während eines seiner zahlreichen Paris-Besuche gesehen haben könnte (Abb. S. 80). Cabanel zeigt die im Meerschaum geborene Göttin der Liebe als einen sich im Halbschlaf

human body as regards, symmetry, proportion and form. As a modernist painter, however, Nolde took a critical stance towards the conventional, uniformly mask-like and interchangeable ideal of beauty. For him, only the authentic was beautiful, even when it represented a deviation from the accepted standards of beauty. As Nolde had in his "Girl's Portrait", Henri Matisse attacked the conventions of beauty as propagated at that time by the Salon and Academy painters in his "Blue Nude (Souvenir of Biskra)" and presented an alternative beauty (fig. p. 72). Matisse, who journeyed to Algeria in 1906 and visited the Biskra oasis on the northern edge of the Sahara Desert, depicted a pivoted reclining nude with circular breasts and an emphatically large backside. Both anatomy and composition are presented somewhat coarsely; the bluish glow of the skin is unnatural and the application of paint is flattish. Like Nolde, Matisse likewise staged a break between motif and painterly reinterpretation, creating in the process a dynamic and modern portrait of a woman. As is evident in his "Mother and Small Son" (cat. 27), Nolde considered mothers to be among the most beautiful and fascinating of women. For him, they achieved an almost religious aura, and he was frequently moved by the almost blissful harmony between a mother and her child, once characterising a heartfelt scene he had seen in the Swiss mountains: "As an image of the Madonna, there must be better," he noted, "but none as simply beautiful as this" (I, 135).

From the beginning, the role of the woman as the giver of life and mother has been portrayed allegorically in art and cultural history; blossoming flowers and fruit-bearing trees have often symbolized the woman's fertile womb. In his autobiography, Nolde likewise compared the developmental stages of a human being to the life cycle of a flower: "I loved the flowers and their fate: shooting up, blossoming, luminous, glowing, exhilarating, bending over, fading, ending up being thrown in the ditch. Nothing is equally logical and beautiful to our human destiny…" (II, 100). In his portrait of "Alvilda", the wife of Ada Nolde's youngest brother, the painter realized a visualisation of woman's fertility (cat. 19).

He additionally highlighted the close connection between the fertile female body and blossoming nature by means of the returning green of the plants in the colour of the blouse and the merging of the blonde locks of hair with

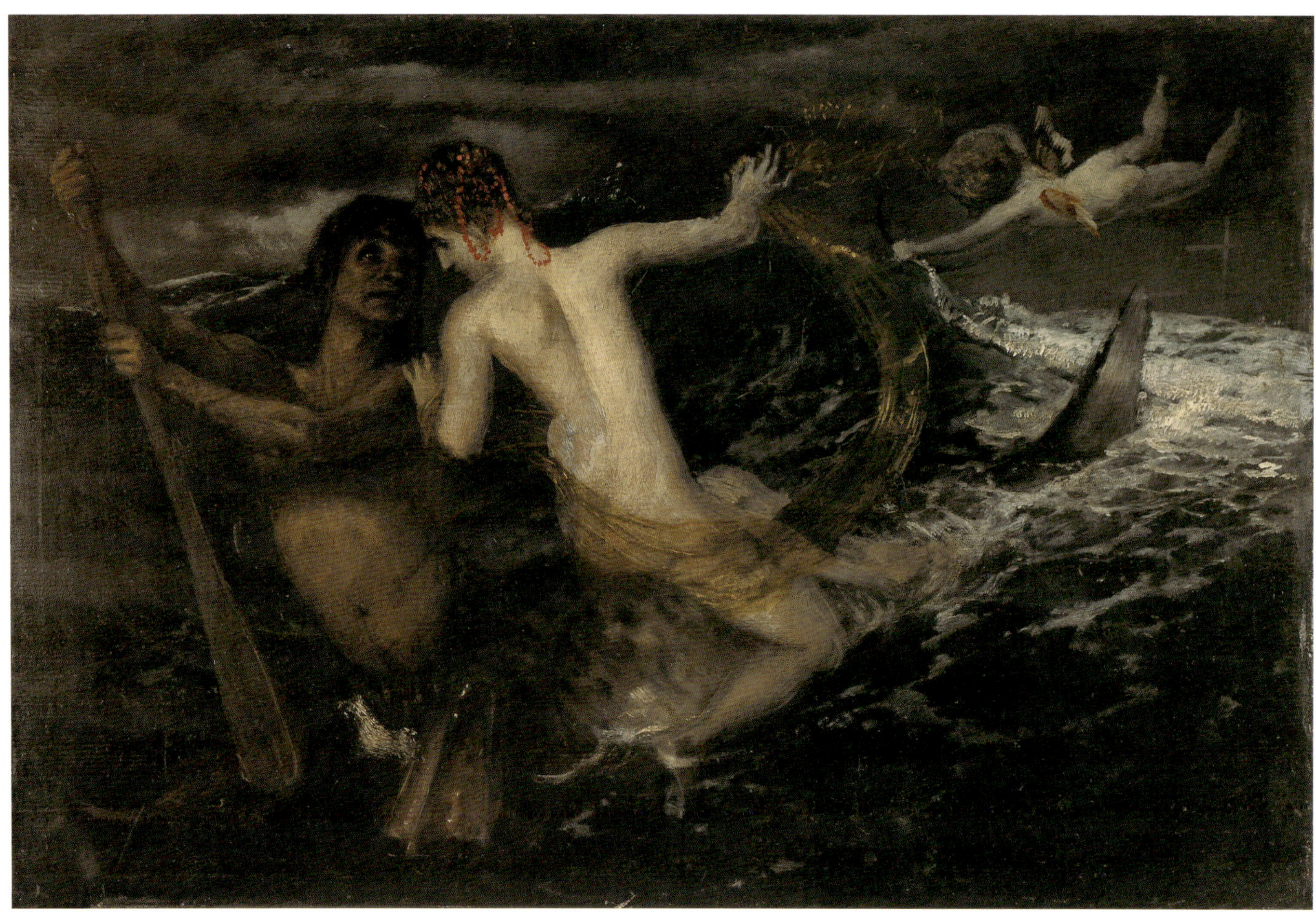

 | Arnold Böcklin, »Triton, eine Nereide
auf dem Rücken tragend«, 1857
Arnold Böcklin, "Triton, Carrying
a Nereid on his Back", 1857

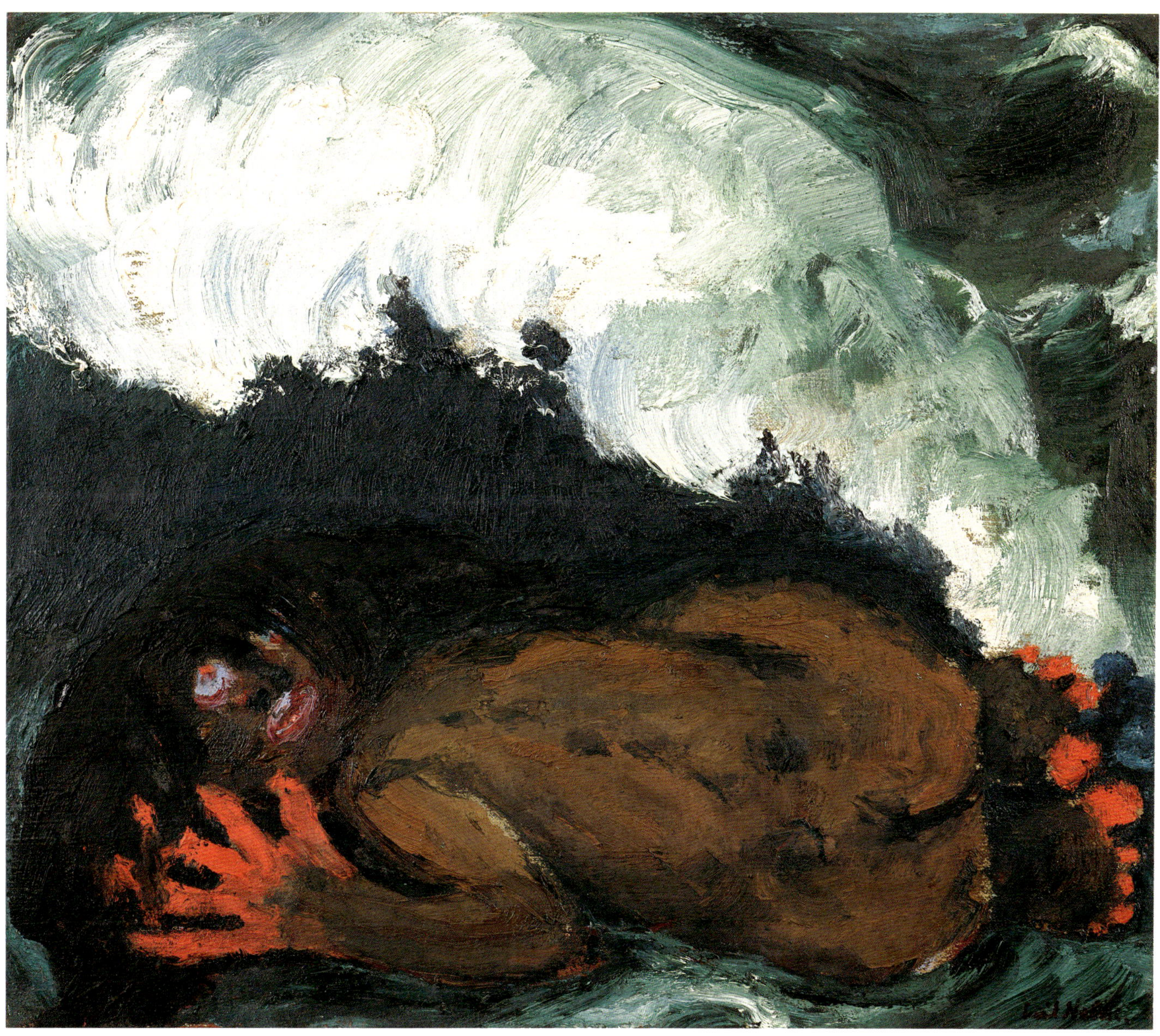

22 | »Meerweib«, 1922
Sea Woman, 1922

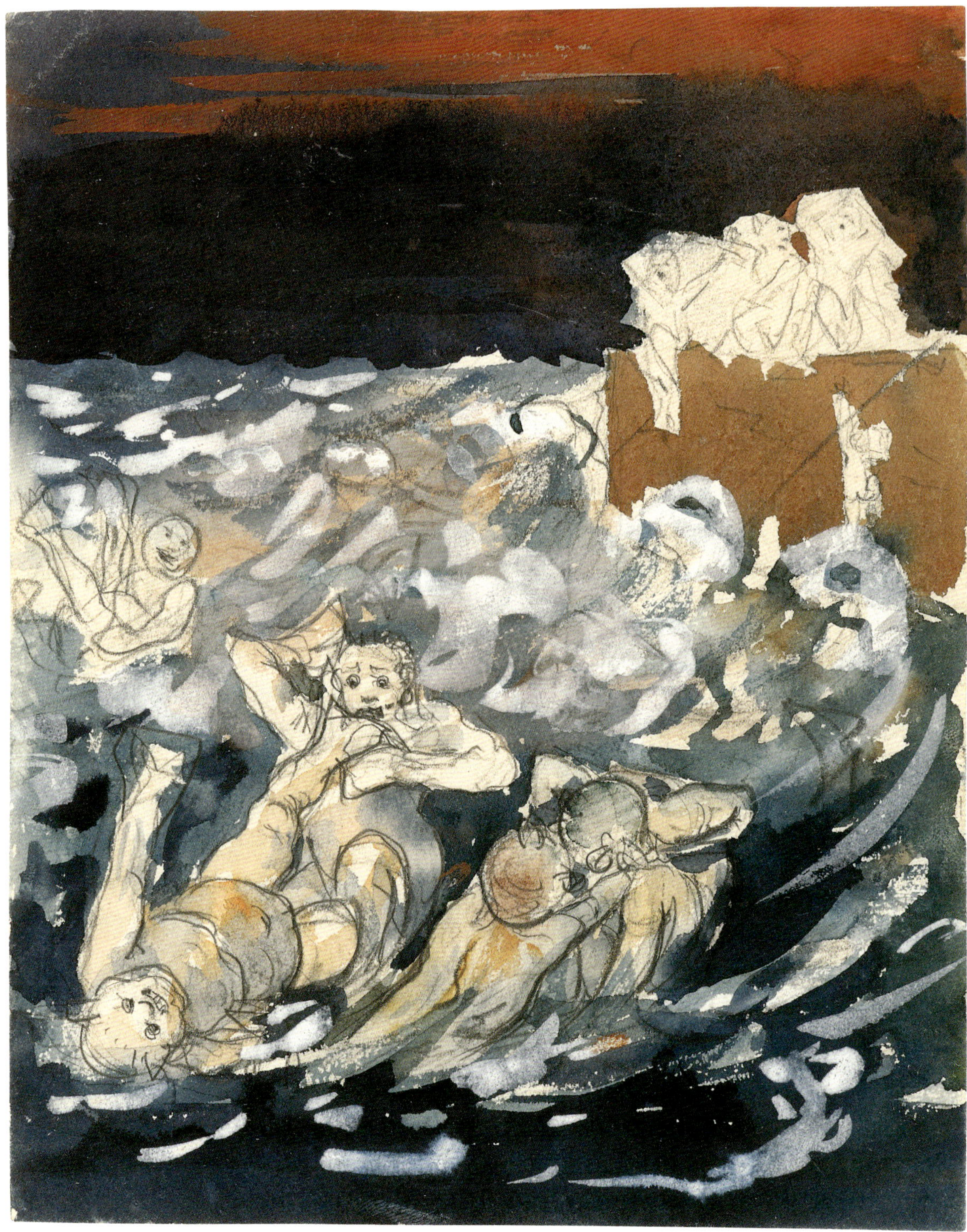

33 | Wellenspiel, 1895/1897
Play of Waves, 1895/1897

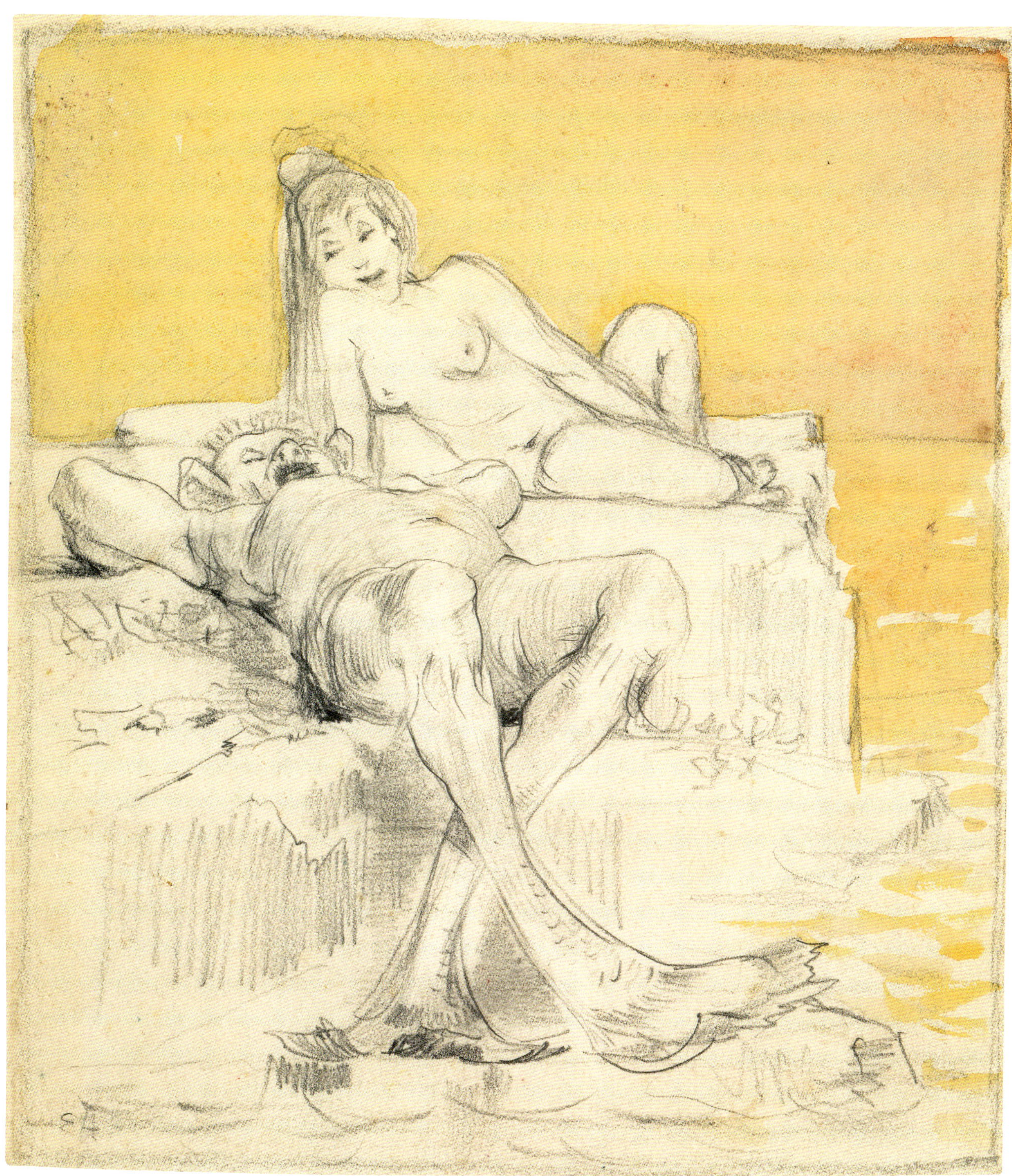

34 | Triton und Nereide, 1895/1897
Triton and Nereid, 1895/1897

räkelnden Frauenakt, der über dem Meer schwebt. Obwohl die Umstände der Geburt der Venus nach der griechischen Überlieferung höchst dramatisch waren, zeigt Cabanel eine friedliche Meeresidylle. Laut Hesiods »Theogonie« ging der Geburt der Venus ein blutiger Machtkampf voraus, während dessen der Titan Kronos, Sohn der Erdmutter Gaia, seinen Vater Uranos mit einer Sichel kastrierte und dessen Glied in die Meeresfluten warf: »Die Schamteile aber, nachdem er sie abgeschnitten hatte mit dem Stahle und hintergeworfen hatte vom Festland ins brandungsreiche Meer, da trieben sie lange Zeit nur so über die Fläche hin. Rundherum aber trat dann weißer Schaum von dem unsterblichen Körperteil her zutage, und da drinnen wurde ein Mädchen genährt … Die heißt Aphrodite bei den Göttern und Menschen, weil sie im *aphros* [griechisch = Schaum] aufwuchs«. In der Kunstgeschichte wurde die Geburt der Venus vorwiegend in dem Moment dargestellt, in dem sich die schäumenden, mit Blut und dem letzten Ejakulat des Uranos getränkten Wogen bereits geglättet hatten und die Göttin in ihrer vollen Schönheit erschaffen war. Variiert wurde lediglich die Pose der Neugeborenen: Venus wurde entweder liegend gezeigt oder aufrecht in einer Muschelschale stehend wie bei William-Adolphe Bouguereau (1879) oder bei Sandro Botticelli (1485/86).
Die zweite kunsthistorische Quelle, aus der sich Noldes frühes Ölgemälde, das er später über-arbeitet hat − und damit auch sein »Meerweib« −, speist, ist das Motiv der nackt auf einem Bett ruhenden Liebesgöttin. Diese Bildtradition nimmt 1508/1510 mit Giorgiones »Schlafen-der Venus« ihren Anfang (Abb. S. 83) und führt über Tizians »Venus von Urbino« (1538), Velázquez »Rokeby Venus« (1647−1651), Goyas »Nackte Maja« (1797−1800), Ingres' Odalis-ken (um 1814) und Manets »Olympia« (1863) bis ins 20. Jahrhundert mit den Aktfolgen Amedeo Modiglianis. Noldes rothaarige Nackte wirkt auf den ersten Blick ganz in ihre eigene

the green of the background. The painter depicted Alvilda surrounded by magnificent flowers that rival the blonde woman in terms of beauty and fecundity. The white anemones glow just as Alvilda's vivid face does. In order to emphasize the rounded forms of the woman's body, Nolde depicted Alvilda wearing a blouse, the geometrical pattern of which stretches over her curves, thus revealing the underlying contours of her body.
Nolde's painting "The First Mother" depicts two women of different generations: A rosy fresh young woman encounters an aged woman wearing a coat and hat whose deeply shrunken features bear the traces of the passage of time (cat. 32). Nolde illustrated the origins of all life and the forces of nature in a primeval mother who rests like an enormous mountain massif on the left side of the painting. In doing so, he drew on the world of motifs already seen in his early "mountain postcards" as well as Greek mythology: According to Hesiod's "Theogony", Gaia was humankind's mythical ancestress and the source of all life as one of the first deities. The fact that Nolde's art contains echoes of ancient worlds and mythological ideas is partly due to Arnold Böcklin whom Nolde greatly admired at the start of his artistic career.

Fabled Women – Nolde and Böcklin
Arnold Böcklin (1827–1901) was a crucial factor in Emil Nolde's artistic development during the eighteen nineties.

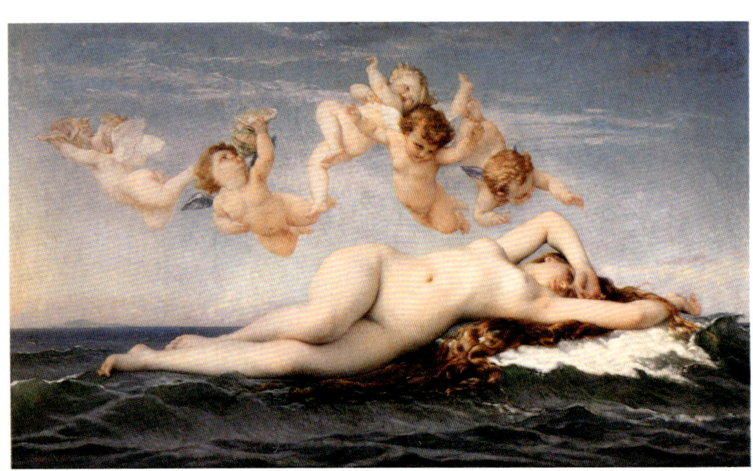

Alexandre Cabanel,
»Geburt der Venus«, 1863

Alexandre Cabanel,
"The Birth of Venus", 1863

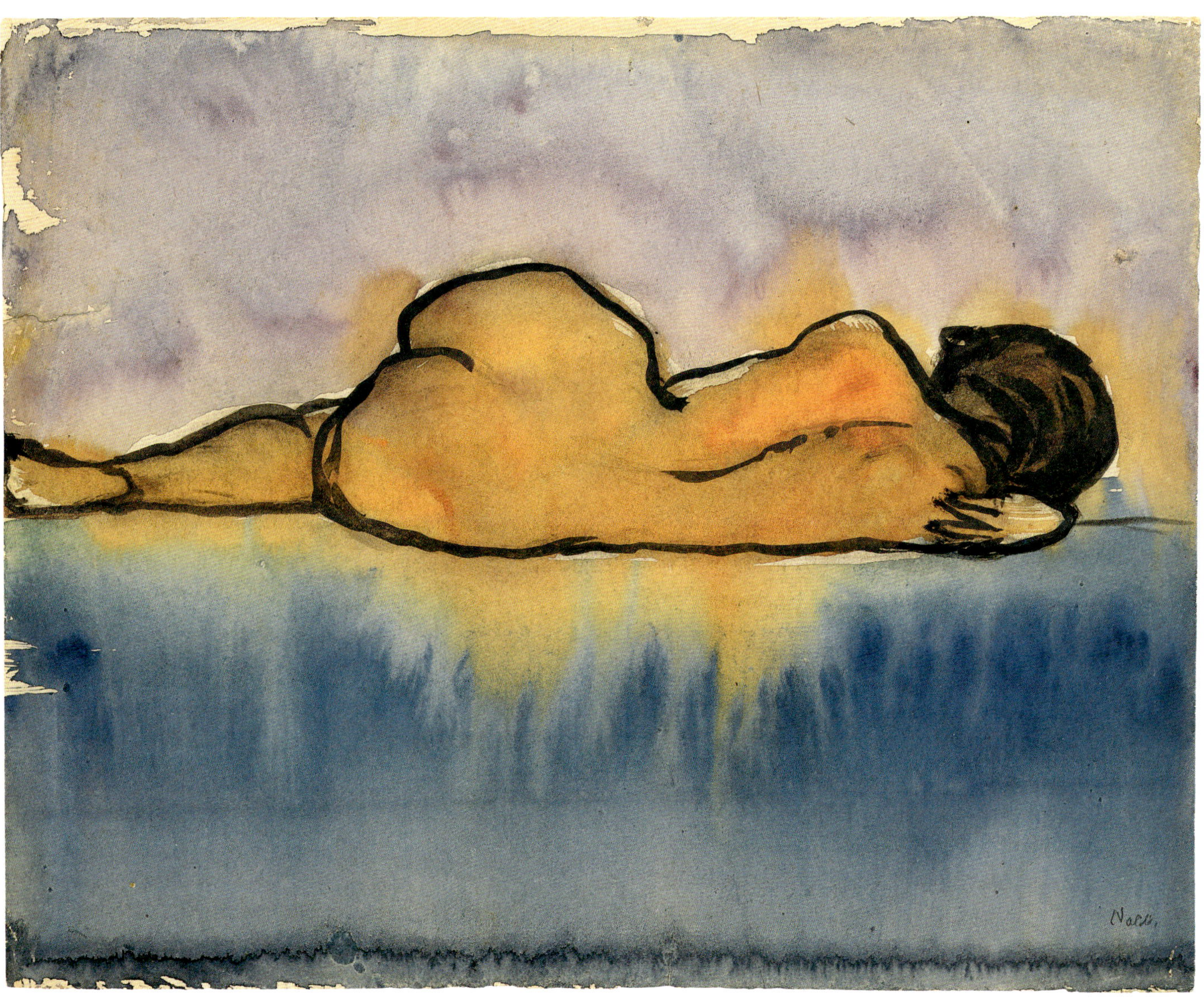

36 | Liegender weiblicher Akt, um 1907/1910
Reclining Female Nude, circa 1907/1910

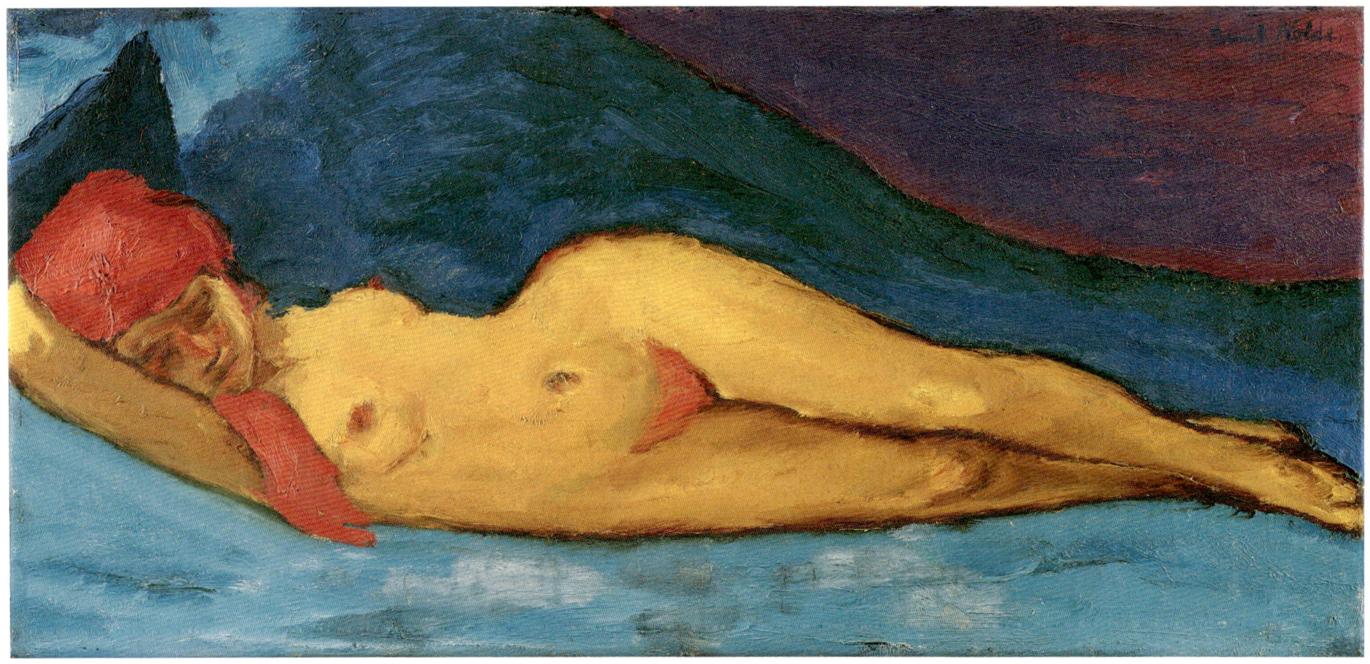

1 | »Liegender Akt«, 1901 (später überarbeitet)
Reclining Nude, 1901 (later reworked)

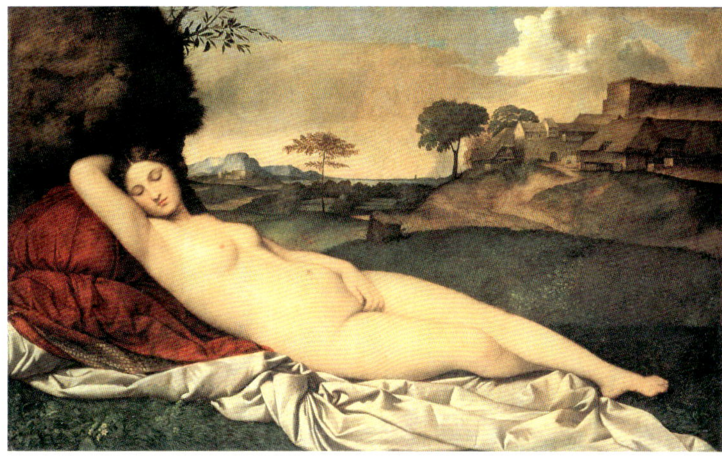

Giorgione, »Schlafende Venus«, 1509

Giorgione, "Sleeping Venus", 1509

Sinnlichkeit versunken. Doch der Maler verstärkt die erotische Stimmung der Szene mit wenigen wohlgesetzten Kunstgriffen. Während die Körperhaltung den Schwung und den sinnlichen Reiz der breiten Hüfte betont, zwingt Nolde mit dem leuchtend roten Schamhaar den Blick des Betrachters in den Schoß der Schlafenden. Die Darstellung von Schamhaaren galt zur damaligen Zeit als skandalös – Gustave Courbets »Der Ursprung der Welt« erzeugte 1866 ein *succès de scandale* und noch im Oktober 1917 wurde in Paris eine Ausstellung Modiglianis wegen dieses anatomischen Details offiziell geschlossen.

Die Unmittelbarkeit und Unausweichlichkeit des aufregenden weiblichen Körpers betont Nolde, indem er seine Figur an Kopf und Füßen durch den Bildrand anschneidet und die Frau dem Betrachter so entgegendrängt. Nolde hat dem Bildraum alles schmückende und ablenkende Beiwerk genommen und zeigt die Frau in ihrer direkten, verführerischen Nacktheit. Durch diese offensive Darstellung verleiht Nolde dem traditionsbeladenen und allegorisch überlasteten Sujet des liegenden Venusaktes einen dramatisch-offensiven Ausdruck. Das rotglühende Haar, den ockerwarmen Körper mit seiner pulsierend-roten Konturlinie kontrastiert Nolde mit dem kühlen Blau der Decke, auf der die Nackte liegt. In Form und Farbe erinnert die Decke an eine sich hinter der Nackten erhebende Welle, die in Noldes »Meerweib« wiederkehren wird.

Böcklin verdeutlicht in seinem Gemälde »Triton, eine Nereide auf dem Rücken tragend« die Kraft der See, indem er die einzelnen Teile einer Meereswoge personifiziert: Der mächtige Triton gleicht dem dunklen Wellenberg, der sich im Bildmittelgrund auftürmt, während die auf ihm reitende Nereide mit ihrer hellen Haut die Schaumkrone darstellt und der kleine, flatterige Amor der Gischt ähnelt. Nolde befreit sich in seinem »Meerweib« von diesem figürlichen Abbild der Welle und macht stattdessen die Urgewalt des Meeres fühlbar: Unter einem gewaltigen herandonnernden Brecher kauert eine weibliche Gestalt. Das Meerweib scheint

Böcklin, who was very well read in the area of Ancient Greek texts, began adding nymphs, fauns and sea centaurs taken from the ancient mythology of nature to animate his atmospheric landscapes during his trip to Rome around 1850. Over the course of time, he turned these initially incidental figures into life-sized protagonists that realistically populate his pictorial worlds in such works as "Triton, Carrying a Nereid on his Back" (cat. 52). Nolde saw his own idea of an animated nature full of inexplicable figures and fabulous creatures confirmed here and was enthusiastic about encountering the works of such a courageous painter as Böcklin who created his pictorial worlds out of his own imagination.

Nolde was also fascinated by the fact that these mythical beings and natural deities did not represent narratives from antiquity, but seemed to exist quite naturally in their own right. In such early watercolours as "Play of Waves" (cat. 33) or "Triton and Nereid" (cat. 34), Nolde assumed the light-hearted, sensuous play from Böcklin's aquatic creatures. With increasing artistic maturity, he shifted the realm of the Nereids to the raw North Sea coastal region he hailed from. There, the water woman no longer inhabited the sea as a lovely and charming apparition, but herself became the sea, a monstrous, prehistoric "Sea Woman" (cat. 22).

Aside from Böcklin, Nolde's "Sea Woman" has further art historical sources. A glance at thematically related works such as "Reclining Female Nude" (cat. 36) and "Reclining Nude" (cat. 1) brings to mind Alexandre Cabanel's "The Birth of Venus" that Nolde could have seen during his

von der eigenen Kraft und Macht überwältigt zu sein. Ähnlich wie Böcklin taucht auch Nolde sein Meerbild in ein dunkles, an die ersten Schöpfungstage erinnerndes Dämmerlicht, das nur punktuell durch die aufleuchtende Gischt und kleine rote Farbblitze aufgehellt wird. Böcklin setzt im Haarschmuck der Nereide und in den Engelsflügeln Amors Farbakzente, während Nolde die Finger, Zehen und Augen seines Meerweibes rot aufglühen lässt und es in ein furchteinflößendes, vorzeitliches Seeungeheuer verwandelt. Die Dramatik der Szene hat Nolde durch die anatomisch unmögliche Körperhaltung des Meerweibs bis aufs Äußerste gesteigert, scheint ihr Kopf doch im Angesicht der über ihr zusammenstürzenden Woge auf den Rücken gedreht.

Nolde beschreibt in seiner Autobiographie an zahlreichen Stellen, wie er zur Sammlung der eigenen Gedanken oder, um sich inspirieren zu lassen, die Einsamkeit des Strandes aufsuchte. Stundenlang streifte der Maler am Flutsaum entlang oder »lag dann dumpfe Stunden und halbe Tage in den Gruben an der Strandkante« (II, 73). Der Strand als Ort des Übergangs zwischen den Elementen, zwischen der Sicherheit des festen Bodens und der Unberechenbarkeit und Urkraft des Meeres, zwischen Leben und Tod, zwischen sichtbarer Welt und unbekannter Tiefe, übte auf Nolde wie auf viele andere Künstler auch eine magische Anziehung aus und beflügelte die künstlerische Phantasie. So wird der Strand in Noldes Malerei oft zu einem Ort phantastischer Zusammentreffen, etwa in »Begegnung am Strand« (Kat. 18). »In Wirklichkeit existieren von diesen übersinnlichen, halbgöttlichen vielen Wesen auf unserer Erde keine, aber es ist uns Menschen gegeben, sie schöpferisch und sinnbildlich zu gestalten«, schreibt Nolde in seiner Autobiographie. »Dichter, Musiker und bildende Künstler leben gern jenseits der trockenen tagtäglichen Welt.« (IV, 13) Obwohl Nolde selbstmystifizierend

numerous trips to Paris (fig. p. 80). Cabanel depicts the foam-born goddess of love as a dozing, sprawling female nude hovering over the surface of the sea. Although the circumstances of Venus's birth were highly dramatic according to Greek legend, Cabanel depicts the event as a peaceful marine idyll. According to Hesiod's "Theogony", the birth of Venus was preceded by a bloody struggle for power, over the course of which the Titan Chronos, son of Mother Earth Gaia, castrated his father Uranus with a sickle, casting the severed testicles into the sea: "And as soon as he had cut off the members with flint and cast them from the land into the surging sea, they were swept away over the main a long time: and a white foam spread around them from the immortal flesh, and in it there grew a maiden … Gods and men call her Aphrodite, and the foam-born goddess and rich-crowned Cytherea, because she grew amid the *aphros* [Greek – foam]." The most common art historical depiction of the Birth of Venus shows the moment when the foaming waves, imbued with blood and Uranus's last ejaculate, have subsided and the goddess is created in all her beauty. Only the newborn deity's pose is varied: Venus was either depicted reclining or standing upright standing in a shell as in the paintings by William-Adolphe Bouguereau (1879) or Sandro Botticelli (1485/86).

The second art historical source used by Nolde for his early oil painting, which he later reworked, and therefore

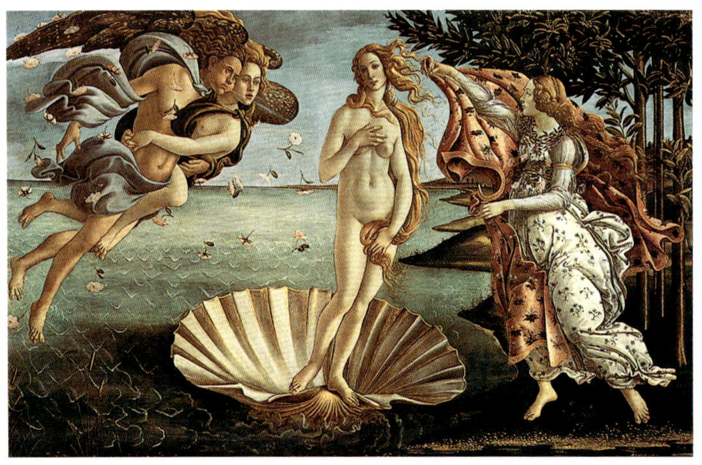

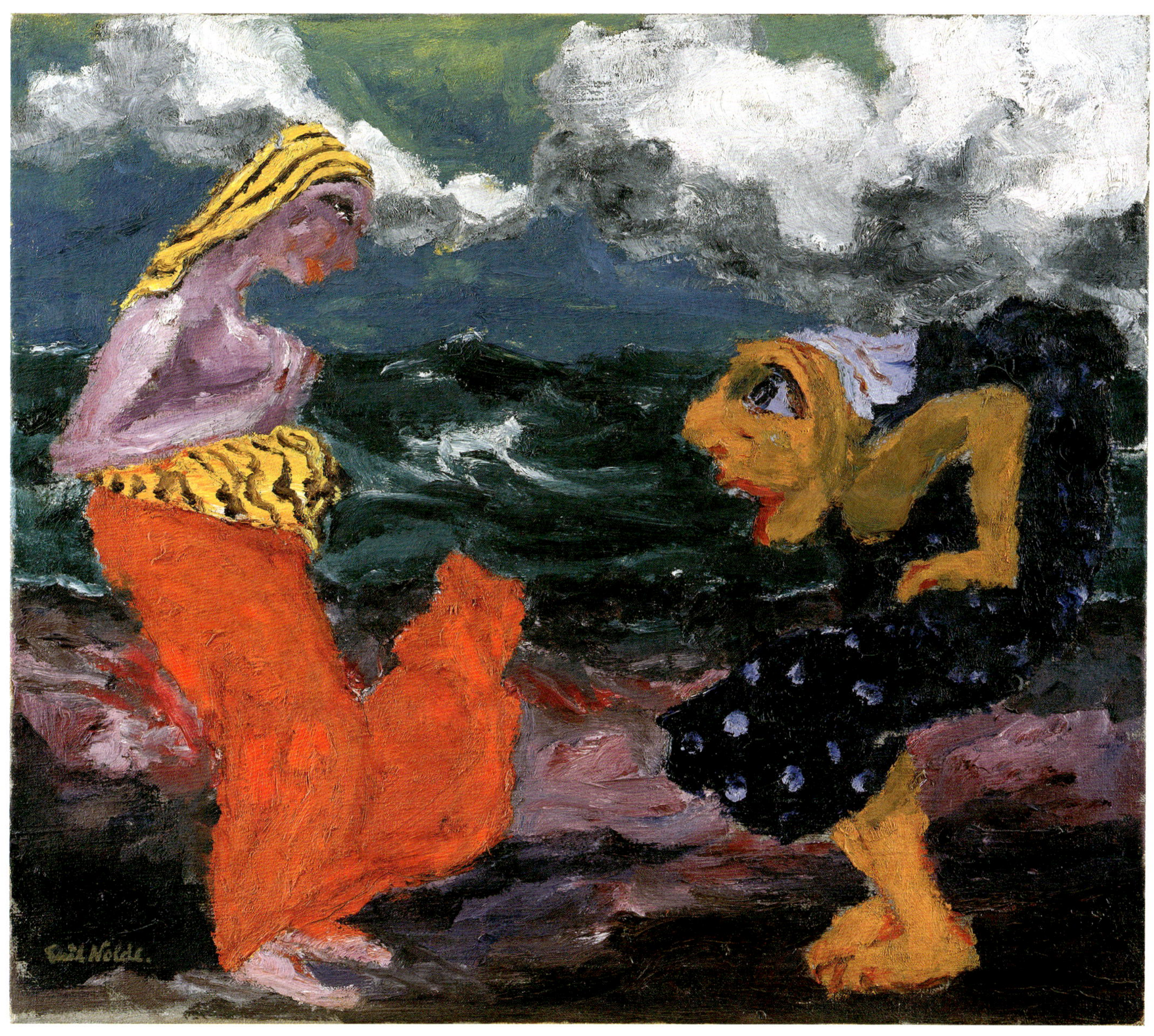

18 | »Begegnung am Strand«, 1920
Encounter on the Beach, 1920

schreibt, dass die großen Figurenbilder »jenseits von Verstand und Wissen« (II, 200) entstanden seien, zeigen sich doch in etlichen von ihnen erstaunliche Ähnlichkeiten zu Meisterwerken der Malerei. So verweist Noldes »Begegnung am Strand« in origineller Weise auf Sandro Botticellis »Geburt der Venus«, die Nolde sicherlich durch Reproduktionen kannte und die er 1924 während seines Florenz-Besuchs auch in den Uffizien gesehen haben wird (Abb. S. 84). Folgt man diesem Deutungsansatz, so zeigt Nolde in seinem Bild einen etwas späteren Zeitpunkt in der Geburtsgeschichte der Venus als Botticelli. Bei Nolde ist die schaumgeborene Liebesgöttin schon an Land gegangen und trägt bereits das rote Tuch, das ihr die Hore in Botticellis Gemälde noch zureichte. Das lange strohgelbe Haar, das um die Hüften der Liebesgöttin fließt, findet sich bei Nolde ebenso wie die den nackten Busen bedeckende Geste der *Venus Pudica*. Während im Gemälde des Italieners der Westwind Zephyrus und der sanfte Lufthauch Aura die Liebesgöttin behutsam ans Ufer wehen, fegt in Noldes Bild ein Sturm über den Strand, der die See aufwühlt und die Wolken den Himmel entlangpeitscht. Die Haut der Noldeschen Liebesgöttin ist violett-rosa und scheint wund – vom rauen Küstenklima wie auch von der dramatischen Geburt und der vorausgehenden blutigen Kastration des Uranos. Den Hintergrund der Szene hält Nolde einfach. Er unterteilt die Bildfläche in drei gleich breite horizontale Streifen von Strand, Meer und Himmel. Venus durchzieht sinnreich alle dieser drei Zonen, ist sie doch die olympische Göttin, die aus dem Meer geboren wurde, um über die Liebe auf der Erde zu wachen. Der Sage nach wird Venus am Strand von einer Hore erwartet, einer Göttin der Jahreszeiten, die dem Wasser zugeordnet ist. Nolde zeigt die Hore mit wasserblauen Haaren und in einer derart gekrümmten Pose, dass sich ihr Körper genau in den Streifen des Meeres einpasst und ihr Kleid mit der gleichfarbigen See zu verschwimmen scheint. Mit der gespannten Körperhaltung und dem freudestrahlenden Lachen der Hore verbildlicht Nolde die Begeisterung über die Ankunft der Liebesgöttin auf der Erde.

Dass Nolde die Verweise auf Botticelli nicht vor dem geschulten Auge des aufmerksamen Betrachters verbarg, mag von dem Wunsch des Malers zeugen, sich in die Riege der großen Maler einzureihen und zu ihnen gezählt zu werden. Noldes phantastische »Begegnung am Strand« bietet neben dem griechisch-mythologischen Deutungsansatz viel Raum für weitere Interpretationsmöglichkeiten. Als Uferzone markiert der Strand den Übergang zwischen Leben und Tod und wird in der Kunst oftmals zum symbolischen Ort, wo sich Jugend und Alter begegnen – wie der von Nolde viel bewunderte Edvard Munch in seiner Lithographie »Frauen am Meeresufer« (1898) zeigt.

Wirbelte ein rauer Farb-, Form- und Wettersturm durch Noldes »Begegnung am Strand«, so zeigt sich die »Verkündigung« in einer für den Maler eher untypischen Ruhe (Kat. 25). Alles im Bild wurde dem ergreifenden himmlischen Ereignis von Maria Verkündigung durch den

his "Sea Woman" as well, is the motif of the goddess of love reclining nude on a bed. This pictorial tradition begins around 1508/1510 with Giorgione's "Sleeping Venus" (fig. p. 83) and continues with Titian's "Venus of Urbino" (1538), Velázquez's "Rokeby Venus" (1647–1651), Goya's "Naked Maja" (1797–1800), Ingres's Odalisques (circa 1814), and Manet's "Olympia" (1863) into the twentieth century with the suites of nudes by Amedeo Modigliani. Nolde's nude redhead seems at first glance to be immersed in her own sensuality. But the painter heightened the scene's erotic atmosphere with just a few well-placed artistic devices. While the pose emphasises the urgency and sensuous charms of the broad hips, Nolde forces the viewers to turn their attention to the sleeping figure's glowing red pubic hair. The representation of pubic hair was considered scandalous at that time – Gustave Courbet's "The Origin of the World" caused a *succès de scandale* in 1866 and a Parisian Modigliani exhibition was closed by the authorities as late as October 1917 because of this anatomical detail.

Nolde emphasized the immediacy and inescapability of the exciting female body by cropping the head and feet of his figure by the edges of the picture, in this way pushing the woman closer to the viewer. He removed any and all decorative and distracting trappings from the pictorial space and depicted the woman in her immediate and seductive nakedness. With this provocative portrayal, he endowed the tradition-laden and allegorically overloaded subject matter of the reclining nude Venus with a vigorous dramatic expression. Nolde contrasts the glowing red hair and the warm, ochre-coloured body with its pulsating red contour to the cool blue of the blanket on which the nude lies. In terms of colour and form, the blanket recalls a towering wave behind the figure that is reiterated in Nolde's "Sea Woman".

Böcklin expounded the force of the sea in his painting "Triton Carrying a Nereid on his Back" by personifying the individual parts of an ocean wave: The powerful Triton corresponds to the dark mountainous wave towering in the picture's middle ground while the Nereid with her light skin riding on him represents the white crest of the wave and the small, fluttering Cupid resembles the sea foam. In "Sea Woman", Nolde liberated himself from such a figural illustration of the wave, instead making the sea's primordial force tangible: A female figure cowers

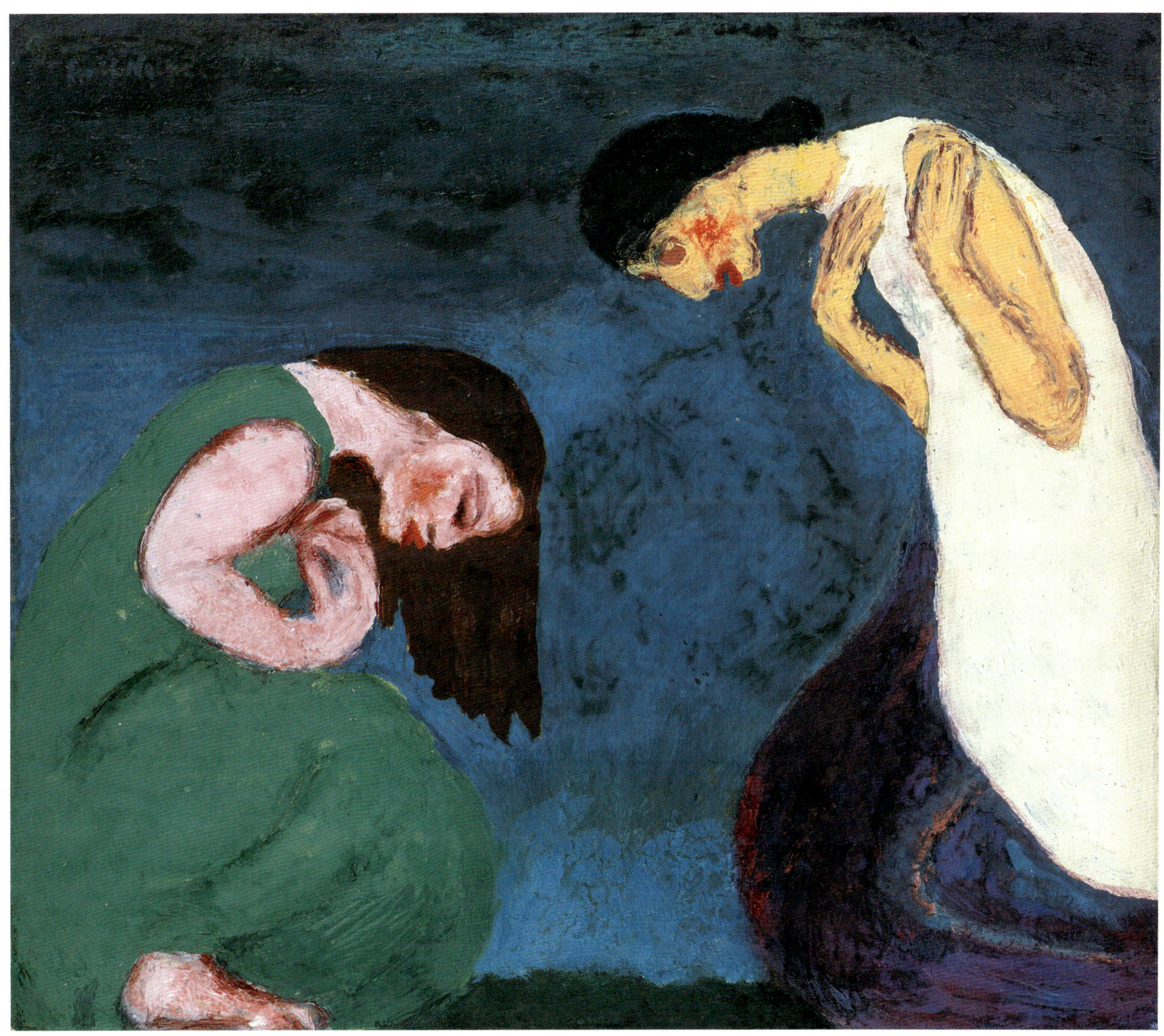

25 | »Verkündigung«, 1926
Annunciation, 1926

Erzengel untergeordnet – die Welt scheint vor Ergriffenheit die Luft anzuhalten. Noldes sonst so gewaltige Farbenstürme haben sich gelegt. Alles in dieser blau-grünen Farbharmonie verharrt in regloser Stille. Die sakrale Stimmung erscheint in ihrer Intensität wie das stille Pendant zum apokalyptischen Unwetter bei der Kreuzigung Jesu, wie es etwa Rembrandt festhält (Abb. unten). Neben der farblichen Ausgeglichenheit ist auch die Ruhe in der Komposition auffallend. Noldes oftmals dramatisch überzeichneten und verzerrten Bewegungen sind hier einer ruhig geschwungenen Linienführung gewichen, die in ihrer Eleganz und Leichtigkeit an die Arabesken eines Jugendstilkünstlers wie Alfons Mucha erinnern.

Noldes Verbildlichung der Verkündigung ist außergewöhnlich, weil er den mächtigen Erzengel in ähnlich ergebener Ergriffenheit zeigt wie Maria. Beide sind in der Harmonie ihrer Demutshaltungen mit gebeugtem Oberkörper und ehrfurchtsvoll geneigtem Kopf vereint. Sie scheinen sich der immensen Bedeutung und Tragweite ihres Zusammentreffens bewusst zu sein: »Sei gegrüßt, du Begnadete, der Herr ist mit dir … Fürchte dich nicht, Maria; denn du hast bei Gott Gnade gefunden. Du wirst ein Kind empfangen, einen Sohn wirst du gebären; dem sollst du den Namen Jesus geben. Er wird groß sein und Sohn des Höchsten genannt werden …« (Lk 1, 28-32) Der Engel in Noldes Bild wirkt wie ein himmlisches Medium – der Blick der großen, pupillenlosen, fliederfarbenen Augen ist nach Innen gerichtet und das himmlische, flügellose Wesen schwebt auf einem violettfarbenen kosmischen Wolkenwirbel vor Maria. Die himmlisch-entrückte Aura des Engels verstärkt Nolde durch Einfügen zweier menschlich-alltäglicher Details: zum einen fällt Maria, als sie den Kopf neigt, das offene Haar

under an enormous thundering breaker. The sea woman has seemingly been overcome by her own force and power. Like Böcklin, Nolde also immersed his maritime picture in a dark twilight that is lightened solely at individual points through the sparkling foam and small red flashes of colour that recall the first days of the Creation. Böcklin placed colour accents in the Nereid's headdress and Cupid's wings while Nolde depicted the fingers, toes and eyes of his sea woman in a glowing red, transforming her into a frightening, prehistoric sea monster. Nolde heightened the scene's drama to an extreme by means of the anatomically impossible pose of the sea woman whose head seems to be twisted backwards in the face of the wave breaking over her.

In numerous passages in his autobiography, Nolde described how he sought the isolation of the seashore as a means of collecting his own thoughts or finding inspiration. He spent hours walking up and down the waterline or "then laid during stifling hours and half days in the pits along the edge of the beach" (II, 73).

The beach as the site of the transition between the elements, between the safety of terra firma and the sea's unpredictability and primordial force, between life and death, between the visible world and unknown depths, had a magical attraction for Nolde as well as for numerous

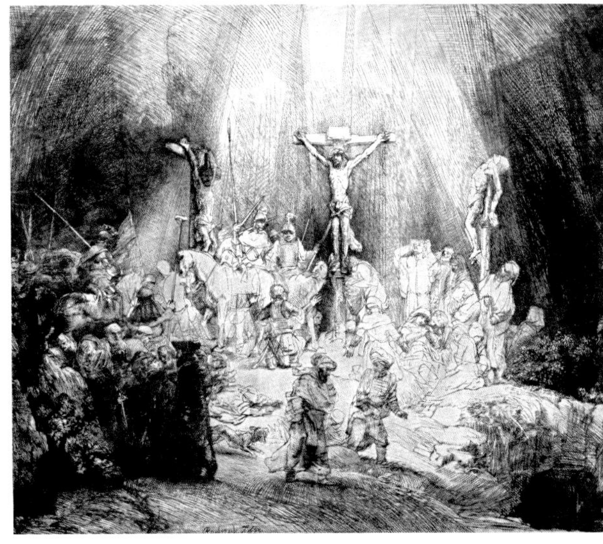

Rembrandt van Rijn,
»Die drei Kreuze«, 1653

Rembrandt van Rijn,
"The Three Crosses", 1653

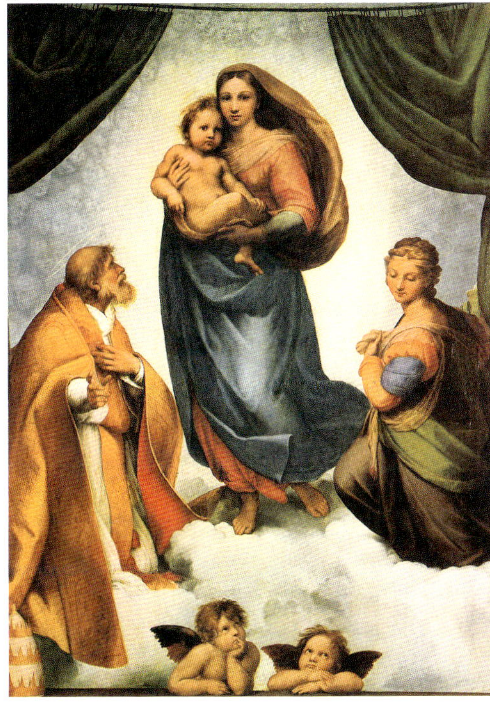

Raffael, »Sixtinische Madonna«, 1512/13

Raphael, "Sistine Madonna", 1512/13

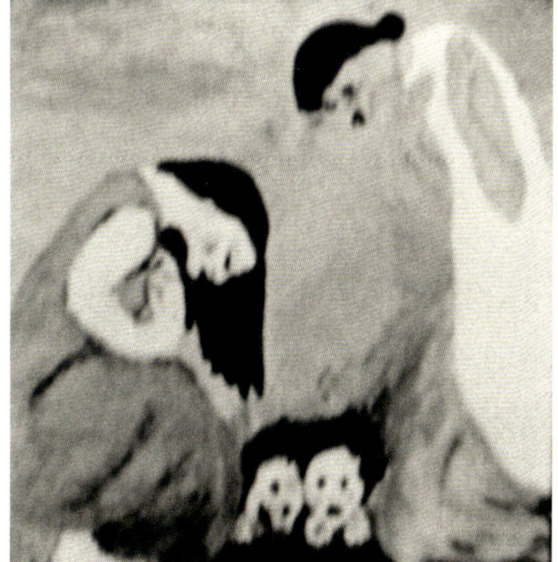

»Verkündigung«, 1927, Aufnahme aus
der Dresdner Nolde-Ausstellung 1927

Annunciation, 1927, view of the 1927
Dresden Nolde exhibition

in natürlicher Wallung über ihre linke Gesichtshälfte. Zum anderen sind ihre Wangen vor Rührung und Erregung gerötet. Diese Rötung findet sich erstaunlicherweise auch im Gesicht des Engels. Mit diesem Detail erhöht Nolde den Gefühlswert der Szene und verbindet die eigentlich so ungleichen Gestalten eng miteinander.

Der Maler fokussiert alles auf die beiden Figuren, der Bildhintergrund ist leer, ein großer blauer Farbraum, ganz himmlische Sphäre. Um diese Konzentration und die erhabene Stille zu erreichen, hat Nolde zwei weitere Figuren aus dem Bild gemalt, die durch ihre putzige Lebhaftigkeit den Bildfrieden gestört hatten. Wie ein altes Foto zeigt, waren früher am unteren Rand des Bildes die Köpfchen von zwei Putten zu sehen (Abb. oben rechts). Unmittelbar denkt man an die zwei kleinen Engel, die mit aufgestützten Ärmchen in Raffaels »Sixtinischer Madonna« den unteren Bildrand beleben (Abb. oben links). Dass Nolde Raffaels Gemälde in Dresden eingehend studiert hat, zeigt sich auch in den »Ungemalten Bildern«. Raffael verbirgt in den weißen Wolkenbergen im Hintergrund der Madonna zahllose Engelsköpfchen – eine Detail, das Nolde in seinem Blatt »Wildtanzende nackte Mädchen vor Park« ebenfalls verwendet.

other artists, stimulating their artistic imagination. In Nolde's works, the beach is often a place of fantastic gatherings, for example in "Encounter on the Beach" (cat. 18). "In reality, none of these many supernatural, semi-divine beings exist on our Earth, but it is possible for us human beings to creatively and symbolically give them shape," Nolde wrote in his autobiography. "Poets, musicians and artists gladly live beyond the dry everyday world" (IV, 13). Although Nolde self-mystifyingly wrote that the large figural pictures were produced "beyond reason and knowledge" (II, 200), many of them nevertheless show amazing similarities to art historical masterpieces. Thus Nolde's "Encounter on the Beach" most originally references Sandro Botticelli's "Birth of Venus", a work with which he would have been familiar from reproductions and probably saw in the Uffizi during his 1924 trip to Florence (fig. p. 84). If one follows this interpretation, Nolde depicted a somewhat later moment in the story of Venus's birth than Botticelli had done.

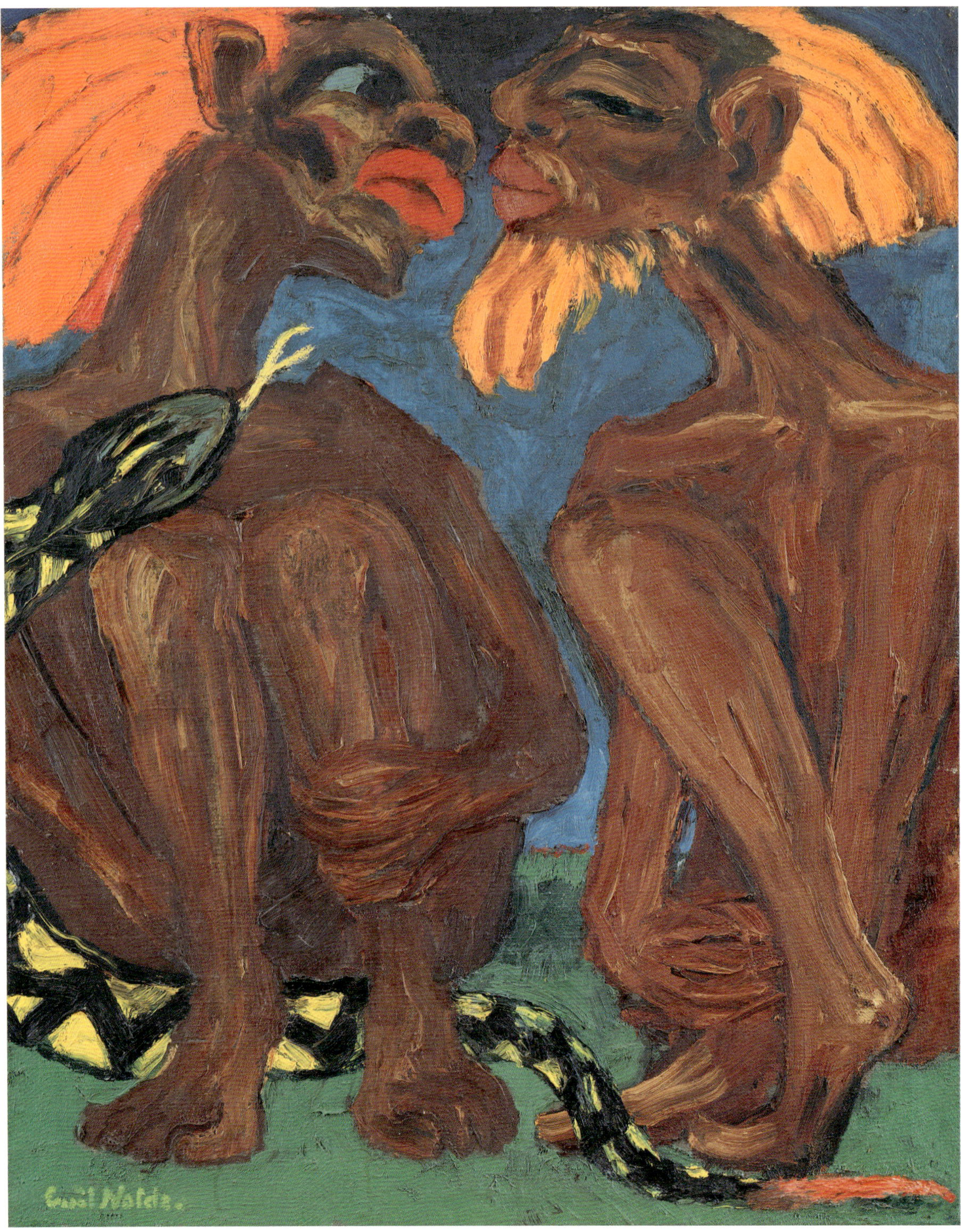

23 | »Erste Menschen«, 1922
First Human Beings, 1922

»Das verlorene Paradies«

Auch in Emil Noldes »Ersten Menschen« spielt die Frau eine zentrale Rolle (Kat. 23). Das Bildmotiv des Kusses war in der Kunst des 19. Jahrhunderts weit verbreitet: Auguste Rodin schuf seine weltberühmte Marmorplastik im Jahr 1886, Constantin Brancusi gab 1907 mit einem kompakten kubischen Steinblock der Unzertrennlichkeit zweier Küssender Gestalt, während Gustav Klimt in seinem »Kuss« zwei Verliebte inmitten abstrakter Ornamentik zeigte und den Kuss mit einem großen, die Körper umfließenden Heiligenschein aus Gold glorifizierte (Abb. unten). Mit der ornamentalen Gloriole und dem vormals in der Ikonenmalerei verwendeten Goldhintergrund kühlt Klimt die heiße Sinnlichkeit der zwischenmenschlichen Liebkosung ab und lässt sie in einer sakralen Aura erstarren.

Ganz im Gegensatz dazu zeigt Nolde in seinem Gemälde »Erste Menschen« den Kuss als urnatürlichen und bodenständigen Liebesbeweis: Adam und Eva sitzen mit aufgestellten Beinen nebeneinander und wenden sich mit gestreckten Hälsen einander zu. Eva formt mit gierig aufgesperrten Augen einen großen Kussmund. Ihr wildes Verlangen balanciert Nolde mit einer gewissen zärtlichen Raffinesse aus, indem er Adam mit erwartungsvoll-verträumter Miene und genießerisch geschlossenen Augen zeigt. Sein Fuß verharrt dabei in tänzerisch-graziler Pose auf dem Boden des Paradiesgartens. Die schwellenden Lippen der »Ersten Menschen« pulsieren rot, die Haare scheinen in loderndem Ocker und glühendem Orange wie elektrisiert. Das fast animalische Verlangen nach körperlicher Nähe wird durch die groben Gesichtszüge

In Nolde's picture, the foam-born goddess of love has already landed, wearing the red fabric that the Horae is still in the process of handing her in Botticelli's painting. The long straw-coloured yellow hair flowing around the hips of the goddess of love can likewise be seen in Nolde's work along with the *Venus Pudica* gesture with which she modestly covers her naked breasts. While, in the Italian's painting, Venus gently wafts to the shore with the help of Zephyrus, the god of the west wind, and Aura's soft breath of wind, in Nolde's picture a storm sweeps over the beach that churns up the sea and whips along the clouds in the sky. The skin of Nolde's goddess of love is a violet pink and appears raw, a result of the coarse coastal climate as well as the dramatic circumstances of her birth and the preceding bloody castration of Uranus. Nolde kept the scene's background simple, dividing the picture surface into three equally wide horizontal strips comprising beach, sea and sky. As the Olympian deity who was born of the sea in order to watch over love on Earth, Venus cleverly traverses all three of these zones. According to myth, a Horae, a goddess of the seasons associated with water, awaited Venus on the beach. Nolde depicts the Horae with water blue hair, standing in a pose that is so contorted that her body fits exactly into the strip of the

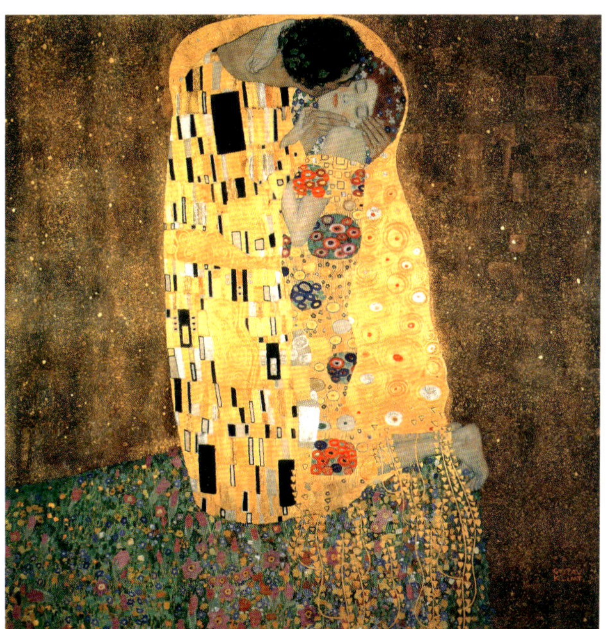

Gustav Klimt, »Der Kuss«, 1907/08
Gustav Klimt, "Kiss", 1907/08

der »Ersten Menschen«, ihre mähnengleichen Haare und das tierhafte, spitz zulaufende Ohr Evas unterstrichen. Die erotische Spannung im Bild bekommt durch die große Schlange, die sich züngelnd im Vordergrund windet, eine ausgeprägt sexuelle Dimension. Wegen ihrer phallischen Form und ihrer Fähigkeit, sich selbst aufzurichten, steht die Schlange seit Jahrtausenden in vielen Kulturen stellvertretend für den Penis. In Noldes Bild verkörpert das Reptil mit seinem fleischfarbenen, an eine Klapperschlange erinnernden Schwanzende das männliche Glied, zumal es vom Becken Adams aus unter den aufgestellten Beinen Evas hindurchgleitet und an ihrem nackten Leib hochzüngelt. Den Eindruck der körperlichen Nähe verstärkt Nolde auch durch die Bildkomposition: Die Präsenz der Nackten ist so groß, dass sie das Bildformat nicht nur füllen, sondern sprengen. Der Bildrand beschneidet Körper und Köpfe und lässt so die beiden ersten Menschen noch enger zusammenrücken.

Das Motiv der »Ersten Menschen« in ihrer Nacktheit kommt Nolde in seinem Bestreben entgegen, die Malerei mit emotionaler Kraft zu einer Ausdruckskunst zu machen. So sind Noldes »Erste Menschen« keine grazilen Schöpfungswesen, die in lieblicher Unschuld durch ein idyllisches Paradiesgärtlein wandeln, sondern »Urahnen der Menschheit, körperlich in fast überschüssiger Naturkraft«, wie Nolde in seiner Autobiographie schreibt. »Es mag so richtig sein oder auch nicht, sicherlich aber waren sie – auch biblisch gesehen – keine glatten und salonhaften Schönheiten. Adam und Eva sind unendlich oft gemalt worden, sowohl als darwinsche Halbaffen, wie auch in allen Nuancen zivilisierter menschlicher Typen. Mir lag das denkbar Naturhafteste nahe …« (IV, 28)

Ist die Schlange in »Erste Menschen« ein verbindendes, die körperliche Vereinigung von Mann und Frau signalisierendes Element, so trennt Nolde in seinem »Verlorenen Paradies« mit Hilfe der Schlange Adam von Eva und teilt den Bildgrund in zwei Hälften (Kat. 21): »Adam und Eva, sitzend, zerknirscht und ratlos in die Zukunft starrend, verstoßen und leidend«, notiert Nolde. »Adam als Symbol der Kraft, Eva in ihrer erschreckenden Erkenntnis als sündige Urmutter aller Menschen. Meistens sind Adam und Eva wohl nur aus Freude am Darstellen eines männlichen und eines nackten weiblichen Körpers gemalt worden … das spätere ›Verlorene Paradies‹ mit seiner Qual und Tragik. Qual und Tragik, Bitternis und Leid, das wollen die Menschen nicht gern erleben und auch nicht dargestellt sehen.« (IV, 28) Mit der Verführung Evas durch die Schlange und der Erkenntnis der eigenen Nacktheit haben die ersten Menschen ihre Unbefangenheit verloren. In der christlichen Moralauffassung wird die Sexualität polarisiert: Gut ist die Fortpflanzung, böse die leibliche Lust um ihrer selbst willen – sie gilt als Todsünde. Die Geschlechtsteile werden zur Scham, einer tabuisierten Zone, deren man sich schämen muss. Die Schlange als ursprüngliches Fruchtbarkeitssymbol, als Zeichen phallischer Lebenskräfte und natürlicher, sexueller Leidenschaft, wird dämonisiert und zum Symbol des Sündenfalls erklärt: So windet sie sich denn auch im Mittelpunkt von Noldes

sea while her dress seems to become blurred against the backdrop of the same-coloured sea. By means of the tense pose and the Horae's joyful laugh, Nolde illustrated the enthusiasm involved in the arrival of the goddess of love on Earth.

The fact that Nolde did not conceal the references to Botticelli from the trained eye of the attentive observer might demonstrate the painter's wish to be numbered among the great painters and to be included in their ranks. Aside from the reading in conjunction with Greek mythology, Nolde's fantastic "Encounter on the Beach" offers much space for further possible interpretations. The shore zone of the beach marks the transition between life and death and is often depicted in art as a symbolic place where old and young alike meet, just as Edvard Munch, whom Nolde greatly admired, did in his lithograph "Two Women on the Beach" (1898).

While a coarse storm of colour, form and weather swirls through Nolde's "Encounter on the Beach", "Annunciation" is depicted with a calm that is quite untypical of the painter's work (cat. 25). Everything in the picture is subordinate to the poignant heavenly occurrence of the Annunciation by the archangel to Mary; the world seemingly holds its breath because of the emotions involved. Nolde's otherwise massive storms of colour have calmed down. Everything in this bluish green colour harmony freezes in motionless calm. In its intensity, the sacred atmosphere appears as the tranquil counterpart to the apocalyptic storm in the Crucifixion of Christ as captured for example by Rembrandt (fig. p. 88). Aside from the equilibrium of the colours, the composition's calm is also noticeable. Nolde's otherwise so dramatically exaggerated and often-distorted motions give way to calmly sweeping lines, the elegance and lightness of which recall the arabesques of an Art Nouveau artist such as Alfons Mucha. Nolde's portrayal of the Annunciation is extraordinary insofar as it depicts the powerful angel in a similarly sublime strong state of emotion as Mary. Both are united by the harmony of their submissive gestures with bodies bent forward and reverently bowed heads. They seem fully aware of the immense significance and consequence of their encounter: "Hail, thou that art highly favoured, the Lord is with thee … Fear not, Mary: for thou hast found favour with God. And, behold, thou shalt conceive in thy womb, and bring forth a son, and shalt call his

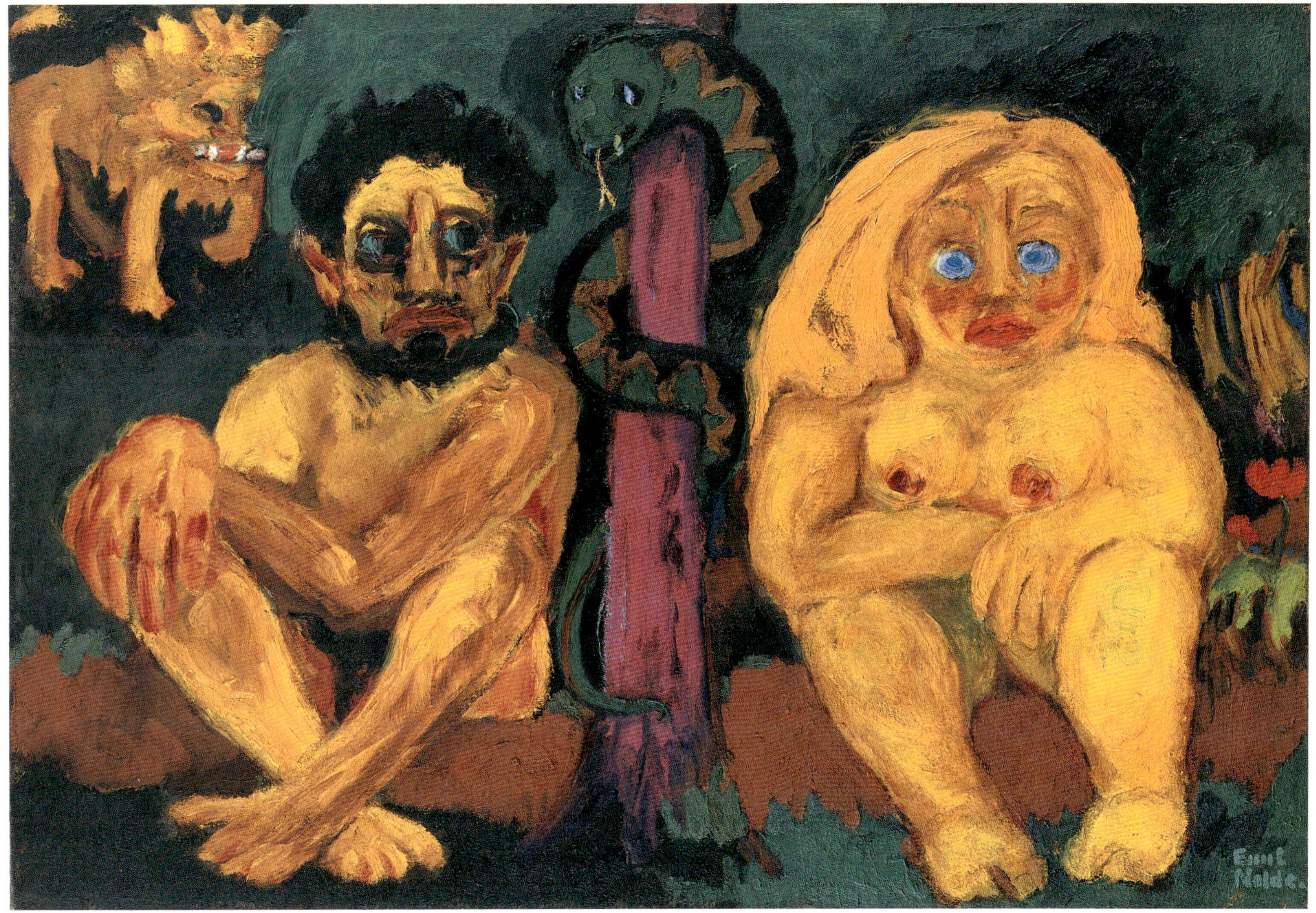

21 | »Verlorenes Paradies«, 1921
Paradise Lost, 1921

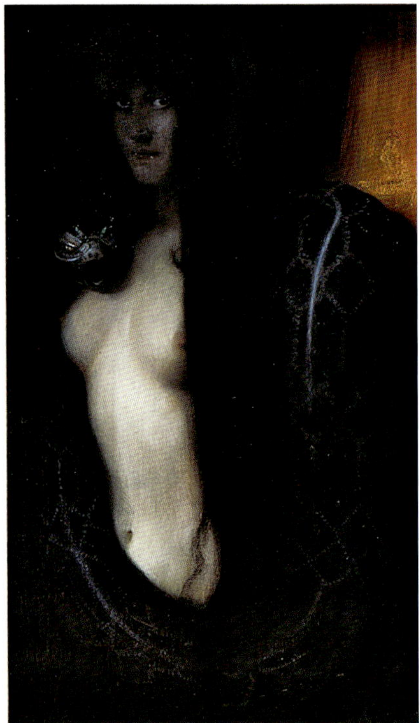

Franz von Stuck,
»Die Sünde«, 1893

Franz von Stuck,
"The Sin", 1893

»Verlorenem Paradies« mit hämischem Grinsen am Baum der Erkenntnis und dominiert das tragische Geschehen. Das Bild der Eva mit der teuflischen Schlange im Paradiesgarten wird zum Negativbild der Sexualität. Die Sünde hat eine weibliche Gestalt bekommen. Franz von Stucks »Die Sünde« fasst diese Gedanken zusammen: eine mächtige, feucht-glänzende Riesenschlange umschlingt eine nackte Frau (Abb. oben). Die Frau fixiert den Betrachter selbstbewusst mit den Augen, während auf ihrer Schulter der gewaltige Schlangenkopf ruht und dem Betrachter entgegenzüngelt. Stuck – bei dem sich Nolde 1898 ohne Erfolg um einen Studienplatz an der Kunstakademie in München beworben hatte – verbildlicht die Sünde als verführerisch-gefährliche Frau, als verlockende Weiblichkeit, die geheimnisvoll und schamlos ist. Machtvolle Weiblichkeit mit blankem Busen in bedrohlichem Halbdunkel findet sich auch in Noldes Gemälde »Dunkle Mächte« (Kat. 9). Sinnlich-nackter Haut wird hier ein dämonisch-gefährlicher Unterton gegeben, allerdings nicht wie bei Stuck durch das Symbol der Schlange, sondern allein durch den Bildtitel und die Farbigkeit: im Halbdunkel flammen Lippen und Brustwarzen in pochendem Tiefrot auf, Augen und Zähne blitzen in strahlendem Weiß. Was die beiden Frauen miteinander besprechen, welche Rolle die dunkelhaarige Nackte und die sprechende Alte mit Spitzenkragen und Kapuze spielen, bleibt offen. Unheilvoll scheint es allemal zu sein, wie Nolde mit seinem Bildtitel andeutet. Vielleicht wird die Verführung eines Mannes geplant, eine Intrige oder eine Verschwörung? Noldes Gemälde steht mit seiner Thematik in der Tradition des Symbolismus, der die Frau als geheimnisvolles Wesen zeigt, sinnlich und gefährlich, das Unheil und Tod zu bringen vermag.

name JESUS. He shall be great, and shall be called the Son of the Highest…" (Luke 1, 28–32).

The angel in Nolde's pictures appears like a heavenly medium; the glance emanating from the large pupilless lilac-coloured eyes is turned inwards and the wingless heavenly being hovers on a cosmic violet-coloured whirl of clouds before Mary. Nolde augmented the angel's divinely rapturous aura by adding two everyday human details: On the one hand, Mary's loose hair falls as if in agitation across the left side of her face when she bows her head. And on the other hand, her cheeks redden as a result of her heightened emotions. Astonishingly, this reddening also occurs in the face of the angel. With this detail, Nolde heightened the scene's sentimental value, thus closely linking the two otherwise very different figures to each other.

The painter focussed everything on the two figures. The background is empty, comprising a large blue colour space, a heavenly sphere. In order to achieve this concentration and the sublime calm, Nolde removed two further figures from the painting whose delightful vitality disturbed the pictorial tranquillity. As can be seen in an old photograph, the heads of two putti were originally situated on the lower edge of the picture (fig. p. 89 right). This detail inevitably brings to mind the two small angels resting their heads on their arms who animate the lower edge of Raphael's "Sistine Madonna" (fig. p. 89 left). The fact that Nolde studied Raphael's painting in detail while in Dresden can also be seen in the "Unpainted Pictures". Raphael concealed countless little angel heads among the white mountains of clouds in the background the Madonna painting, a detail Nolde also made use of this in his work on paper "Wildly Dancing Girls in front of a Park".

"Paradise Lost"

The woman also plays a central role in Emil Nolde's "First Human Beings" (cat. 23). The kiss motif was a widely disseminated one in nineteenth-century art: Auguste Rodin created his world-famous marble sculpture in 1886, Constantin Brancusi gave shape to the inseparability of two kissing figures by means of a compact Cubist block of stone in 1907, while Gustav Klimt's "Kiss" depicts two lovers amidst an abstract ornament, glorifying the kiss with a large golden halo

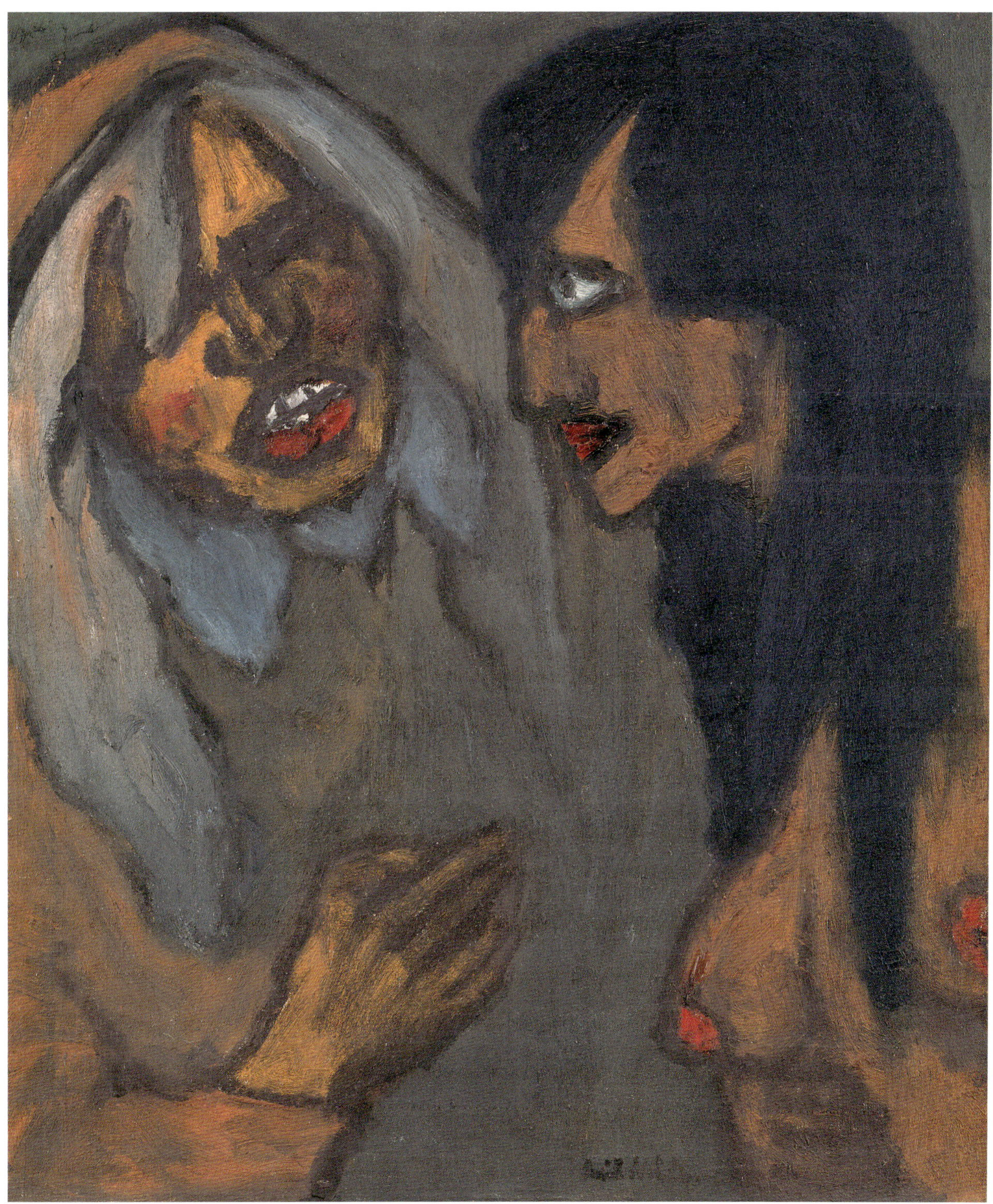

9 | »Dunkle Mächte«, 1915
Dark Powers, 1915

»Dämonisch gestaltend« – Nolde und Munch

Das Bild der gefährlichen Frau war bei Emil Noldes Zeitgenossen sehr beliebt, besonders Edvard Munch (1863–1944) faszinierte diese dunkle Seite des Weiblichen. Noldes Frauenbild wurde maßgeblich von dem norwegischen Maler beeinflusst. »Die Werke von … Munch hatte ich kennengelernt, begeistert verehrend und liebend«, notiert Nolde in seiner Autobiographie (II, 76). Er war fasziniert, mit welcher Unmittelbarkeit, mit wie viel Mut zur Farbe und Leidenschaft Munch seine Bildvisionen »dämonisch gestaltend« (II, 231) auf die Leinwand bannte. Nolde verfolgte Munchs künstlerische Entwicklung mit großem Interesse und sah viele seiner Werke – darunter die im Besitz des gemeinsamen Freundes Gustav Schiefler. Am 29. Dezember 1907 trafen sich beide Maler und Schiefler einen ganzen Nachmittag lang im Café Bauer in Berlin und schauten sich gemeinsam den gerade von Munch fertiggestellten »Lebensfries« in den Kammerspielen an. Nolde besuchte Munch auch einmal in seinem Berliner Atelier und wollte den Norweger in einem Brief vom 24. Januar 1909 dafür gewinnen, eine neue Künstlergemeinschaft unter anderem mit Henri Matisse zu gründen. Auf seinen Brief erhielt Nolde allerdings nie eine Antwort. Seine Bewunderung für Munchs Gemälde, Graphiken und Aquarelle blieb bestehen: »Ich mußte mit diesen fertig werden«, notiert Nolde (II, 76). Es verwundert daher nicht, dass es bemerkenswerte Entsprechungen zwischen Werken von Nolde und Munch gibt. Munchs Lithographieserie »Alpha und Omega« konnte Nolde bei Gustav Schiefler intensiv studieren. Voller Begeisterung sah er in »Alpha und Omega« eines der stärksten Werke von Munch. Die auf einer Insel spielende Bildserie zeigt die Beziehungsgeschichte zwischen dem Mann Alpha und der Frau Omega und erinnert in Inhalt und Form an die Schöpfungsgeschichte und den Garten Eden. Die Beziehung beginnt harmonisch und romantisch. Als Omega jedoch untreu wird und mit verschiedenen Tieren wie Schlange, Bär, Hyäne, Tiger, Esel, Strauß und Schwein kopuliert (Abb. S. 97 rechts), verzweifelt Alpha und tötet die Frau. Er selbst wird am Ende von Omegas Bastardkindern in Stücke gerissen. Munchs dramatische Fabel ist voller erotischer Bilder, die in einigen von Noldes Werken wie seinen »Ersten Menschen« aus dem Jahr 1922 anklingen.

Die rothaarige Frau ist in der Kunstgeschichte ein sehr beliebtes Motiv. Im Werk von Munch nimmt sie eine zentrale Stellung ein: Mit ihrem glühend orangeroten Haar steht die Frau für sinnliche Leidenschaft und ungestüme, sündige Sexualität. In seinem Paradiesbild »Metabolismus« (1899) zeigt Munch seine Eva mit langem roten Haar und macht sie damit zur Urmutter einer langen Generationenlinie von rothaarigen Frauen, die in der Kunstgeschichte ausnahmslos gefährliche Verführerinnen sind: Zu ihnen gehören Medusa, Maria Magdalena, Salome, Judith und Delilah ebenso wie Nereiden, Sirenen, Sphingen und Vampire. »Die Sünde« selbst personifiziert Munch in seiner Lithographie als nackte Frau mit wallendem

flowing around the bodies (fig. p. 91). Through the ornamental gloriole and the gold ground formerly employed in icon painting, Klimt cooled off the hot sensuality of the interpersonal caress, freezing it in a sacred aura.

By contrast, Nolde depicted the kiss in his painting "First Human Beings" as an inherently natural and down-to-earth token of love: Adam and Eve squat next to each other and turn to each other with extended necks. With greedily wide-opened eyes, Eve purses her lips. Nolde balances her wild desire with a certain tender refinement by depicting Adam with a dreamily expectant expression and relishingly closed eyes. His foot freezes in the process in a graceful, dance-like pose on the ground of the Garden of Eden. The bulging lips of the "First Human Beings" vibrate in a flush of red and their hair shines as if electrified in fiery ochre and radiant orange hues. The nearly animalistic desire for physical closeness is underscored by the coarse facial features of the "First Human Beings", their mane-like hair and Eve's animal-like pointy ear. The erotic tension in the picture is given a distinctive sexual dimension by the large snake that weaves its way through the foreground. Because of its phallic shape and its ability to set itself in an upright position, the snakes has symbolized the penis for many millennia and in many cultures. In Nolde's painting, the reptile embodies the male member by means of the tip of its flesh-coloured tail recalling a rattlesnake, particularly as it weaves its way from Adam's pelvis along Eve's legs and up to her naked body. Nolde uses the picture's composition to heighten the impression of physical closeness: the presence of the naked figures is so large that they not only fill the picture format but also extend beyond it. The edge of the picture crops the bodies and heads, causing the first people to move even closer to each other.

The nudity inherent in the motif of the "First Human Beings" complied with Nolde's aspirations of making painting an emotional powerful expressive art. His "First Human Beings" are therefore not graceful beings of the Creation strolling in quaint innocence through an idyllic Garden of Eden, but instead the "ancestors of humankind, physical with almost an excess of natural forces," as he wrote in his autobiography. "It may be true or not, but surely, seen biblically as well, they were not smooth

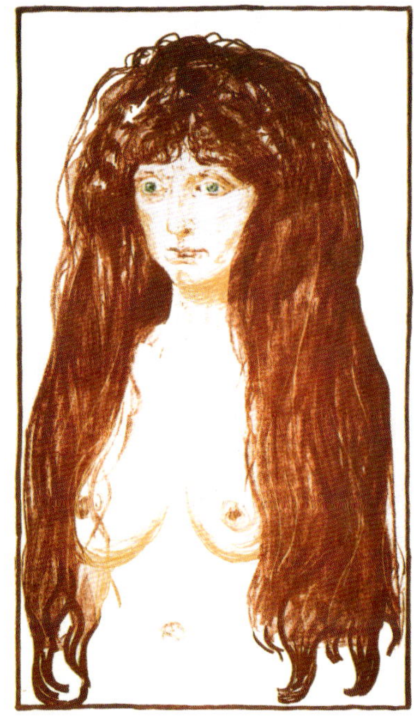

Edvard Munch, »Weib mit rotem Haar
und grünen Augen. Die Sünde«, 1902

Edvard Munch, "Woman With Red
Hair And Green Eyes. The Sin", 1902

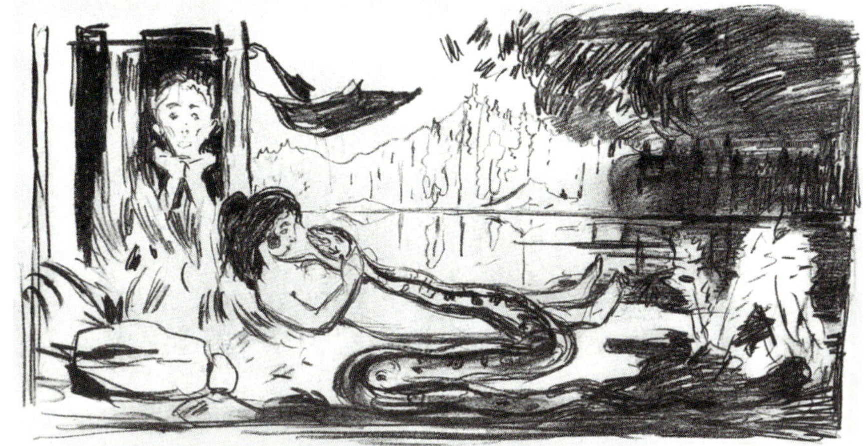

Edvard Munch, »Die Schlange«, 1908/09
Lithographie aus der Serie »Alpha und Omega«

Edvard Munch, "The Snake", 1908/09
Lithograph from the "Alpha and Omega" series

rotem Haar und stechend grünen Augen (Abb. oben links). Auch in Noldes Werk finden sich auffallend viele rothaarige Frauen, besonders in Werken mit stark erotischem Unterton.

In seinen nicht-szenischen Werken lässt Nolde den Betrachter seinen rothaarigen Frauen unmittelbar gegenübertreten: Stolz blicken sie am Betrachter vorbei wie »Mädchenkopf (rotbraunes Haar)« (Kat. 40) und »Frauenkopf (rotes Haar)« (Kat. 41) oder fixieren ihn mit furchteinflößendem Blick wie in »Frauenbildnis (rotbraunes Haar)« (Kat. 37). Wie Munch zeigt auch Nolde in diesem Blatt das zweite Gesicht seiner Rothaarigen, die neben sinnlicher Lust auch schmerzhaftes Leid und den Tod bringen können. Während sich dem Betrachter bei Nolde diese Ambivalenz von Schönheit, Verführung und Verderben erst im Dialog zwischen den einzelnen Aquarellköpfen der rothaarigen Frauen entfaltet, komprimiert Munch diese ambivalenten Eigenschaften in einem einzigen Werk: dem »Vampyr« (Kat. 53). Ob die Frau den Mann in ihrem Schoß zärtlich am Hals liebkost oder ihm einen lähmend tödlichen Nackenbiss zufügt, ist unklar. Die widersprüchliche Lesart wird nicht gelöst, die innerbildliche Spannung bleibt unausgetragen. Bei Munch wie auch bei Nolde ist der Gegensatz, die »Zweiheit« wie Nolde sagte, von elementarer Bedeutung. In der Ambivalenz und im Gegenspiel liegen der Reiz und das Geheimnis der Werke.

salon-like beauties. Adam and Eve have been painted an infinite amount of time, as Darwinian prosimians as well as with all the nuanced accoutrements of civilized human beings. I much preferred the most natural…" (IV, 28). While the snake serves as a linking element signalising the physical union of man and woman in "First Human Beings", Nolde made use of the snake in his "Paradise Lost" to separate Adam from Eve, dividing the picture into two halves (cat. 21). "Adam and Eve, seated, contrite and staring perplexed off into the future, cast out and suffering," Nolde noted. "Adam as the symbol of power, Eve in her terrifying realization as the sinful primordial mother of all humankind. Adam and Eve were usually only portrayed because of the pleasure of painting a male and naked female body … the later 'Paradise Lost' with its agony and tragedy, bitterness and suffering; people do not want to experience this and also do not want to see it portrayed" (IV, 28). The snake's seduction of Eve and the couple's recognition of their own nakedness took away the uninhibitedness of the first human beings. Sexuality

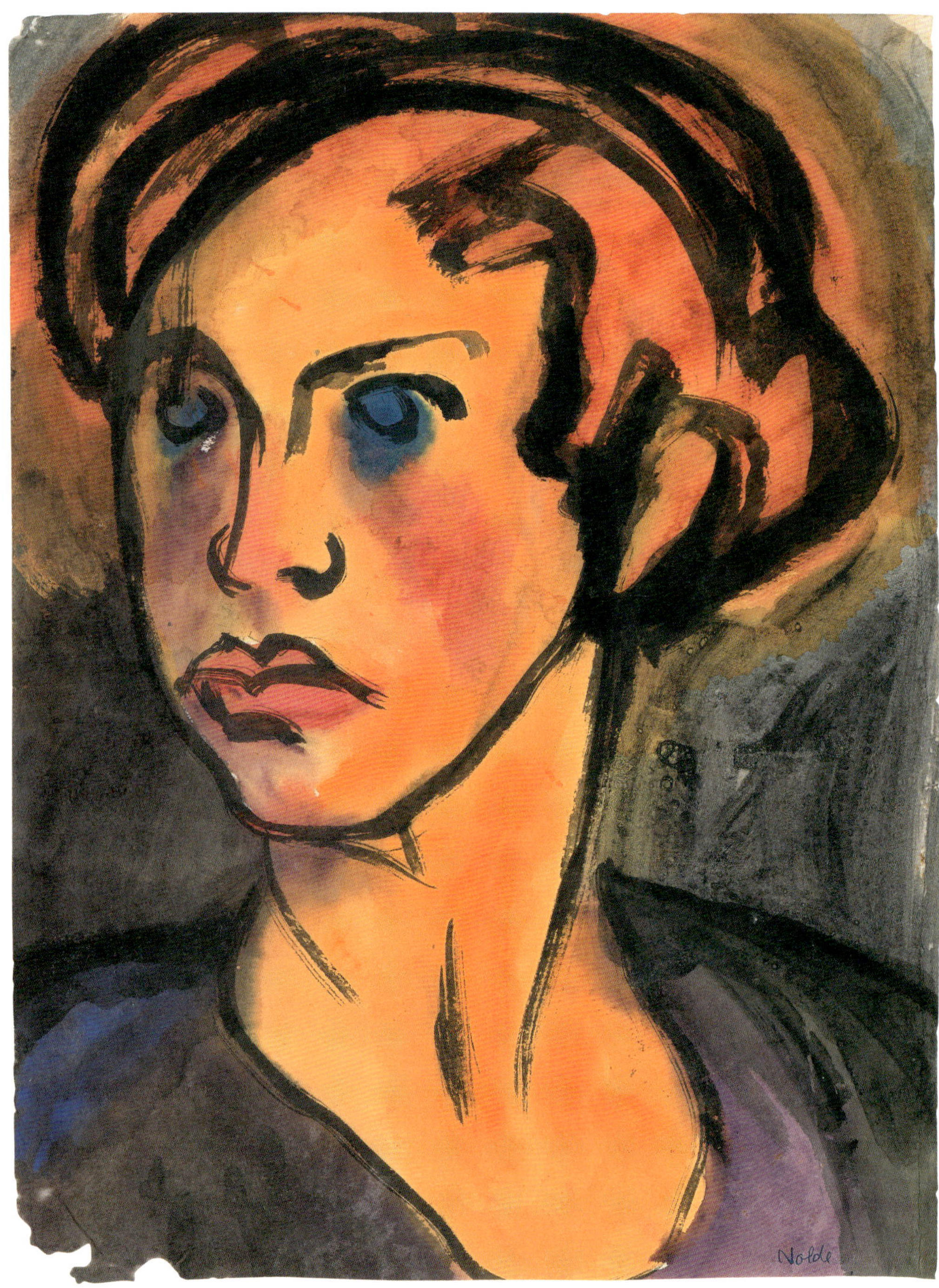

40 | Mädchenkopf (rotbraunes Haar)
Head of a Girl (auburn hair)

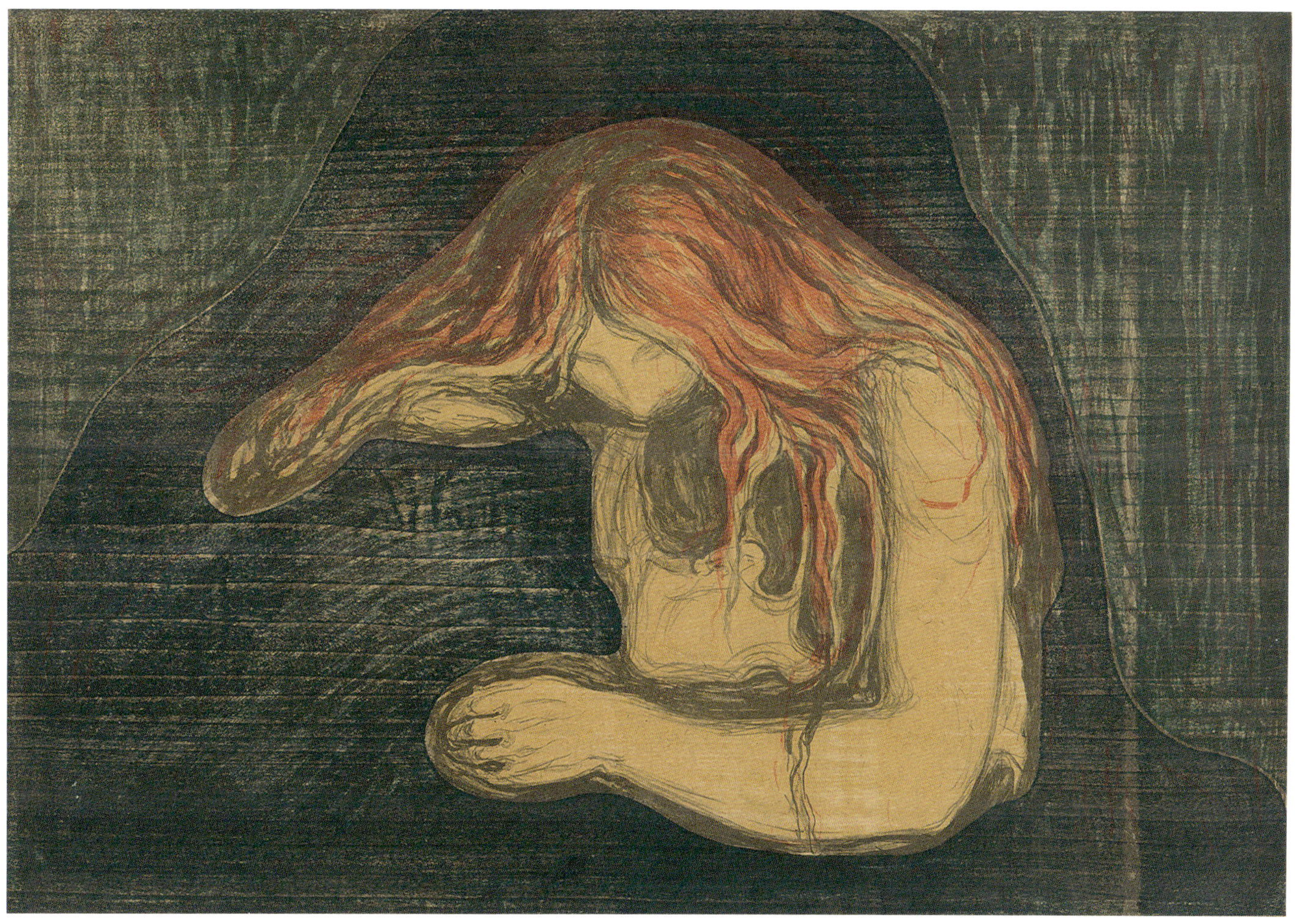

53 | Edvard Munch, »Vampyr II«, 1895/1902
Edvard Munch, "The Vampire II", 1895/1902

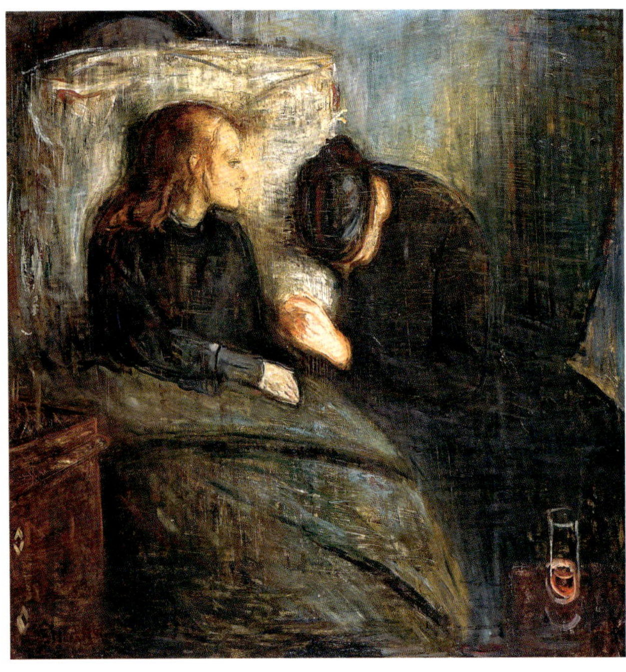

Edvard Munch, »Das kranke Kind«, 1896

Edvard Munch, "The Sick Child", 1896

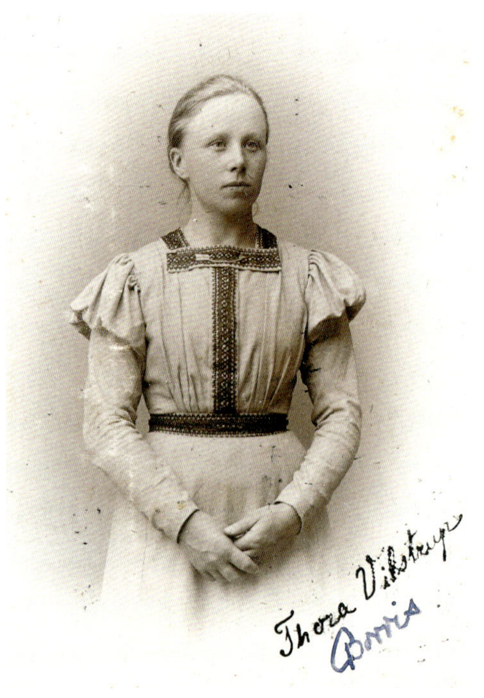

Thora Vilstrup, um 1900

Thora Vilstrup, circa 1900

Während viele der rothaarigen Frauen aus Noldes Phantasie heraus entstanden sind, ist »Thora« ein Porträt (Kat. 20). Es zeigt Thora Vilstrup (Abb. oben rechts), die Cousine von Ada Nolde, und ähnelt in seiner erschütternden Eindringlichkeit Munchs »Krankem Kind« (Abb. oben links). Mit ihm trauert Munch um den Tod und Verlust seiner Lieblingsschwester Sophie, die 1877 nach langem Leiden an Tuberkulose starb. In seiner Maltechnik suchte er ein Äquivalent für das langsam-qualvolle Dahinsterben des Mädchens zu finden. Immer wieder kratzte Munch die Farbe von der Leinwand, spachtelte und schnitt, um die »durchsichtige, bleiche Haut, den bebenden Mund, die zitternden Hände« zeigen zu können.

Ob Adas Cousine ernsthaft erkrankt war, als Nolde sie 1921 während einer Reise nach Nordjütland traf und malte, ist nicht bekannt. Aber mit »Thora« schuf Nolde in seinem sonst so heiteren Werk ein erschütterndes Bild: Im schmalwangigen Gesicht des Mädchens schimmert die Haut kühl, die Augen liegen tief in ihren violett-dunklen Höhlen und die schmalen Lippen sind dunkelblau angelaufen. Einzig der Blick ist lebendig und fixiert den Betrachter mit großer Intensität. So ähnelt Noldes »Thora« einem überzeitlichen, sibyllinischen Orakelwesen, das mit durchdringendem, in die Zukunft gerichtetem Blick das leidvolle Schicksal der vor ihr Stehenden vorauszusehen vermag.

was polarized in the Christian concept of morality: procreation is good, carnal lust for its own sake is evil and regarded as a cardinal sin. The genitalia became tabooed zones of which one must be ashamed. The snake as the original symbol of fertility, as a sign of phallic vitality and natural, sexual passion, was demonized and declared a symbol of the Fall of Man. It thus wriggles its way with a sardonic smirch along the Tree of Knowledge in the centre of Nolde's "Paradise Lost", dominating the tragic occurrences. The picture of Eve with the devilish snake in the Garden of Eden became a negative image of sexuality. Sin has been given a female form. Franz von Stuck's "The Sin" summarises these thoughts: a powerful, moistly gleaming boa twines its way around a naked woman (fig. p. 94). The woman self-assuredly stares directly at the viewer while the enormous snake rests on her shoulders, seething at him. Stuck, to whom Nolde unsuccessfully applied for a place at the art academy in Munich in 1898, visualized sin as a seductively dangerous woman, as alluring femininity, mysterious and shameless.

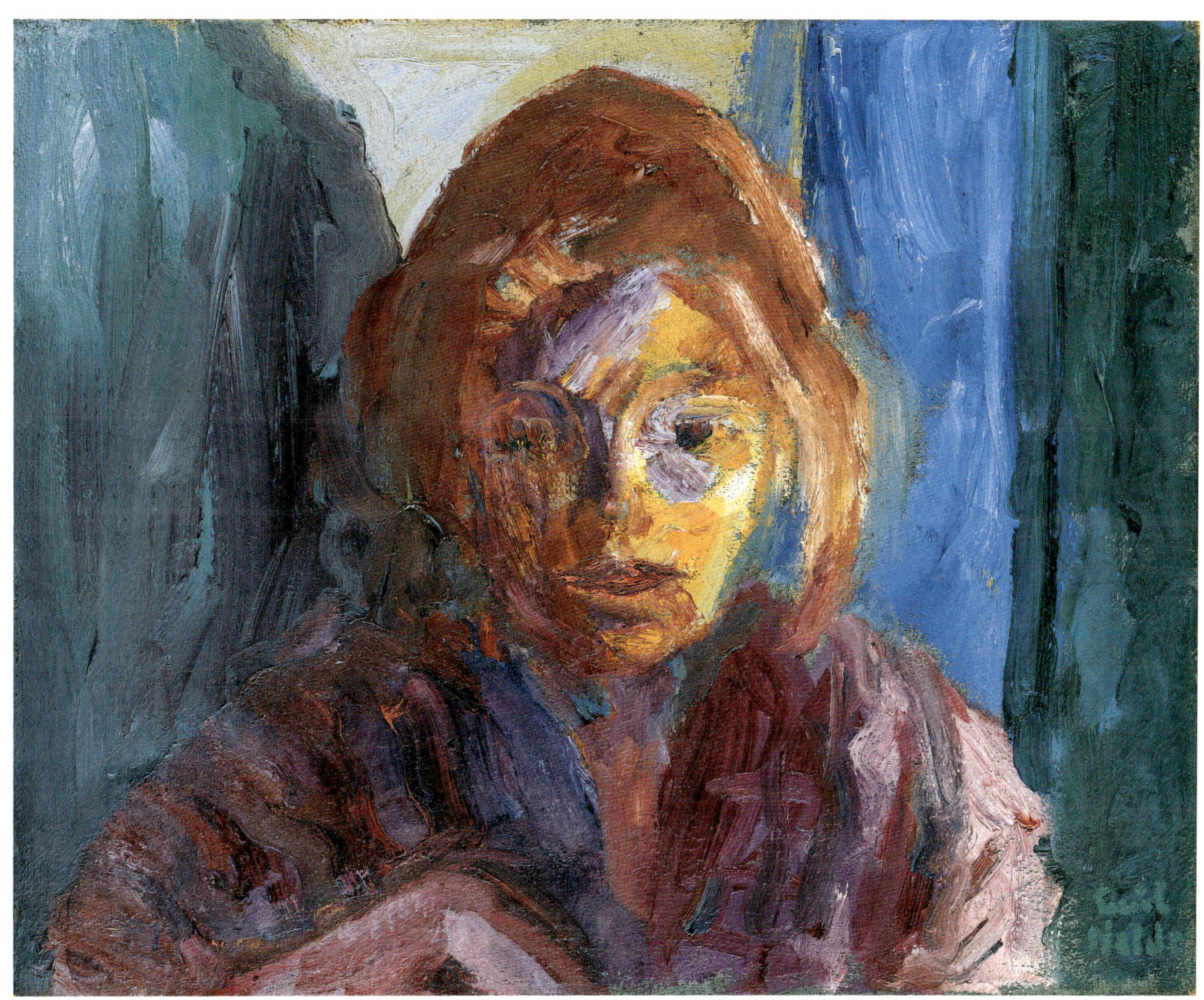

20 | »Thora«, 1921
Thora, 1921

Die Frage der Herrschaft

Der Harem war bei den Orientalisten des 18. und 19. Jahrhunderts ein sehr beliebtes Bildmotiv. Haremsbilder boten Gelegenheit, unter dem Deckmantel des kulturell Anderen Frauen nackt darzustellen. In Haremsszenen inszenierten Maler wie Jean-Auguste-Dominique Ingres, Eugène Delacroix, Jean-Léon Gérôme oder John Frederick Lewis den Orient für den europäischen Betrachter und weckten Phantasien über die freizügige Sinnlichkeit und vermeintliche Willfährigkeit der Haremsdamen. In dieser Tradition steht auch Lovis Corinths »Der Harem« (Kat. 54). Um die sinnliche Trägheit der Nackten zu betonen, fügt Corinth im Vordergrund eine sitzende Katze ein. Die Katze als domestiziertes Raubtier *en miniature* steht als Symbol für wilde Triebhaftigkeit und ein animalisches sexuelles Verlangen, seit Edouard Manet einen schwarzen Stubentiger auf dem Divan seiner skandalösen »Olympia« (1863) lagern ließ. Die Haremsfrau wurde generell als gefangenes, unterwürfiges Lustobjekt präsentiert, das sich jederzeit für das Verlangen eines Mannes zur Verfügung zu halten hatte. Indem das Haremsbild Einblicke in verborgene Räume eines Sultanpalastes gestattete, eröffnete es eine Fluchttür für die sexuellen Wünsche des europäischen Bürgertums, das sein strenges Moralkorsett an der Bildkante abstreifen konnte.

Emil Noldes »Herrscher«, der einen prächtigen, smaragdgrün-rot gestreiften Turban trägt, steht in der Bildtradition des Orientalismus und der Haremsbilder (Kat. 7). Noldes Gemälde hebt sich aber wegen der außergewöhnlich modernen Bildkomposition von den gängigen Haremsinterieurs der Salonmaler ab. Zum Gemälde wurde Nolde wahrscheinlich auf seiner Südsee-Expedition inspiriert, die ihn auf der Rückfahrt im Frühjahr 1914 nach Java führte. Im Herrscherpalast der Sultansstadt Surakarta nahm Nolde am alljährlichen Beschneidungsfest teil: »Auf einem großen Platz, von Bäumen beschattet, saßen auf dem Sande in runden Reihen die Frauen des Susuhunans [Sultans]. Er selbst thronte erhaben unter einem goldgelbseidenen Baldachin«, schreibt Nolde in seiner Autobiographie. »Die hockenden 300 Sultansfrauen waren nicht alle jung und schön, sie mögen es gewesen sein. Das ganze mutete einen fast tierisch an: er, der Sultan, wie der Stier inmitten seiner Herde.« (III, 115) Nolde besuchte auch die Tempelanlage Borobudur gut 60 Kilometer westlich von Surakarta und bewunderte dort die »wunderfeinen Reliefs«. Nolde schwärmt: »Diese triumphierend sitzenden Herrscher, diese vielen sitzenden, stehenden, fast immer nackten, zuweilen tanzenden Frauen mit ihren großen runden Brüsten und den lässigen Gebärden in ihrer gemessenen, oft weichen, aber immer sinnlichen, schönen Haltung.« (III, 115 f.)

In seinem Gemälde »Der Herrscher« scheint Nolde auf den ersten Blick die zwei Lebenswelten eines Sultans zu zeigen. Die repräsentative, offizielle Welt des Herrschers ist im linken Bildteil dargestellt. Hier thront der Sultan in reichem, leuchtend orangefarbenem Gewand, im Mittelgrund des Bildes steht die Palastwache in Habtachtstellung. Im rechten Bildteil erblickt

Powerful feminine figures with bared breasts standing in threatening dimness can also be found in Nolde's painting "Dark Powers" (cat. 9). Sensuously naked skin is given a demonically dangerous undertone here, not however, as in Von Stuck's painting by means of the snake symbol, but solely through the picture's title and the use of colour: the lips and nipples blaze in a throbbing deep red from out of the semi-darkness; the eyes shine with radiant whiteness. It is uncertain what the two women are discussing or what roles the dark-haired nude and the talking old woman wearing a pointed collar and a cowl play. In any case, however, it appears to be something ominous, as Nolde suggests in the picture's title. Perhaps the seduction of a man is being planned, an intrigue or a conspiracy? The thematic of Nolde's painting is in the Symbolist tradition that depicted woman as a mysterious being, sensuous and dangerous, capable of bringing death and disaster.

"Demonically formative" – Nolde and Munch

The image of the dangerous woman was very popular among Emil Nolde's contemporaries, and Edvard Munch (1863–1944) was particularly fascinated by the dark side of woman. Nolde's pictures of women were decisively influenced by the Norwegian painter. "I got to know the works of … Munch, with enthusiastic admiration and love," Nolde noted in his autobiography (II, 76). He was fascinated by the immediacy and the courageous employment of colour and passion with which Munch captured his "demonically formative" (II, 231) pictorial visions on canvas. Nolde followed Munch's artistic development with great interest and viewed many of his works, including those in the collection of their mutual friend Gustav Schiefler. On 29 December 1907, the two painters and Schiefler spent an entire afternoon at Café Bauer in Berlin and viewed the "Frieze of Life" that Munch had just completed in the Kammerspiele Theatre. Nolde also once visited Munch in his Berlin studio, and in a letter dated 24 January 1909 he tried to persuade the Norwegian to join the establishment of a new artists' community together with Henri Matisse, among others. Nolde, however, never received a reply to his letter. His admiration for Munch's paintings, prints and watercolours nevertheless remained the same: "I had to deal with

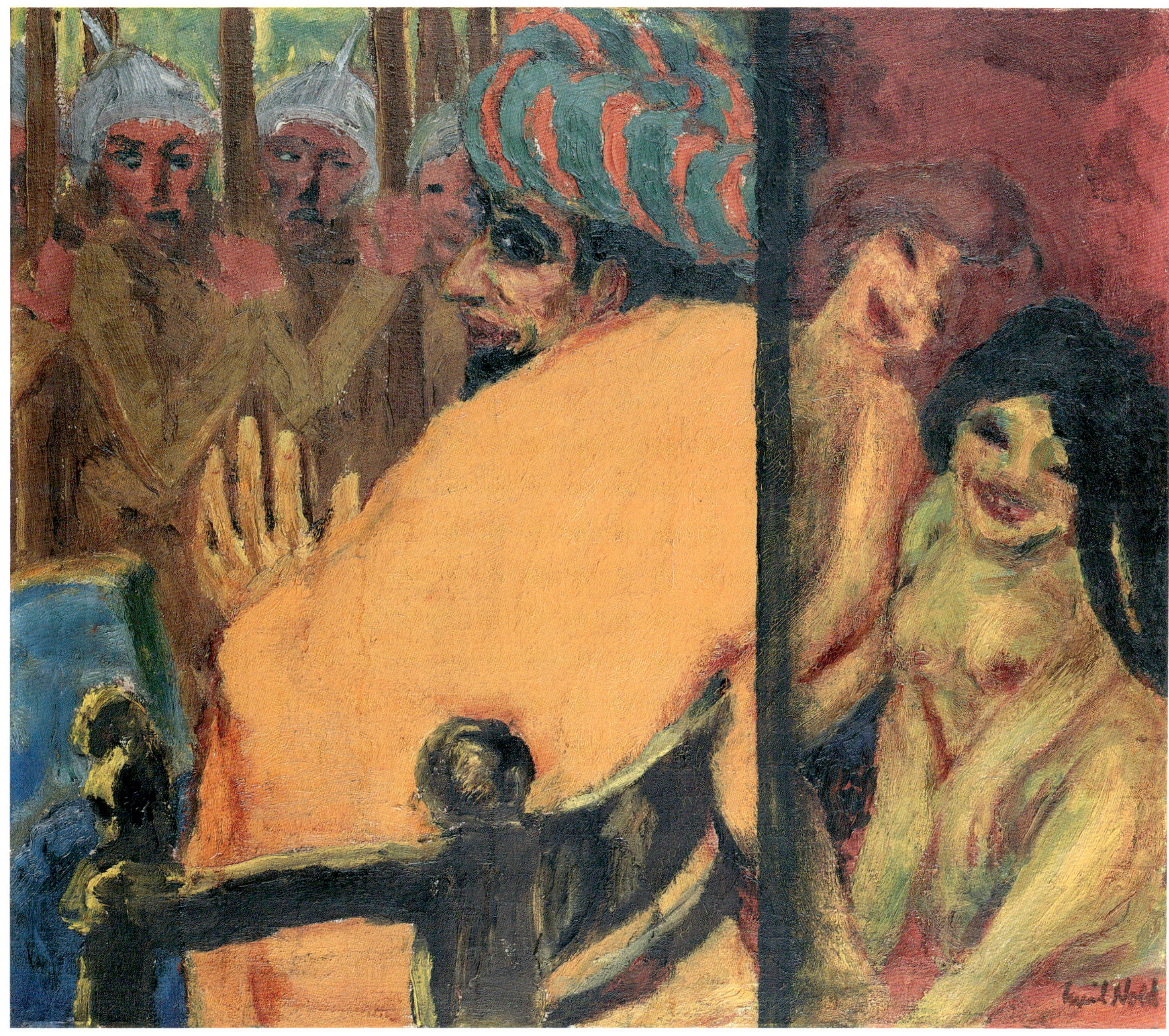

7 | »Der Herrscher«, 1914
The Ruler, 1914

der Betrachter zwei nackte Frauen, die sich vermutlich in einem Haremsgemach befinden. Bemerkenswert an diesem Gemälde ist die Gestaltung des Bildraumes: Nolde zeigt den Thronsaal links und das Haremsgemach rechts nicht als zwei nebeneinanderliegende Räume, die durch eine Tür, ein Gitterfenster oder Vorhänge getrennt sind. Vielmehr lässt er die beiden Bildhälften fern jeder baulichen Realität aufeinanderprallen. Nur eine starke schwarze vertikale Linie teilt das Bild. Diese unwirkliche Kollision von zwei Welten legt die Vermutung nahe, dass es sich bei der rechten Bildhälfte nicht um einen realen Raum im Palast des Sultans handelt, sondern um einen phantastischen Raum, einen vorgestellten Ort – um einen Einblick in eine gedankliche Welt. Der Schulterblick des Herrschers und seine Einhalt gebietende Geste könnten als Moment gelesen werden, in dem der Herrscher plötzlich an zwei seiner Haremsfrauen denken muss. Dass Gedankenbilder für Nolde fast realen Charakter haben konnten, belegt ein Eintrag in seiner Autobiographie. Der Maler beschreibt, wie ihn auf der Hallig Hooge seine Phantasiegestalten »fast sichtbar umschwirrend« (IV, 13) begleiteten. Kollabierende dreidimensionale Bildräume und das Übereinanderschieben von flächig gehaltenen Bildgründen oder Bewegungsmomenten sind Merkmale der modernen Malerei, die der Futurismus und Kubismus bis zur vollständigen Raum- und Formzertrümmerung trieben. Nolde führt in seinem »Herrscher« eine moderne Bildraumgestaltung mit einem sehr traditionellen Bildmotiv der Orientalisten zusammen. Das Ergebnis ist ein einzigartiges Bild, das gleichzeitig die Realität und die Gedankenwelt zeigt. Und es sind diese von nackten Frauen bevölkerten Gedanken, den dieser schmale rechte Bildstreifen darstellt, die die Welt des machtvollen Herrschers zu dominieren scheinen. Die Frau links im Bild reitet gleich einem Alb auf der ihr zugewandten Schulter des Herrschers: Der Umriss ihres Beines setzt sich über die schwarze Senkrechte fort und der orangefarbene Ton ihrer Haut verschmilzt mit der Farbe des Sultanmantels. Es sieht so aus, als ob die Frauen diesen mächtigen Sultan beherrschten – er wirkt trotz seiner Präsenz und ungeachtet seiner prächtigen Gewänder hilflos. Ängstlich hat er den Kopf eingezogen und erweckt den Eindruck, zwischen Turban und Mantel zu versinken. Sein Rücken ist dem Betrachter schutzlos zugewandt – die Palastwachen stehen erst im Bildmittelgrund. Auch sitzt der Herrscher bei zweitem Blick nicht auf einem Thron mit hoher, imposanter, schützender Rückenlehne, sondern auf einem offenen Armlehnstuhl, einer wenig königlichen, dafür aber sehr modernen Halbrundkonstruktion, die mit dem Jugendstil Anfang des 20. Jahrhunderts in Mode kam.

Noldes nackte Frauen entsprechen nicht den traditionellen Haremsdamen, wie sie die Orientalisten darstellten: Sie sind weder träge noch willfährig, weder schön noch wohlproportioniert. Gerade dadurch wirken sie aber sehr lebendig und stark. Kokett fokussieren sie den Betrachter mit offenem und direktem Blick. Sie treiben Späße und lachen – aber worüber? In der Kunstgeschichte sind geharnischte Männer, Soldaten in Rüstungen und mit aufgestellten

these,” Nolde noted (II, 76). It is therefore not surprising to discover that there are noticeable parallels between Nolde's and Munch's works. Nolde was able to intensely study Gustav Schiefler's copy of Munch's lithograph series "Alpha and Omega", enthusiastically recognising it to be one of Munch's most powerful works. This series of pictures set on an island depicts the history of the relationship between the man Alpha and the woman Omega that recalls the story of Creation and the Garden of Eden in terms of content and form. The relationship starts off harmoniously and romantically. However, when Omega is unfaithful and copulates with such diverse animals as a snake, bear, hyena, tiger, donkey, ostrich and pig (fig. p. 97 right), Alpha becomes desperate and kills the woman. In the end, Omega's bastard children tear him to pieces. Munch's dramatic fable is full of erotic images that are echoed in some of Nolde's works such as "First Human Beings" from 1922.

The red-haired woman is a very popular art historical motif and it assumes a central position in Munch's oeuvre: With her glowing reddish orange hair, the woman represents sensuous passion and stormy sinful sexuality. In his Garden of Eden picture "Metabolism" (1899), Munch depicted his Eve with long red hair, making her the primordial mother of generations of red-haired women who without exception were perilous seductresses in the history of art. They include Medusa, Mary Magdalene, Salome, Judith und Delilah as well as Nereids, Sirens, sphinxes and vampires. Munch personified "Sin" itself in his lithograph as a nude woman with flowing red hair and piercing green eyes (fig. p. 97 left). And there are also a conspicuously large number of redheads in Nolde's oeuvre, particularly in works featuring a pronounced erotic undertone.

In his non-scenic works, Nolde enables the viewer to stand directly opposite his red-haired women: They proudly look past the viewer in such pictures as "Head of a Girl (auburn hair)" (cat. 40) and "Head of a Woman (red hair)" (cat. 41), or they stare awe-inspiringly out from works such as "Portrait of a Woman (auburn hair)" (cat. 37). Like Munch, Nolde also depicted the other side of his red-haired women in this watercolour, namely as someone who can bring aching sorrow and death along with sensuous lust. While the ambivalence of beauty, seduction and debauchery first unfolds itself for the

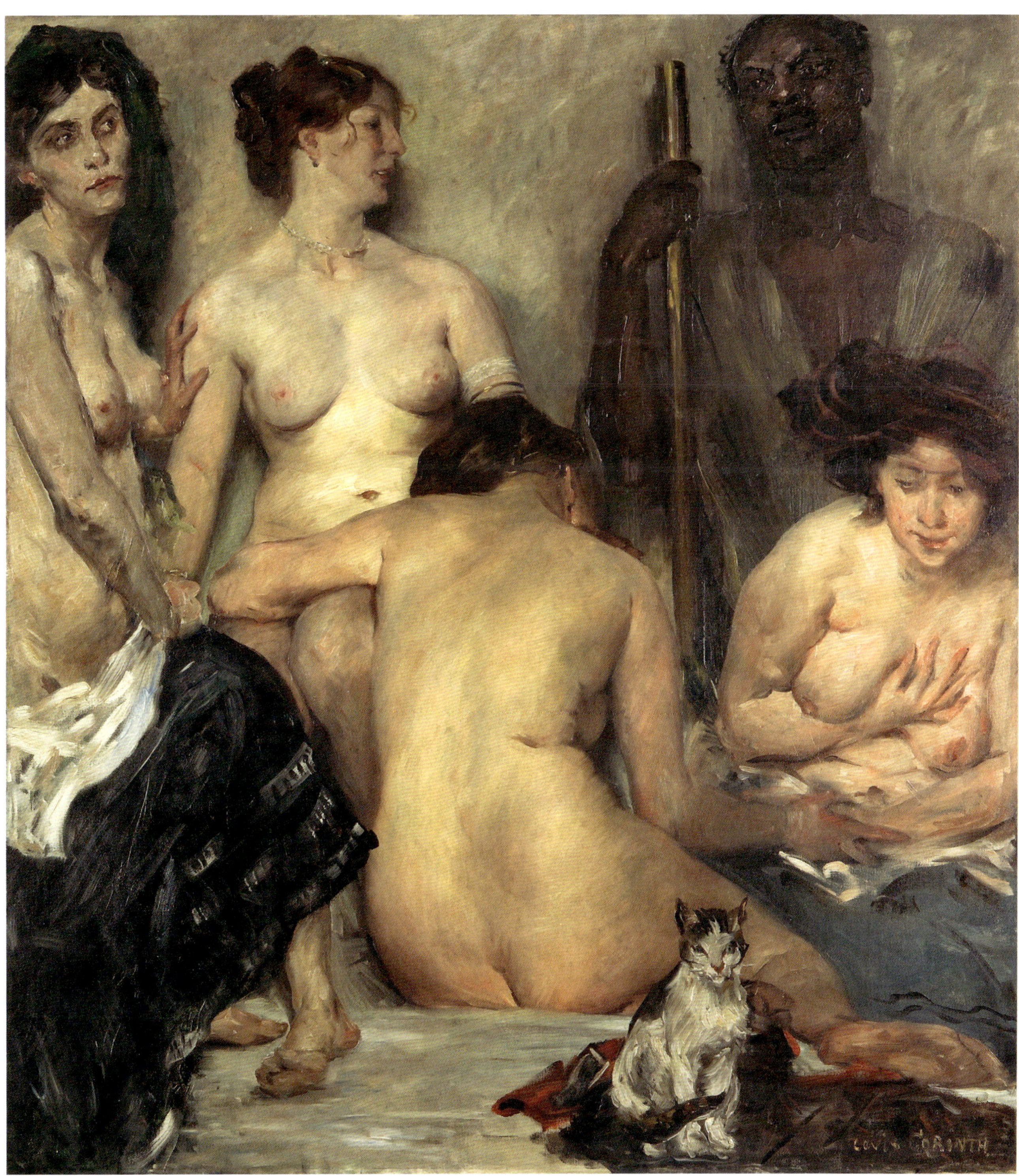

54 | Lovis Corinth, »Der Harem«, 1904
Lovis Corinth, "The Harem", 1904

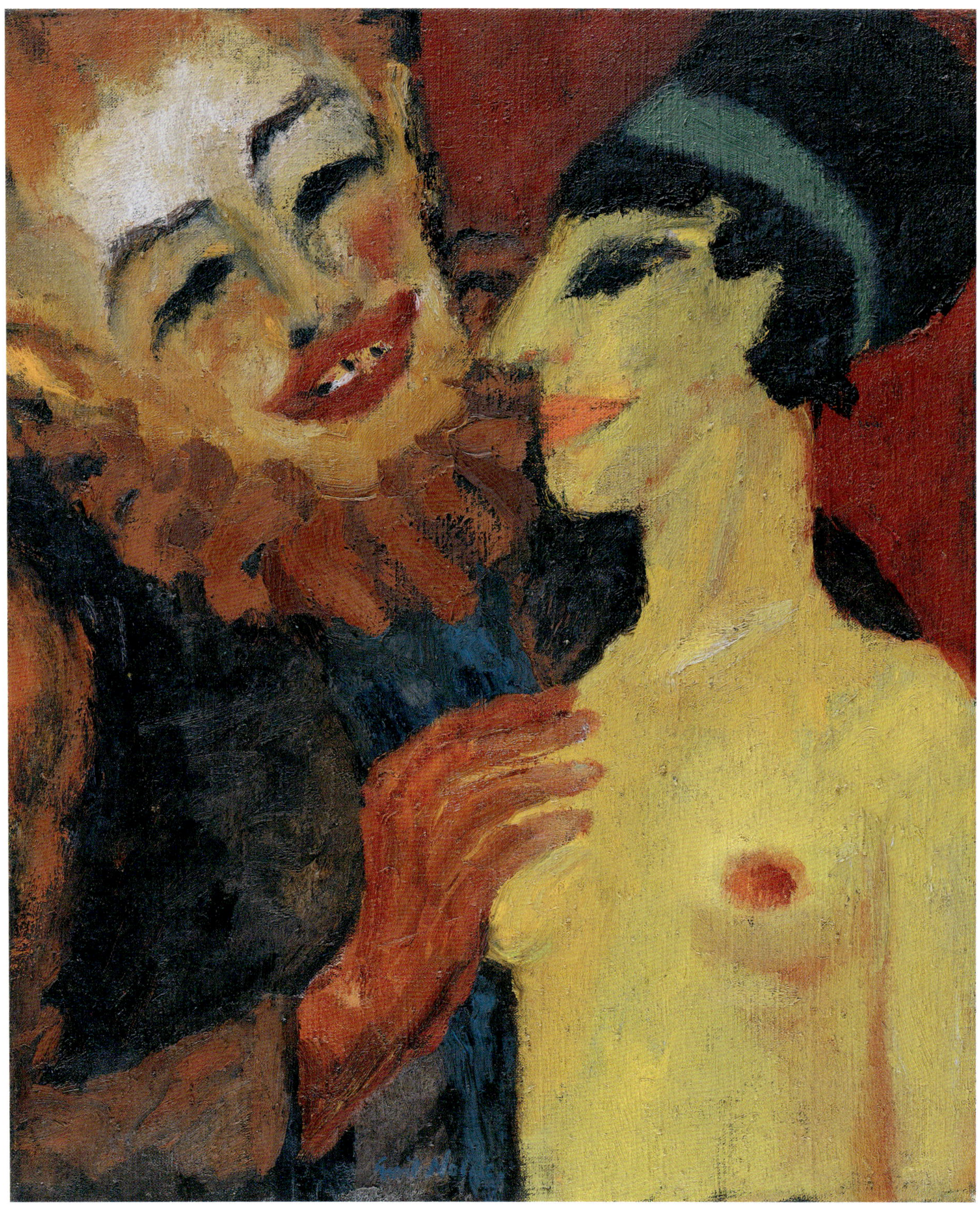

14 | »Weib und Mann II«, 1919
Woman and Man II, 1919

Lanzen Symbole für die männliche Potenz. Kraftstrotzend steht die Palastwache vor dem Herrscher, er selbst ist in sich zusammengesunken. Könnten beide Haremsfrauen über ihn lachen, über seine fehlende Macht und Manneskraft ulken? Mit seinem »Herrscher« hat Nolde ein in Form und Inhalt außergewöhnliches Gegenbild zu den traditionellen Haremsbildern seiner Zeit geschaffen.

»Die Zweiheit hatte in meinen Bildern … einen weiten Platz erhalten. Mit- oder gegeneinander: Mann und Weib, Lust und Leid, Gottheit und Teufel …«, notiert Nolde in seiner Autobiographie (II, 200). Oft hat der Maler dieses Kräfteverhältnis zwischen Mann und Frau in direktem Gegenüber ohne szenischen Hintergrund verbildlicht. »Weib und Mann II« (Kat. 14) gehört zu der umfangreichen thematischen Gruppe von zweifigurigen Gemälden, in denen Nolde (nackte) Frauen bärtigen Männern oder Kriegern gegenüberstellt (vgl. Kat. 8 und Kat. 15).

In Noldes »Weib und Mann II« und Lovis Corinths »Der Harem« steht die Berührung eines nackten Busens im Zentrum der Aufmerksamkeit. Corinth zeigt die Frau, wie sie ihren üppigen Busen mit dem Arm anhebt, und lässt die Haut in einer fast zu ertastenden Weichheit rosig-warm aufschimmern. In Noldes Bild greift ein Mann nach dem Busen einer Frau und umfasst ihn mit seiner hohlen Hand. Während der Mann den Kopf spitzbübisch zur Seite neigt und freudig erregt mit geöffnetem Mund zu atmen scheint, reagiert Noldes Frau nicht auf die Berührung. Unbeweglich steht sie da. Nolde scheint der damals gängigen Auffassung zu folgen, dass sich das Männliche durch Stärke, Tatendrang und sexuelle Triebkraft vom sanftmütigen und hingebungsvollen Weiblichen abgrenzt. Motivisch reiht sich Noldes »Weib und Mann II« damit in die lange Bildtradition von Rittern und Nackten ein, zu denen Lukas Cranach d. Ä. »Parisurteil« (1512–1514), Peter Paul Rubens' »Triumph des Siegers« (1614), Max Slevogts »Ritter und Frauen« (1903) oder Lovis Corinths »Der Sieger« (1910) gezählt werden können. In diesen Szenen ist die Frau entweder Beute des (sexuellen) Raubzuges des Mannes, Schutzsuchende oder Prämie für den siegreichen Krieger.

Doch nur auf den ersten Blick behält der Mann in Noldes Bild die Oberhand. Zwar bewegt die Frau sich nicht, dennoch beherrscht sie das Geschehen. Sie übt auf ihr männliches Gegenüber einen so starken verführerischen Reiz aus, dass er sie berühren muss. Die Frau dominiert auch, weil aus ihrer Bewegungslosigkeit Selbstbeherrschung und Überlegenheit sprechen. Sie schaut an ihrem Gegenüber vorbei, würdigt ihn vorerst keines Blickes. Selbstbewusst steht sie nackt und aufrecht vor dem Mann und erträgt mit kühler, geradezu aristokratischer Gelassenheit die ersten Annäherungsversuche des bärtigen Mannes.

viewer of Nolde's work in the dialogue between the individual watercolour portraits of redheads, Munch condenses these ambivalent characteristics into a single picture: "The Vampire II" (cat. 53). It is uncertain whether the woman is lovingly caressing the man's neck or inflicting on it a paralysing deadly bite. The contradictory interpretations go unsolved; the inner pictorial tension remains unresolved. In the case of Munch as well as Nolde, the contrast, the "duality" as Nolde called it, is of elementary significance. The attraction and mysterious of the works rest on their ambivalence and in the counterplay. While many of the red-haired women sprang from Nolde's imagination, "Thora" is a portrait (cat. 20). It depicts Thora Vilstrup (fig. p. 100 right), Ada Nolde's cousin, and resembles Munch's "The Sick Child" (fig. p. 100 left) in its terrifying urgency. In this picture, the painter expressed his grief over the death and loss of his favourite sister Sophie who died in 1877 after a long bout of tuberculosis. Munch attempted to find an equivalent for the girl's slow and painful death in his painting technique. Munch repeatedly scraped the paint from the canvas, primed and cut it in order to be able to depict the "transparent pale skin, the quivering mouth, the trembling hands."
It is not known whether Ada's cousin was seriously ill when Nolde met and painted her in 1921 during a trip to Northern Jutland. But with "Thora", Nolde created a shocking painting in an otherwise buoyant opus: The skin of the girl's narrow-cheeked face has a cool gleam, the eyes are deep-set in their violet-coloured sockets and the thin lips have turned dark blue. Only her glance is lively and she looks very intensely at the viewer. In this way, Nolde's "Thora" resembles a timeless sibyllic oracle capable of predicting the sorrowful fate of the person standing before her by looking into the future.

The Question of Rulership

The harem was a very popular pictorial motif in eighteenth and nineteenth-century Orientalism. Under the guise of the culturally exotic, harem pictures provided artists with the opportunity to depict nude women. Painters such as Jean-Auguste-Dominique

Gesichter der Ekstase

Der dramatische Bildaufbau in Noldes » Weib und Mann I« nimmt in den Paardarstellungen des Malers wegen seiner ausgesprochenen Dynamik eine Sonderstellung ein: In einem stark komprimierten Bildraum bietet sich ein nackter Frauenkörper mit rotem Haar den Blicken des Betrachters dar (Kat. 13). Neben ihr drängt sich ein übergroßer Männerkopf ins Bild, der den Frauenleib mit großen Augen betrachtet. Nolde zeigt den weiblichen Körper in großer Intimität: Der erhobene Arm lässt den Leib ungeschützt und gibt den Blick frei auf Busen, Bauch und Hüfte. Dieser erotischen Pose haben sich viele große Maler bedient, unter ihnen Antoine Watteau in »Dame bei der Toilette« (Abb. S. 110 links), Francisco de Goya in seiner »Nackten Maja« (1797–1800) und Gustave Courbet in »Die Badende« (1868). Dass Nolde den Frauenkörper oberhalb der Scham mit dem Bildrand abschneidet, verstärkt diese Intimität noch, da der nackte Körper nun unmittelbar an die Bildoberfläche und somit noch dichter an den Betrachter heranrückt.

Die Beziehung zwischen Frau und Mann im Bild ist nicht eindeutig. In der Körperdrehung der Frau liegen Versprechen und Verweigerung zugleich. Hat der Mann ihr gerade ein paar zärtliche Worte zugeflüstert? Oder ist ein lüsterner Mann überraschend in die Privatsphäre der Frau eingedrungen? Ist der Mann im Bild real oder spiegelt Nolde den Betrachter?

Ebenso wie der Betrachter den innerbildlichen Moment in einen Handlungszusammenhang zu stellen versucht, so komplettiert er vor seinem geistigen Auge auch den unvollständigen, nur im Ausschnitt gezeigten Frauenkörper. Nolde hat diesen als Vexierbild gemalt. Die Frau verdeckt mit ihrem linken Arm ihr Gesicht und scheint damit (fast) kopflos. Im Zusammenspiel mit dem im gleichen Neigungswinkel und gleicher Größe wie ihr Körper gezeigten Männerkopf wird ihr Leib zu einem zweiten Gesicht: Die Brustwarzen werden zu Augen, die Leistenfalte zum lachenden Mundwinkel. Diese anatomische Doppeldeutigkeit nimmt René Magritte fünfzehn Jahre später in seinem surrealistischen Gemälde »Die Vergewaltigung« auf (Abb. S. 110 rechts). Umgeben von wallendem Haar zeigt Magritte ein Gesicht, dessen Augenpaar zwei Brüste, die Nase ein Bauchnabel und der Mund ein Schamdreieck sind. Magritte verfremdet die alltägliche Welt und verbildlicht (Tag-)Träume und heimliche Gedanken, wobei er der Sexualität eine wichtige Rolle zuerkennt. Während Nolde in seinem Gemälde das Vexierbild benutzt, um ein inniges Tête-à-tête von Frau und Mann erotisch aufzuladen, thematisiert Magritte, wie am Titel seines Bildes erkennbar wird, den männlichen Blick, der die Frau zum Objekt macht, sie oftmals auf das Sexuelle reduziert und sie damit in gewisser Weise vergewaltigt. Bei Nolde hingegen bleibt die Beziehung zwischen Mann und Frau in der Schwebe. Es ist die Imagination des Betrachters, die bestimmt, ob es sich hier um Zuneigung und spielerisch-lustvolles Locken oder um ängstliche Verweigerung handelt.

Ingres, Eugène Delacroix, Jean-Léon Gérôme and John Frederick Lewis staged the Orient in harem pictures for European viewers, waking their fantasies of the harem woman's permissive sensuality and the supposed submissiveness. Lovis Corinth's "The Harem" (cat. 54) is also in this tradition. In it, he added a sitting cat in the foreground in order to emphasize the sensuous languor of the nudes. As a domesticated carnivore *en miniature,* the cat has symbolized wild compulsiveness and animalistic sexual desires ever since Edouard Manet placed a black house cat on the bed of his scandalous "Olympia" (1863). The harem woman was generally presented as a confined submissive lust object who had to make herself available at all times to satisfy a man's demands. By providing a glimpse into the hidden rooms of a Sultan's palace, the harem picture opened an escape door for the sexual desires of the European bourgeoisie that was able to loosen its strict moral corset at the picture's edge.

Emil Nolde's "Ruler", who wears a magnificent reddish and emerald green striped turban, belongs in the pictorial tradition of Orientalism and the harem picture (cat. 7). The extraordinarily modern composition of Nolde's painting deviated from the usual harem interiors made by the Salon painters. The inspiration for the painting probably came to Nolde on his expedition to the South Seas that led him to Java on the return trip in early 1914. Nolde participated in the annual circumcision ceremony in the palace at the Sultan city of Surakarta: "The wives of the Susuhunan [Sultan] sat on the sand in circular rows on a large square that was shaded by trees. He himself was nobly enthroned under a yellowish gold silken baldachin," Nolde wrote in his autobiography. "The Sultan's 300 squatting wives were not all young and beautiful; they might have been once. The whole thing had something animalistic about it, like a bull amidst his herd" (III, 115). Nolde also visited the temple complex at Borobudur, about 60 kilometres to the west of Surakarta, where he admired the "wondrously fine reliefs". Nolde rhapsodized: "These triumphantly sitting rulers, these many sitting, standing, almost always nude, occasionally dancing women with their large round breasts and nonchalant gestures of their measured, often soft, but always sensuous, beautiful bearing" (III, 115f.).

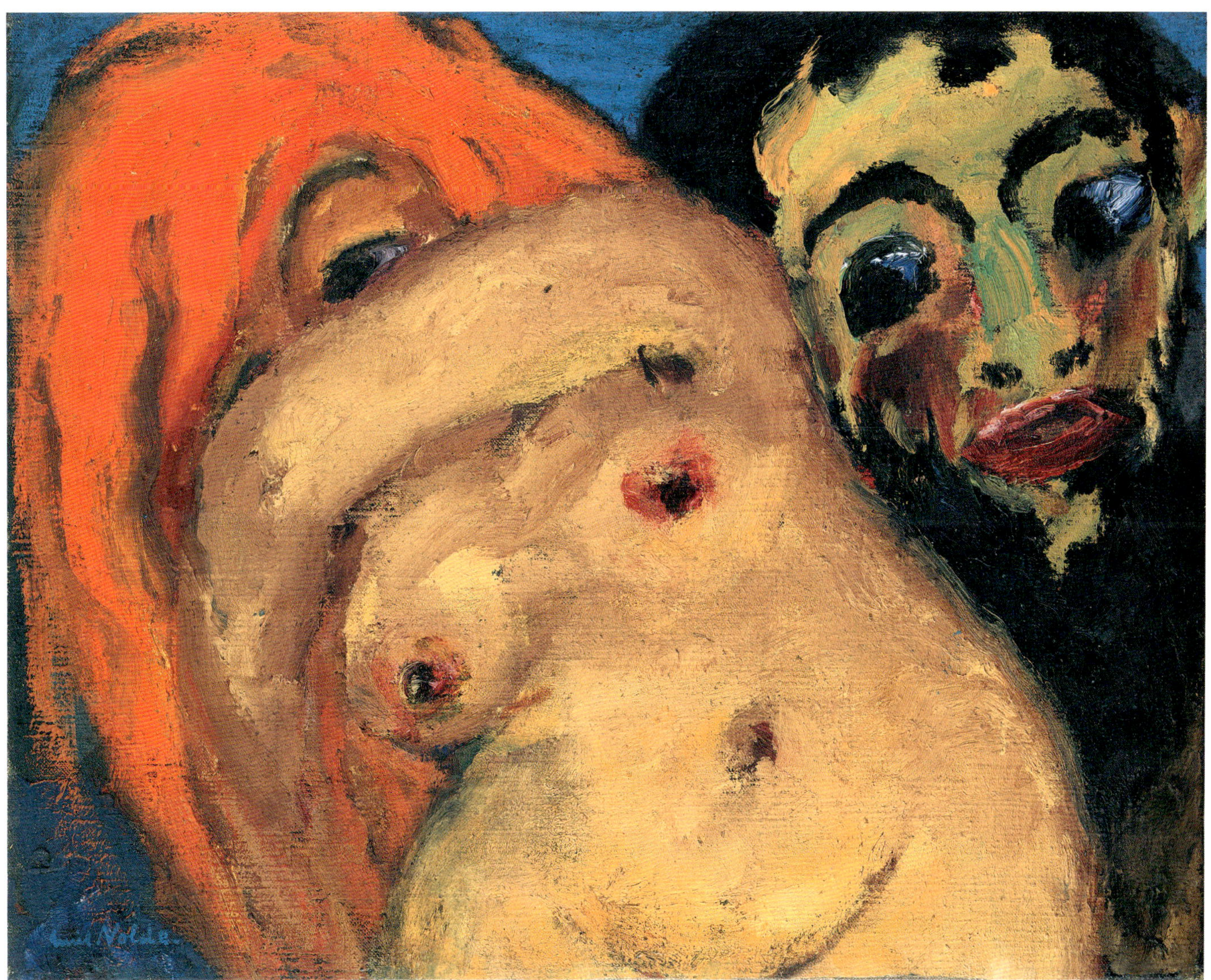

13 | »Weib und Mann I«, 1919
Woman and Man I, 1919

In Noldes Aquarell »Tier und Weib« scheint sich der Mann beim Anblick der begehrenswerten nackten Frau in ein lüstern-triebhaftes Raubtier verwandelt zu haben (Kat. 35). Der breite Stehkragen des Hemdes, die Krawatte und der Westenansatz sind noch sichtbar, während der dunkle Zwirn nahtlos in ein schwarzes Pantherfell übergeht. Mit hämischlüstern gebleckten Lefzen und steil aufgestelltem Schwanz stürzt sich das Wesen auf die erschrocken zurückweichende Frau.

Schon in jungen Jahren verbildlichte Nolde verschiedene Wesensarten von Menschen, indem er charakteristische Gesichtszüge überspitzt darstellte. So finden sich in seiner Folge von 35 Zeichnungen aus dem Lokal »Gnomenkeller« in Flensburg zahlreiche Menschen, die Tieren ähneln. »Baron von Schaf« grinst dümmlich aus seinem schafsohrähnlichen Backenbart hervor und steht damit in scharfem Kontrast zum gefährlichen Panthermann, den Nolde als Sinnbild des aggressiven männlichen Verlangens in » Tier und Weib « schuf (Abb. S. 111 links).

At first glance, Nolde seems to have depicted the sultan's two different environments in "The Ruler". The ruler's representative, official world is depicted on the left side of the painting. The Sultan is enthroned here wearing a rich, brilliant orange-coloured garment while members of the palace guard stand at attention in the middle ground. On the right-hand side of the picture, the viewer captures a glimpse of two naked women who are probably shown in a harem chamber. The composition of the painting's pictorial space is quite remarkable: Nolde does not depict the throne room at the left and the harem chamber at the right as two adjacent rooms separated by a door, a lattice window or curtains. Instead, he lets the two halves of the picture collide with each other in a manner far removed from any kind of architectural reality. The painting is

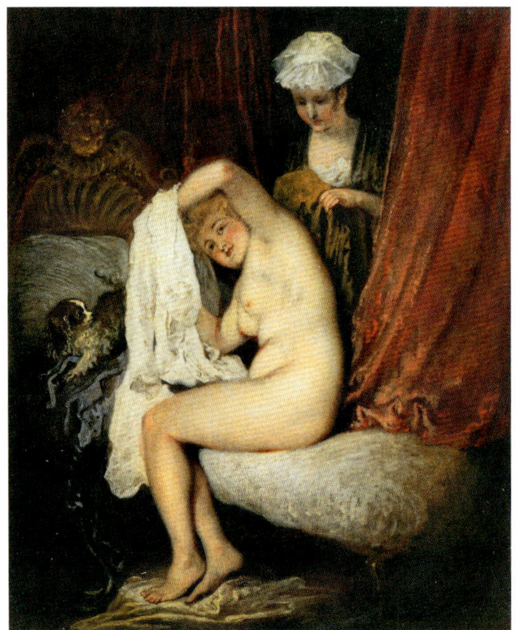

Jean-Antoine Watteau, »Dame
bei der Toilette«, um 1716/1719

Jean-Antoine Watteau, "A Lady
at Her Toilet", circa 1716/1719

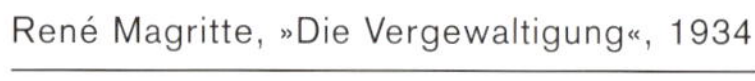

René Magritte, »Die Vergewaltigung«, 1934

René Magritte, "The Rape", 1934

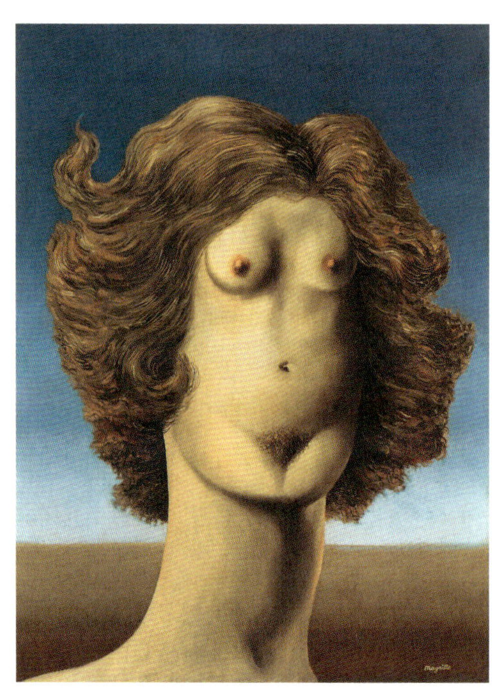

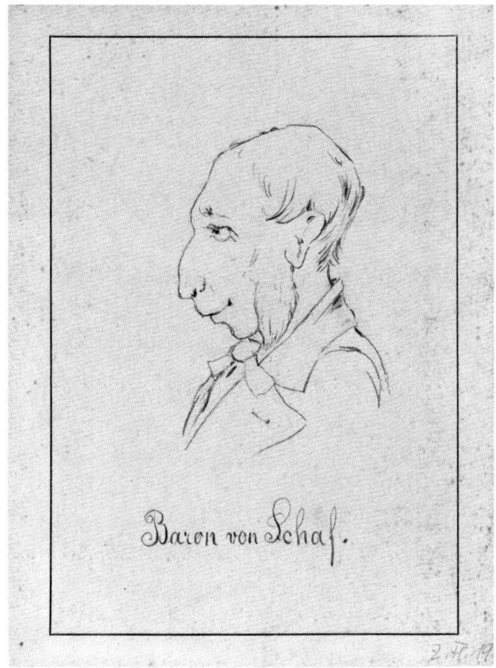

»Baron von Schaf«,
um 1885

Baron von Schaf,
circa 1885

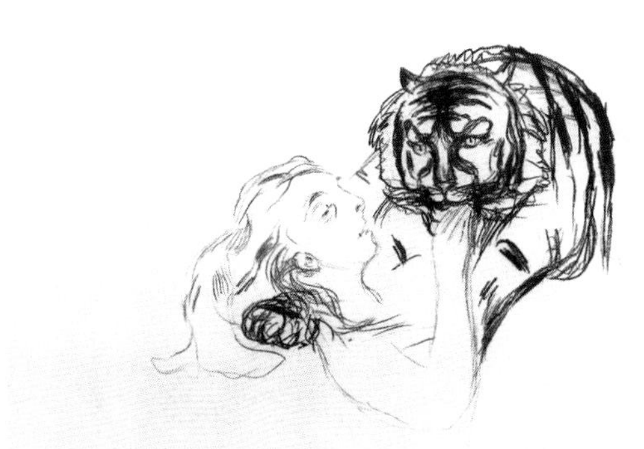

Edvard Munch,
»Der Tiger«, 1908/09
Lithographie aus der
Serie »Alpha und
Omega«

Edvard Munch,
"The Tiger", 1908/09
Lithograph from the
"Alpha and Omega"
series

Pablo Picasso wählte als Sinnbild der männliche Lust und Potenz den Stier, genauer gesagt den Minotaurus. Vor Kraft strotzend steht er als Alter Ego des Malers für die Triebhaftigkeit der Sexualität und seiner Macht gegenüber den unterwürfigen Frauen, wie in der Radierung »Bacchanal mit Minotaurus« (Kat. 55). Im Gegensatz zu Picassos von Stieren beherrschten Szenen hat der Panther in Noldes Aquarell jedoch nicht die Kontrolle über die Frau. Zu entschlossen wirkt sie: Ihr Kinn ist vorgestreckt, die linke Augenbraue herausfordernd hochgezogen, wehrhaft lodern ihre Haare und der Nacken ist kraftvoll angespannt. Mit dem Zurückweichen hat sie sich Bewegungsfreiheit vor der plötzlichen Annäherung des Pantherwesens verschafft: Ihr rechter Arm – von der unteren Bildkante verdeckt – ist frei und macht es ihr jederzeit möglich, den Panther abzuwehren oder sich zu befreien. Noldes Zusammenprall von Tier und Weib ist – wie so viele von Noldes Meisterwerken – vielschichtig angelegt und offen für verschiedene Deutungen, ohne dabei an dramatischer Intensität oder Spannung einzubüßen. Vielleicht wird die wehrhafte Frau nicht von einem lüsternen Panthermann überrascht, sondern hat als stolze Femme fatale selbst einen Liebhaber mit raubtierähnlichen Eigenschaften erwählt. Hatte Nolde nicht gut zwanzig Jahre zuvor Munchs Bildfolge »Alpha und Omega« bewundert, in der sich die Heldin verschiedenste Tiere – unter ihnen auch einen Tiger (Abb. oben rechts) – als Liebhaber nahm?

Ist Noldes »Tier und Weib« ein Sinnbild von Kraft und Stärke, so findet sich in »Amor irrt sich« das dazugehörige Gegenbild (Kat. 29). Mit Pfeil und Bogen, so erzählt die antike Sage, zielt Amor in das Herz der Liebenden und lässt es in Leidenschaft erglühen. Der vom Pfeil Getroffene entbrennt in Liebe zu demjenigen, den er als erstes erblickt. Aufgeregt flattert der kleine Liebesgott in Noldes Gemälde »Amor irrt sich« vor dem Gesicht einer Frau. Hilflos

divided solely by a thick black vertical line. This surreal clash of two worlds suggests that the room on the right-hand side of the picture does not represent an actual room in the Sultan's palace, but represent a fantastic space instead, a place of make-believe – a glimpse into an imaginary world. The view over the ruler's shoulder and the gesture with which he calls something to a halt could be interpreted as the moment when the ruler suddenly has to think about two of his harem women. That such mental images could have an almost real character for Nolde is evident from an entry in his autobiography. The painter described how he was accompanied on Hallig Hooge by his "almost visibly scurrying" (IV, 13) fantasy figures. Collapsing three-dimensional pictorial spaces and the sliding of flattish picture grounds of moments of motion on top of each other to the point of the complete fragmentation of space and form are among the characteristic features of modern painting advanced by Futurism and Cubism. In "The Ruler", Nolde combined a modern construction of pictorial space with a very traditional Orientalist pictorial motif. The result is a unique picture that simultaneously depicts reality as well as the world of thought. And these thoughts inhabited by naked women as represented by the narrow pictorial strip on the right appear to dominate the world of the powerful ruler. The woman at the left seems to ride like an elf on the shoulder that the ruler has turned to her: The outline of her leg

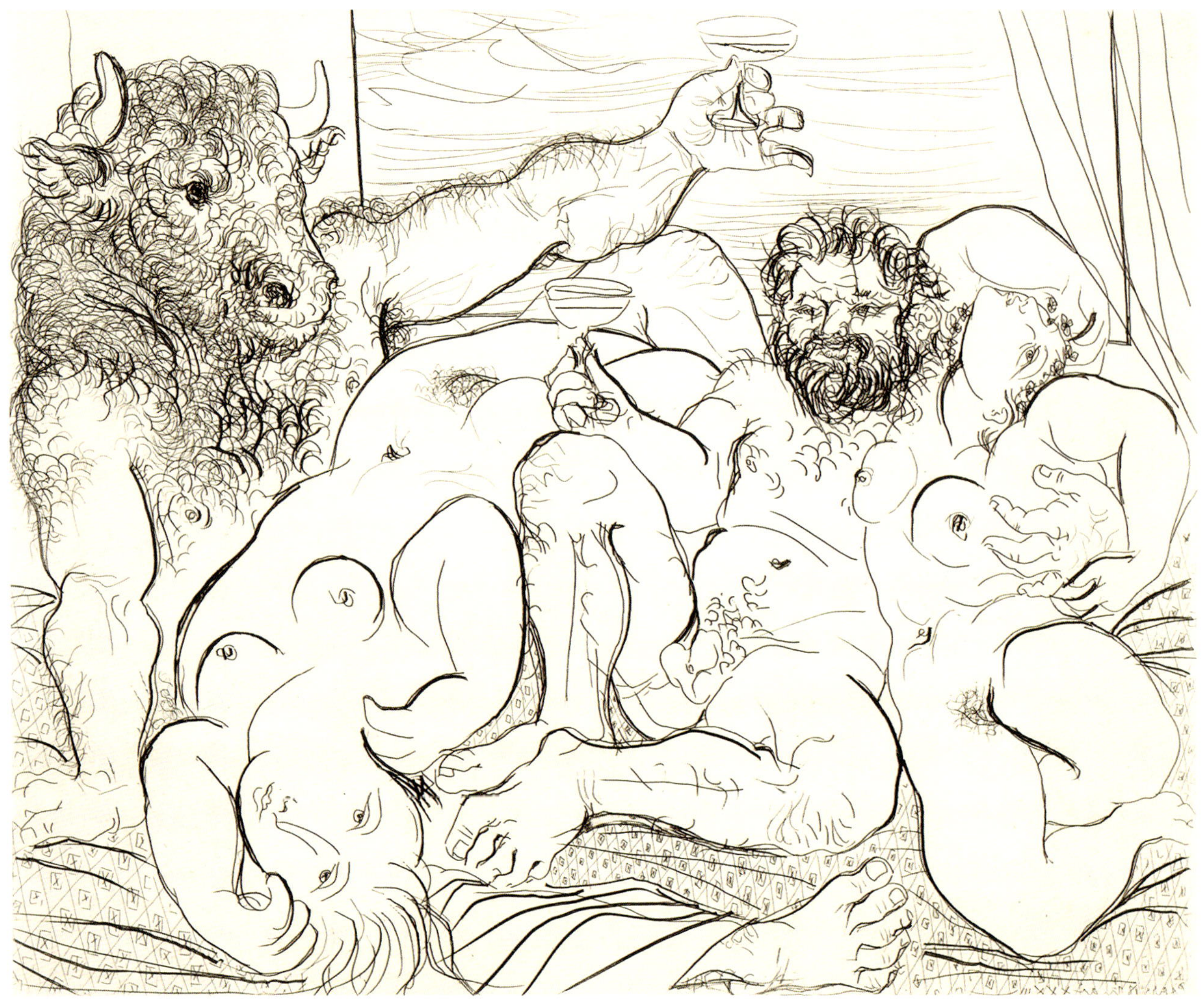

55 | Pablo Picasso, »Bacchanal mit Minotaurus«, 1933/34
Pablo Picasso, "Bacchanal with Minotaur", 1933/34

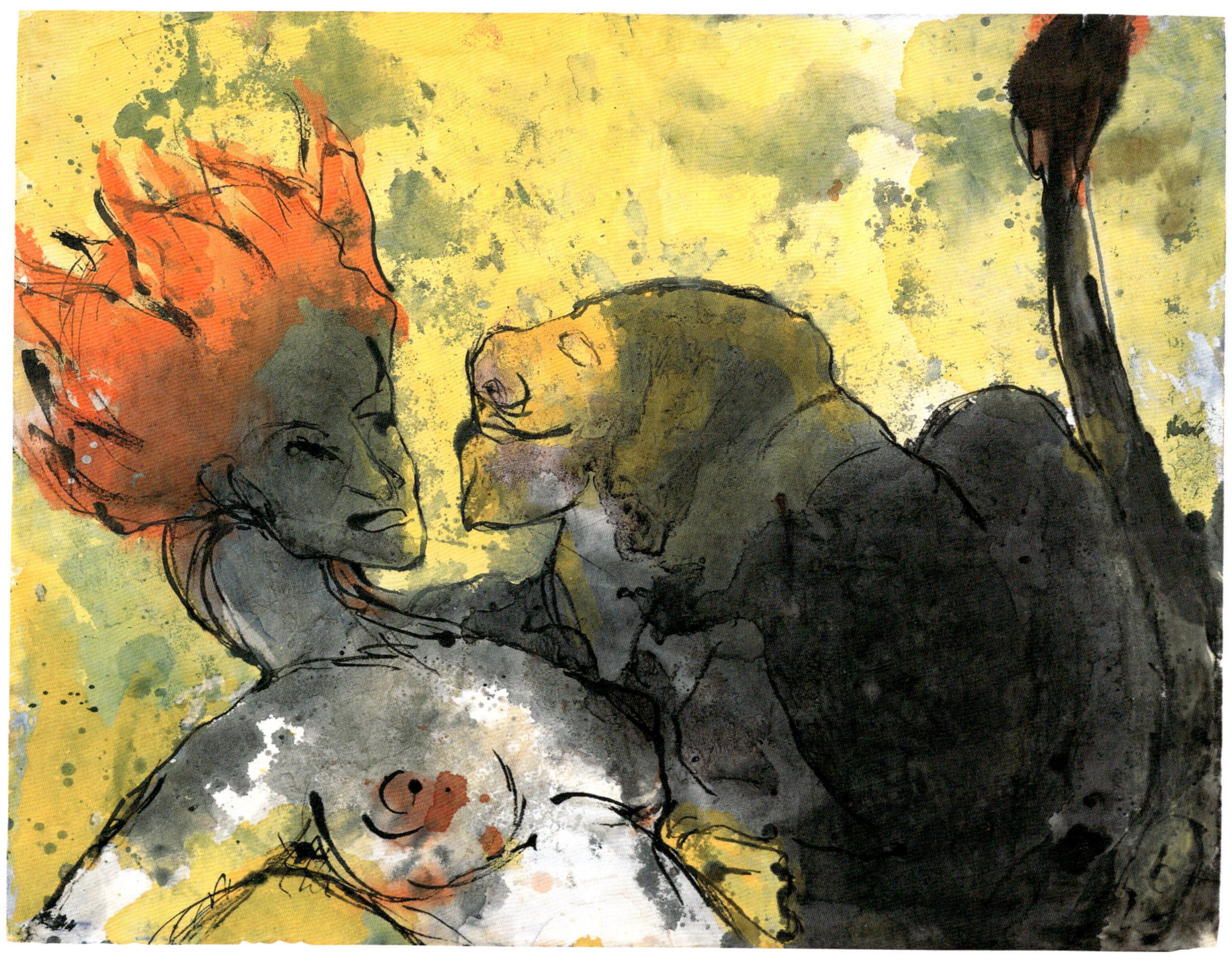

35 | Tier und Weib, 1931/1935
Animal and Woman, 1931/1935

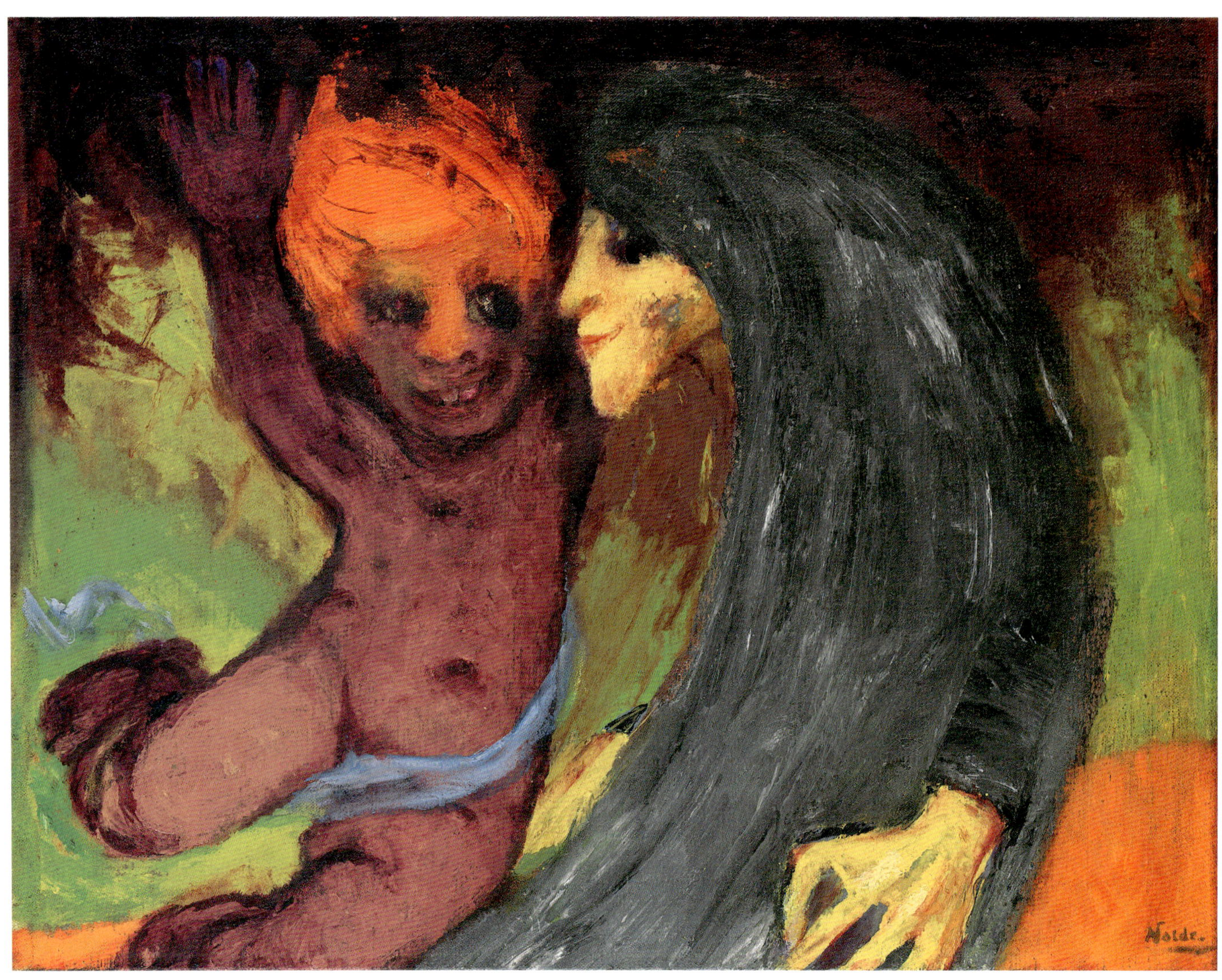

29 | »Amor irrt sich«, 1932 und 1939
Love is Blind, 1932 and 1939

und erschrocken lächelnd rudert er wild mit seinen Ärmchen in der Luft, um ihr die Sicht zu nehmen. Die Frau darf ihr Gegenüber nicht sehen, denn Amor – so erklärt es Nolde mit seinem Bildtitel – hat sich geirrt, hat seinen Liebespfeil zur falschen Zeit von der Sehne schnellen lassen.

Während Noldes Liebesgott ängstlich umherschwirrt, triumphiert Caravaggios »Amor als Sieger« mit selbstsicherer Gelassenheit über die Welt mit ihren Insignien der Wissenschaft und Künste (Abb. unten). Niemand vermag sich gegen ihn, den Sohn des mächtigen Kriegsgottes Ares und der Liebesgöttin Venus, und seine zielsicheren Pfeile zu schützen – ein mächtiger Brustpanzer liegt nutzlos auf dem Boden. Noldes Liebesgott ist im Vergleich zu Caravaggios Triumphator unerfahren, denn er irrt. Er wirkt durch seinen kleinen Körper und den großen Kopf noch wie ein Kind. Den Eindruck der fehlenden Reife verstärkt Nolde mit dem himmelblauen Schamtüchlein, das er um die Lenden des Knäbleins flattern lässt. Eigentlich sollte ein Gott der Liebe nackt sein dürfen. Schließlich schießt er das lodernde Feuer der Liebe, Leidenschaft und Begierde in die Herzen der Männer und Frauen. Mit seinem irrenden Amor verbildlicht Nolde eine weitere Facette des reichen Beziehungsspiels zwischen Mann und Frau.

continues along the black vertical line and her orange-coloured skin tone merges with the colour of the Sultan's cloak. It seems as if the women rule over this mighty Sultan; despite his presence and magnificent garments, he nevertheless seems helpless. He apprehensively ducks his head and appears as if he is about to be engulfed by his turban and robe. His back is turned unprotected to the viewer; the palace guards are in the middle ground of the picture. At second glance, the ruler is not seated on a throne with a high, imposing and protective backrest, but is enthroned rather on an open armchair, a scarcely royal, but nevertheless very modern semi-circular construction made fashionable by Art Nouveau design in the early twentieth century.

Nolde's nudes do not conform to the traditional harem women as depicted by the Orientalists: They are neither languid nor complacent, neither beautiful nor well proportioned, but this is precisely what gives them a very animated and compelling appearance. They flirtatiously focus their attention on the viewer with a direct and

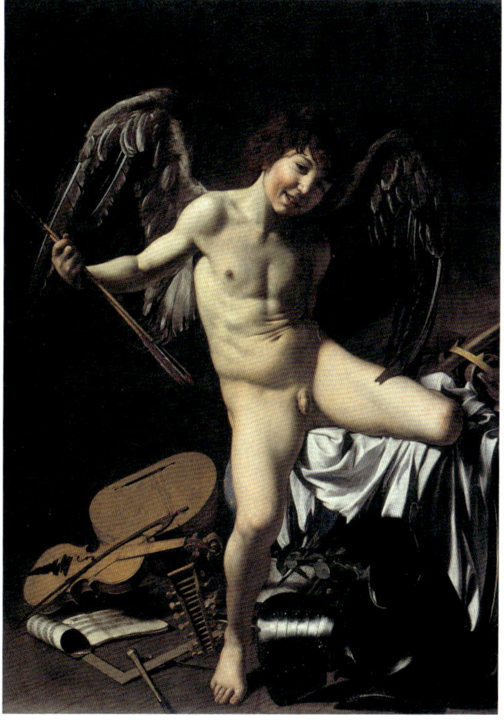

Caravaggio, »Amor als Sieger«, 1601/02

Caravaggio, "Amor as Victor", 1601/2

Rauschhaft erregend wirkt die Liebe in Noldes Gemälde »Ekstase« (Kat. 26). Auf den ersten Blick vermischt Nolde hier leibliche Lust mit spiritueller Verzückung. Einer hockenden Frau, die sich mit geöffneten Schenkeln darbietet, erscheint eine sphärische Gestalt mit loderndem Flammenhaar, die ein Kreuz in den Händen hält. »Maria Empfängnis« nannte Nolde das Gemälde ursprünglich und wollte es als eine bildliche Vergegenwärtigung von Maria Empfängnis durch den Heiligen Geist in seine Liste der »Biblischen und Legendenbilder« aufnehmen. Doch stattdessen hat Nolde dieses Frauenbildnis durch den mehrdeutigen Titel »Ekstase« verschiedenen Deutungen zugänglich gemacht.

Darstellungen einer »Ekstase« haben eine lange Bildtradition, in der Heiliges und Weltliches, göttliche Liebe und irdische Sexualität miteinander vermischt werden. In der »Ekstase der heiligen Theresa« des italienischen Bildhauers Gian Lorenzo Bernini liest sich der Pfeil, mit dem der Engel die Heilige im Augenblick ihrer spirituellen Entrückung treffen wird, als Zeichen göttlicher Liebe (Abb. S. 118 links). Gleichzeitig ist das Geschoss aber auch ein phallischer Schaft, dessen Auftreffen Theresa in lustvolle Verzückung versetzt. Von göttlicher Liebe durchdrungen zu werden, fühle sich an – so schreibt die Heilige in ihrer Autobiographie – wie bohrender Schmerz und »süßeste Liebkosung«.

So wie religiöse Ekstase in ihrer Intensität und ihrem Erfülltsein dem Moment höchster sexueller Erregung ähnelt, kann im Umkehrschluss auch ein Orgasmus – und weiter gefasst die Fortpflanzung allgemein – als heiliger Moment gesehen werden. Mit dem Augenblick der Befruchtung wird die Frau zu einer Heiligen, weil sich das Wunder der Menschwerdung in ihrem Körper vollzieht. Edvard Munch hat diesem Gedanken in seinem Werk »Madonna« bildlichen Ausdruck verliehen: Lustvoll wölbt sich eine liegende Frau in orgiastischen Wallungen dem Betrachter entgegen, der sich über sie beugt: Es sei eine Frau, »die sich hingibt und so die leidende Schönheit der Madonna erhält«, sagte Munch einmal (Abb. S. 118 rechts). Der Norweger umgab den Kopf der Frau mit einem rotglühenden Heiligenschein und verzierte den Bilderrahmen mit gigantischen Spermazellen und einem Embryo. »Ich wollte, daß die Betrachter den heiligen Moment fühlen – ich wollte, daß sie ihre Hüte abnehmen wie in einer Kirche.«

Ähnlich der Madonna von Munch ist auch die Frau in Noldes »Ekstase« in höchster körperlich-sexueller Erregung: Auf ihren Füßen hockend spreizt sie ihre Beine und schiebt ihr Becken vor. Mit großen Augen, geweiteten Pupillen und geöffnetem Mund zeigt Nolde die Frau im äußersten Spannungsmoment. Bisher wurden den roten Formen, die die untere Hälfte des Kreuzes zur linken und rechten Seite umschweben, keinerlei Beachtung geschenkt: links ein roter Wolkennebel, rechts vier blasenartige Gebilde. Betrachtet man »Ekstase« als ein Bild, mit dem Nolde die Fortpflanzung als heiligen Moment darstellen will, so werden die roten biomorphen Formen, die der Maler prominent in der oberen Bildhälfte platziert hat, zu

uninhibited glance. They have fun and laugh, but what about? Armour-clad soldiers with upright-standing lances are art historical symbols of male potency. The palace guards stand vigorously before the ruler; he is immersed in himself. Are the two harem women laughing at him and poking fun at his lack of power or virility? In terms of form and content, Nolde's painting "The Ruler" represents an extraordinary counter-image to the traditional harem pictures of his day.

"Duality has been given … an expansive position in my pictures. Together and against one another: man and woman, lust and anguish, deity and devil…," Nolde noted in his autobiography (II, 200). The painter often visualized this balance of power between man and woman in a direct juxtaposition without a scenic background. "Woman and Man II" (cat. 14) belongs to the wideranging thematic group of paintings comprising two figures in which Nolde confronted (nude) women with bearded men or warriors (see cat. 8 and cat. 15). Nolde's "Woman and Man II" and Lovis Corinth's "The Harem" both focus on the touching of an exposed breast. Corinth shows one of the women lifting her ample bosom with her arm, depicting the skin as something almost tangibly soft and with a rosy warm glow. In Nolde's picture, a man reaches for a woman's breast and cups it in his hand. While the man has mischievously turned his head to the side and seems to breathe with excitable joy through his open mouth, Nolde's woman does not react to the touch. She stands rigid. Nolde seems to be following the then common notion that masculinity differentiates itself from docile and devout femininity by means of strength, a thirst for action and sexual drive. As regards motif, "Woman and Man II" belongs to the old pictorial tradition of knights and nudes that includes such works as Lucas Cranach the Elder's "The Judgment of Paris" (1512–1514), Peter Paul Rubens's "The Triumph of Victory" (1614), Max Slevogt's "Knight and Women" (1903) and Lovis Corinth's "The Victor" (1910). In these scenes, the women represent either the spoils of the man's (sexual) forays, someone seeking protection or the prize awarded to a victorious warrior.

The man in Nolde's painting, however, only holds the upper hand at first glance. Although the woman remains immobile, she dominates the situation. She exudes such a strong seductive attraction on the man opposite her

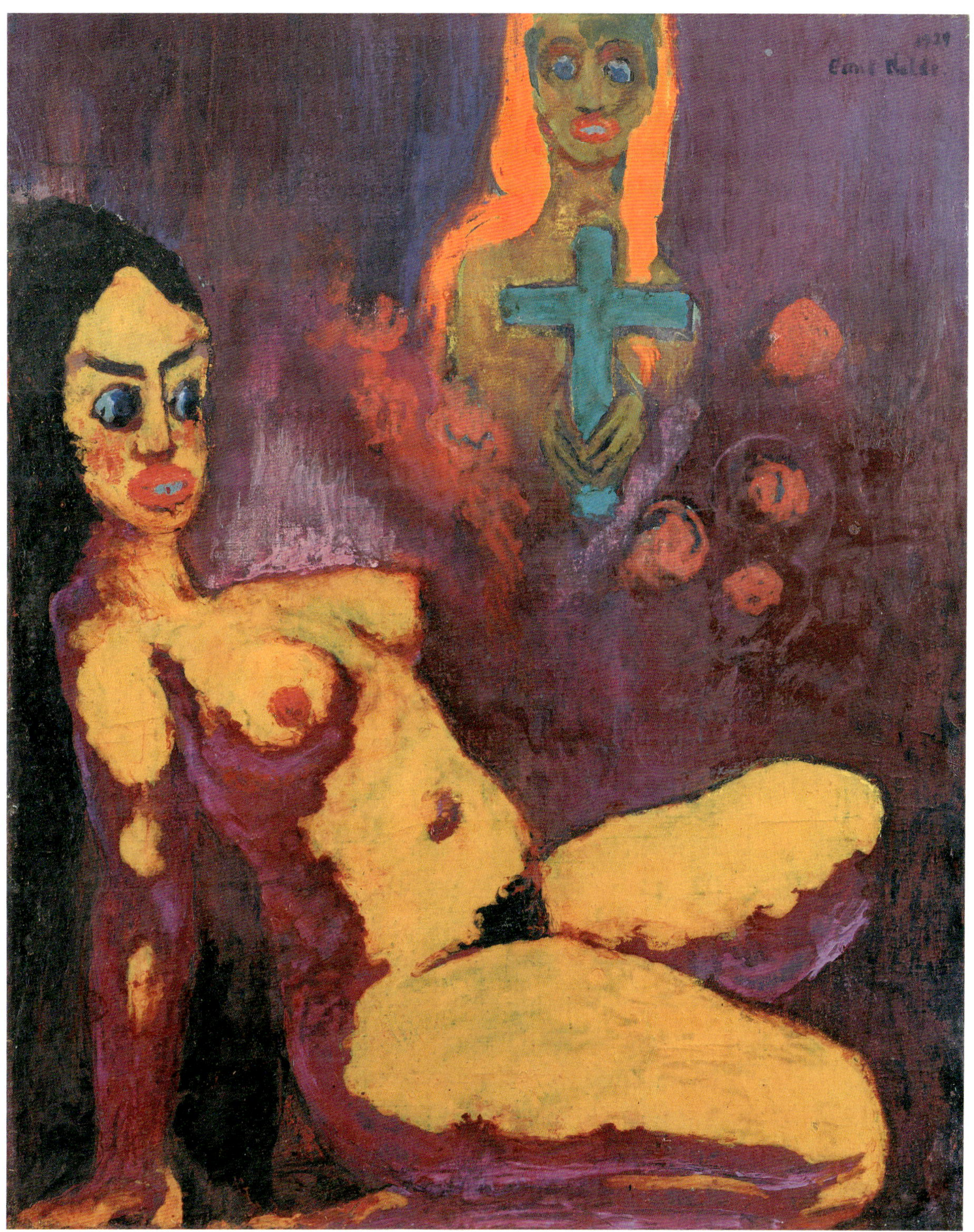

26 | »Ekstase«, 1929
Ecstasy, 1929

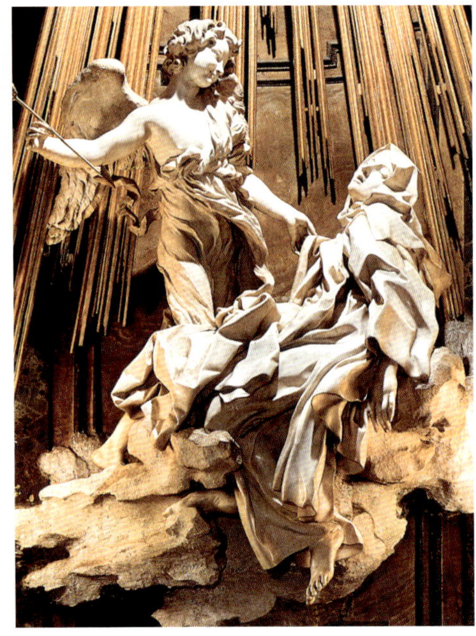

Gian Lorenzo Bernini, »Die Ekstase der
heiligen Theresa«, um 1645/1652 (Detail)

Gian Lorenzo Bernini, "Ecstasy of
St. Teresa", circa 1645/1652 (detail)

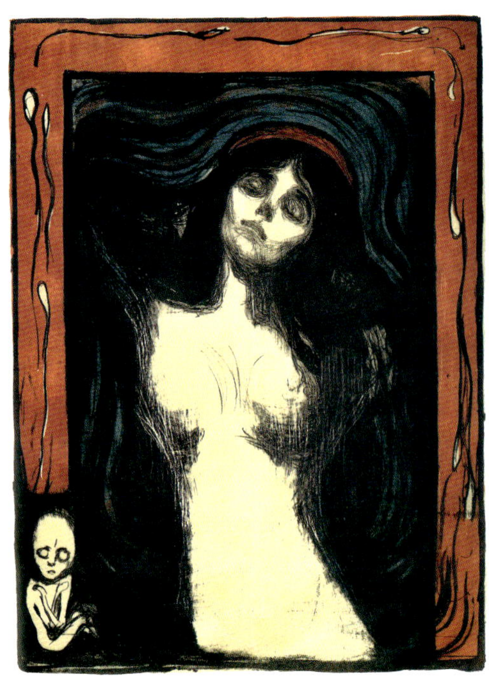

Edvard Munch, »Madonna«, 1895–1902

Edvard Munch, "Madonna", 1895–1902

einem möglichen Schlüssel der Interpretation: Links vom Kreuz schwebt, mit dem Schoß der Frau verbunden, eine rotfarbige Wolke, vielleicht Menstruationsblut darstellend. Die vier Blasen rechts des Kreuzes erinnern an makroskopisch vergrößerte Eizellen oder kleine Fruchtblasen. Nolde zeigt eine Menschwerdung außerhalb des weiblichen Körpers, zeigt ihn als heiligen Moment, als ein Wunder göttlichen Wirkens.

Man fühlt sich an Frantisek Kupkas »Das Prinzip des Lebens« erinnert, worin der tschechische Maler den Anfang neuen Lebens in den Mantel eines pantheistischen Biosymbolismus hüllt: Zwischen den schwimmenden Blättern einer Riesenseerose öffnet sich in goldenem Schimmer eine Lotusknospe und gibt einer von Strahlen umgebenen Form, einer Art kosmischen Eizelle, Leben – die Lotusblüte gilt in der Theosophie als Symbol des Geistes (Abb. S. 119 links). Diese Zelle ist wiederum über eine Nabelschnur mit einer Fruchtblase verbunden, in der ein menschlicher Embryo schwimmt.

Indem Nolde eine erregte nackte Frau und das christliche Symbol des Kreuzes in ein und demselben Bild vereint, stellt er die weibliche Sexualität als etwas Heiliges dar und bricht mit der Vorstellung, körperliche Lust sei mit christlicher Moral nicht vereinbar. Das grün-blaue Kreuz ist also weniger Mahnung vor einem »sündigen« Leben als vielmehr das christliche Schutzsymbol, Zeichen des neutestamentarischen Gottes, der nicht versöhnt werden muss,

that he feels compelled to touch her. The woman also dominates the scene to the extent that her lack of motion suggests self-control and superiority. She looks past the man, not acknowledging him at all for the time being. She self-assuredly stands naked and upright before the bearded man, enduring his initial approaches with a cool, almost aristocratic composure.

Faces of Ecstasy

The dramatic composition of Nolde's "Woman and Man I" has a special place in the painter's representations of couples because of its pronounced dynamism. In a very condensed pictorial space, a naked woman with red hair presents her body to the viewer's glance (cat. 13). Next to her, an oversized male head coaxes its way into the picture, observing the woman's body with large eyes. Nolde provides a very intimate glimpse of the female body: Her raised arm leaves the body unprotected, exposing breasts, stomach and hips. Numerous great painters have employed this erotic pose, among them Antoine Watteau in "A Lady at Her Toilet" (fig. p. 110 left),

sondern seine Geschöpfe und all ihr Treiben und Tun mit Wohlwollen betrachtet. Das Spannungsverhältnis zwischen Sexualität und christlicher Morallehre lässt Nolde aber in seinem Gemälde bestehen, verleiht es seinem Werk doch eine anhaltend provozierende Intensität.

Die widersprüchliche Haltung der Kirche zum menschlichen Körper und insbesondere zur Körperlichkeit Christi thematisiert der amerikanische Fotograf Andres Serrano in seinem »Immersion (Piss Christ)«, einem in Urin und Blut schwimmenden Kruzifix: Einerseits haben Körper und Blut Christi – wie beim Abendmahl – zentrale Bedeutung, während die Kirche andererseits darauf bedacht ist, das Körperliche – insbesondere Sexualität – weitgehend auszublenden (Abb. unten rechts). Mit seinem »Piss Christ« gelingt es Serrano auf erschütternde Weise, dem Leid und der Entwürdigung Christi während seiner Passion bildlichen Ausdruck zu geben. Nolde wie Serrano sehen das Körperliche und Menschliche nicht außerhalb des Religiösen, sondern als einen wichtigen, ihm innewohnenden Teil.

Francisco de Goya in his "Naked Maja" (1797–1800) and Gustave Courbet in "The Bather" (1868). That Nolde cropped the woman's body just above the genitalia with the lower edge of the picture heightens this intimacy even further because the naked body has now been moved even closer to the surface of the picture, and thus into closer proximity with the viewer.

The relationship between the woman and the man is ambiguous. The twisting of her body simultaneously suggests promise and refusal. Did the man just whisper a few tender words in her ear? Or has a lecherous man surprisingly penetrated the woman's private sphere? Is the man in the picture real or is Nolde reflecting the viewer? Just as the viewer attempts to place the inner pictorial moment in the context of a storyline, he also completes

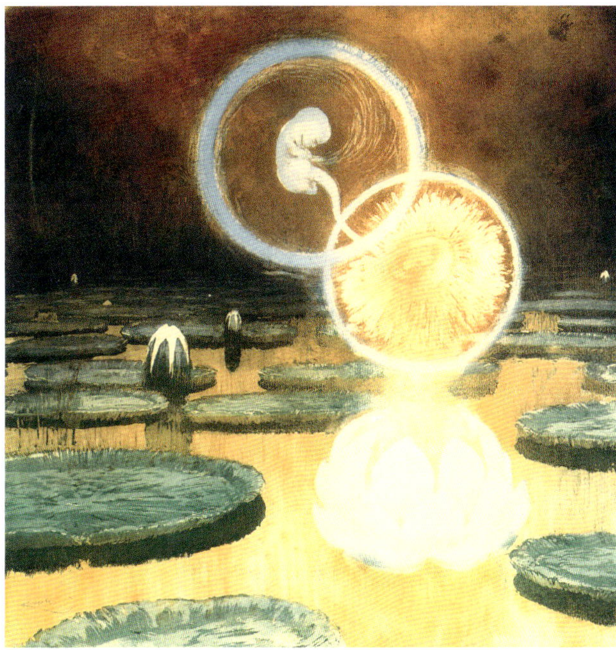

Frantisek Kupka, »Das Prinzip des Lebens«, 1900–1903
Frantisek Kupka, "The Principle of Life", 1900–1903

Andres Serrano, »Immersion (Piss Christ)«, 1987
Andres Serrano, "Immersion (Piss Christ)", 1987

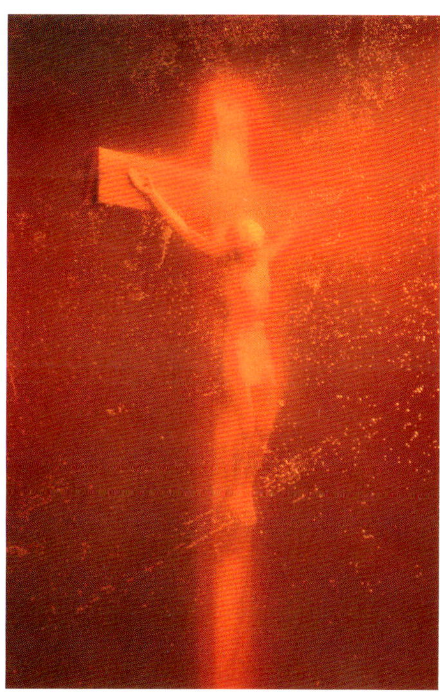

Ekstatisch wirbeln Noldes »Kerzentänzerinnen« umeinander und zeigen die Faszination des Malers für den modernen Ausdruckstanz (Kat. 4). Frei von allen Schritt- oder Figurenvorgaben lassen diese Tänzerinnen ihre rhythmischen Bewegungen in der Körpermitte entstehen und geben ein Bild rauschhafter Gefühle – und entfesselter Erotik. »Wie war sie wild und schön, das Weib, mit ihrer Gebärde uns aufregend, in ihrem lichten Kleid«, erinnert sich Nolde an einen Kabarettbesuch in Montmartre. »… die Erotik ihrer Gebärde … war der schmeichelnde Ausdruck aller Laster und Greuel auf Erden.« (I, 203)

Der Ursprung der »Kerzentänzerinnen« liegt sicherlich in Loïe Fullers legendärem »Dance de Feu«, den sie 1896 erstmalig aufführte. Nolde sah Fuller in Paris tanzen, wie auch Isadora Duncan und Saharet; mit Mary Wigman war er befreundet, mit Gret Palucca schloss er Bekanntschaft. In ihrem »Dance de Feu« stand Fuller vor dunklem Bühnenhintergrund auf einer etwa einen Quadratmeter großen Glasplatte, durch die sie von unten mit verschiedenen Farben des Feuers beleuchtet wurde. Mit ihrem Serpentinentanz in weiten Gewändern erweckte Fuller den Eindruck eines immer wieder auflodernden und in sich zusammenfallenden Feuers.

Auch Noldes Zeitgenosse Ludwig von Hofmann konnte sich der Faszination dieses Tanzes nicht entziehen (Abb. unten). In seinem kleinen »Flammentanz« kehrt Hofmann das Fullersche Prinzip um, deren Kleid in völliger Dunkelheit in Feuerfarben leuchtete, und lässt die sich in Hodlerscher Manier verfünffachte Tänzerin mit dunklem Gewand vor einem feurig lodernden

in his mind's eye the fragmentary, only partially depicted woman's body that Nolde painted as a picture puzzle. The woman covers her face with her left arm and thus appears (nearly) headless. In the interaction with the man's head shown at the same inclination and the same size as her body, that body turns into a second face: The nipples become eyes, the crease of the groin into a smiling mouth.

René Magritte made use of this anatomical ambiguity some fifteen years later in his Surrealistic painting "The Rape" (fig. p. 110 right). Magritte depicts a head, surrounded by flowing hair, in which the breasts form the eyes, the naval represents the nose and the pubic triangle the mouth. Magritte alienated the everyday world, visualising (day) dreams and secret thoughts, whereby he allotted an important role to sexuality. While Nolde made use of such a picture puzzle in his painting in order to erotically charge an intimate tête à tête between a man and a woman, Magritte, as the title of his picture indicates, dealt with the male glance that turns the woman into an object, often reducing her to a purely sexual level and thus raping her to a certain extent. In Nolde's case, however, the relationship between the man and the woman remains in abeyance. The viewer's

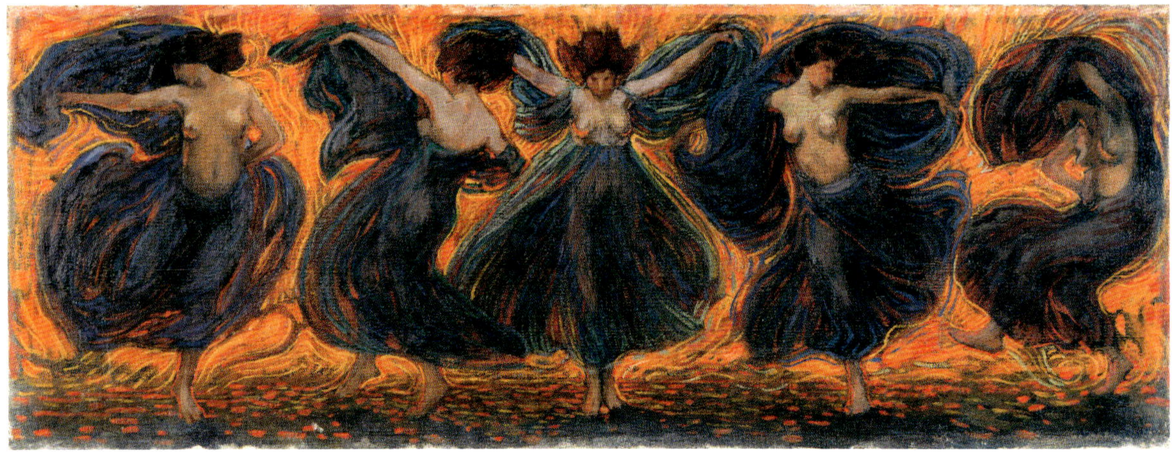

Ludwig von Hofmann, »Flammentanz«, 1884

Ludwig von Hofmann, "Fire Dance", 1884

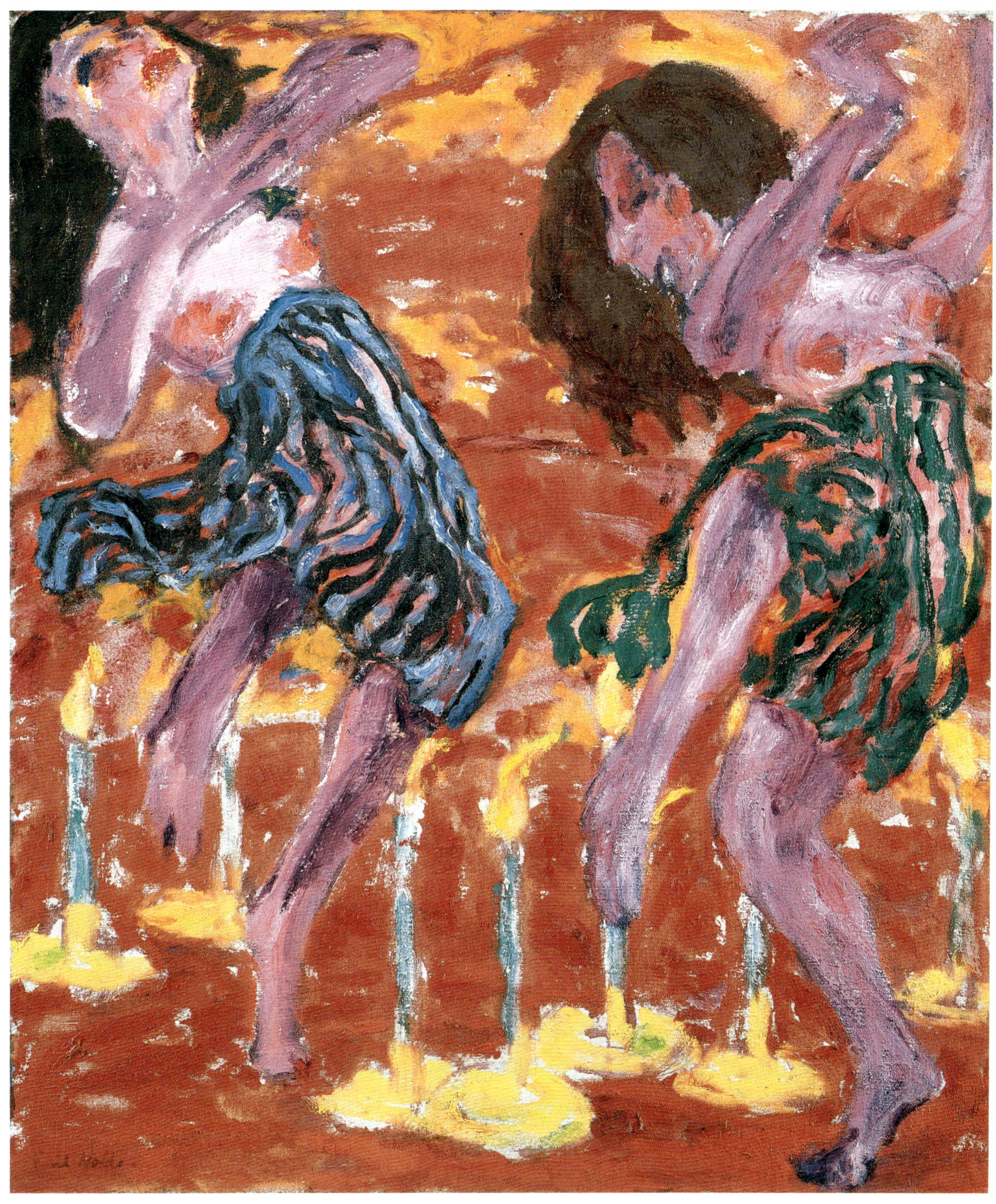

4 | »Kerzentänzerinnen«, 1912
Candle Dancers, 1912

Hintergrund wirbeln. Hofmann gibt seinem Tanz eine starke erotische Dimension, indem er die Tanzenden barbusig zeigt. Nolde kannte Hofmann als Vorstandsmitglied der Berliner Secession, in die er im Januar 1908 aufgenommen wurde, und wahrscheinlich auch dessen kleines Gemälde. In seinen »Kerzentänzerinnen« konzentriert sich Nolde auf die Bewegungen von zwei Frauen. Wild mit blankem Busen und offenem Haar tanzend, gleichen Noldes Frauen rasenden Mänaden, den mythologischen Begleiterinnen des Dionysos, dem griechischen Gott des Weins und der Fruchtbarkeit. In vielen seiner Gemälde und Graphiken lässt Nolde Frauen um Lagerfeuer und Fackeln tanzen – doch nur in diesem einen Ölbild tanzen sie um Kerzen. Durch den Größenkontrast verstärken die sieben kleinen Miniaturfeuer die raumgreifende Dimension der orgiastischen Raserei: Lebensgroß und um ein Vielfaches heißer finden sich die kleinen Flämmchen in den zuckenden Körpern der Tänzerinnen wieder. Mit ihrem leidenschaftlichen Tanz – das Gesicht der rechten Tänzerin glüht regelrecht – haben die Kerzentänzerinnen auch den Bildraum in Brand gesetzt, der von Orange durchpulst glutrot lodert. Nolde sah sich mit dem Problem konfrontiert, wildeste Tanzbewegungen darzustellen, ohne dabei die Figuren in ihren Posen erstarren zu lassen. Wie schon in seinem »Meerweib« setzte Nolde die Ausdruckskraft über die naturgetreue Abbildung und verhüllte so kurzerhand die anatomisch nicht korrekt dargestellten Körperpartien seiner »Kerzentänzerinnen« von der Hüfte abwärts bis zum Knie mit luftigen Röckchen.

Die Erotik ist ein zentrales Motiv vieler maßgebender moderner Maler. 1863 malte Edouard Manet eine nackte Frau, die mit zwei Männern picknickt. Manets »Frühstück im Grünen«

imagination determines whether the scene concerns affection and a playful, lusty enticement or an apprehensive rejection.

In Nolde's watercolour "Animal and Woman", the man seems to have turned into a lecherous, libidinous carnivore at the sight of the desirable naked woman (cat. 35). His wide stand-up collar, the tie and a part of the vest are still visible while the dark cloth he wears seamlessly merges into a black panther fur. The panther-like being lunges upon the startled flinching woman with sardonically bared lecherous lips.

Even as a young man, Nolde visualized various types of people by depicting them with exaggerated characteristic facial features. In his suite of 35 drawings made in the Flensburg restaurant "Gnomenkeller", we thus find numerous people who resemble animals. "Baron von Schaf" grins inanely from behind his whiskers resembling sheep's ears and thus stands in sharp contrast to the dangerous male panther created by Nolde to symbolize aggressive male desires in "Animal and Woman" (fig. p. 111 left).

Pablo Picasso chose the bull, more precisely the Minotaur, as the symbol of masculine lust and potency. Abundant with energy, it stands as the painter's alter ego regarding the compulsiveness of sexuality and his power

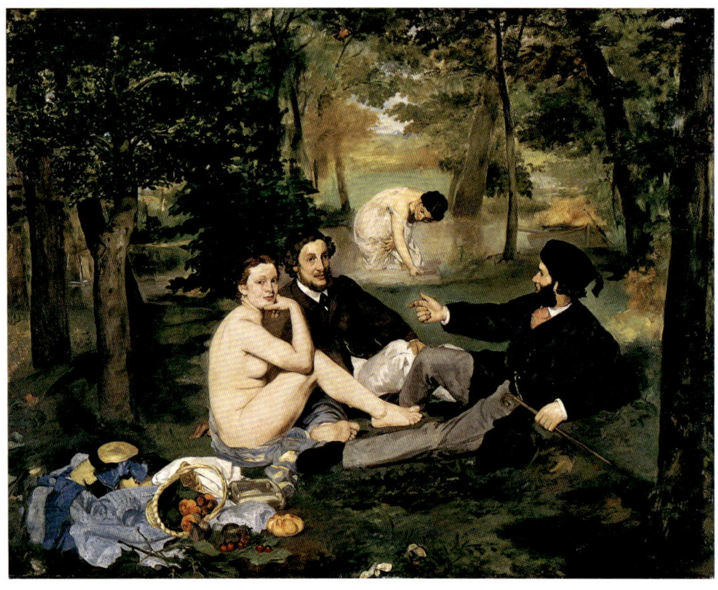

Edouard Manet, »Frühstück im Grünen«, 1863

Edouard Manet, "The Luncheon on the Grass", 1863

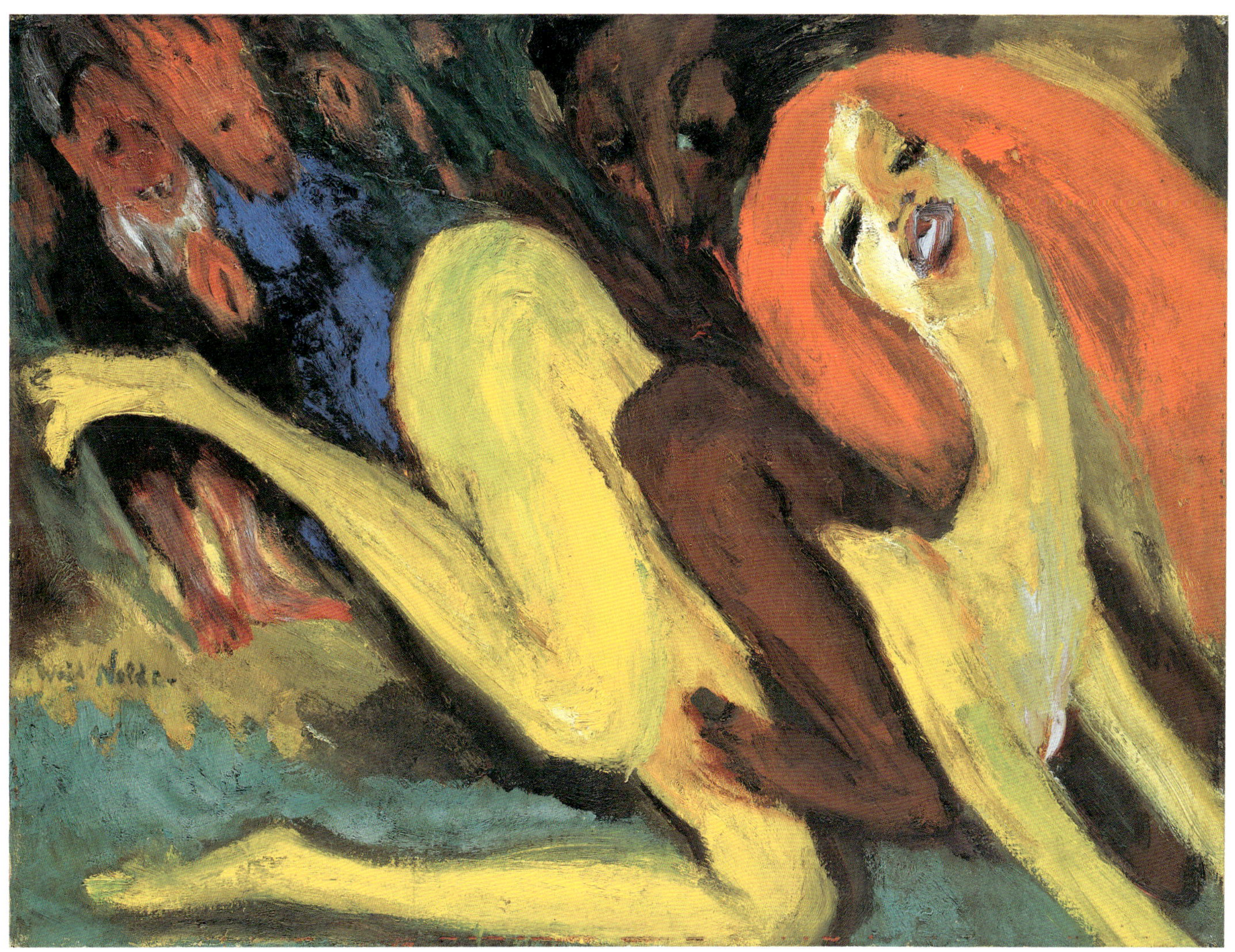

17 | »Tolles Weib«, 1919
Raving Woman, 1919

Manet eine nackte Frau, die mit zwei Männern picknickt. Manets »Frühstück im Grünen« sprengte alle Grenzen des damaligen guten Geschmacks: Manets Frau ist kein stiller Akt aus einer Akademiemalstunde, keine heimliche Gespielin aus der Boudoir-Malerei und auch keine unterwürfige Odaliske aus der Haremswelt der Orientalisten (Abb. S. 122). Manet zeigt seine Nackte als selbstbewusste und in der Gruppe gleichberechtigte Frau. Mit Manets Bild begann sich ein neuer Frauentypus in der Kunst zu zeigen. Starke Frauen, die das Bildgeschehen mitbestimmen oder sogar beherrschen, finden sich in den selbstbewussten, gefährlichen Femme fatales der Jugendstilmaler ebenso wie in den dramatischen Skulpturen von Auguste Rodin oder in den unerbittlichen Schicksalsfrauen von Edvard Munch. Mit provokant erotischen Motiven lief die Avantgarde Sturm gegen überkommene Anstandsvorstellungen. Während Nolde in seinen »Kerzentänzerinnen« die sexuelle Ekstase metaphorisch umschreibt, verbildlicht er sieben Jahre später die sexuelle Leidenschaft einfach und direkt und ohne anekdotischen Schleier. Noldes »Tolles Weib« ist liebestoll (Kat. 17). Ihre gespannte Körperhaltung, ihr zurückgeworfener Kopf, die geschlossenen Augen und der geöffnete Mund zeigen die Heftigkeit der entfesselten weiblichen Lust. Das Paar ist ein Gliederknäul, das sich hastig, wild und leidenschaftlich ineinander knotet. Noldes »Tolles Weib« rückt wegen ihrer zügellosen Leidenschaft ikonographisch in die Nähe von Platons *Aphrodite Porne* – der Liebesgöttin der Lust. Die stürmische Leidenschaft der sexuellen Vereinigung verbildlicht Nolde, ohne dabei in das Obszöne abzugleiten. Die Intensität des Liebestaumels drückt Nolde nur mit innerbildlicher Bewegung und Spannung, mit lebhafter Malweise und dynamischer Komposition aus. Noldes Paar mag an die sexuelle Akrobatik in der erotischen Graphik Japans erinnern, die er vielleicht im Umfeld seiner Südseeexpedition kennengelernt hat. Allerdings lässt Nolde seine Liebesakrobatik nicht wie die japanischen Künstler in einer allumfassenden Künstlichkeit versinken, sondern verankert den Liebestaumel mit leuchtenden Farben in einer vorstellbaren Welt.

Das leidenschaftliche Treiben spielt sich vor einer Gruppe von Gaffern mit weit aufgerissenen Augen ab. Vielleicht sind die Figuren im Hintergrund Personifikationen der gesellschaftlichen Zwänge und moralischer Vorbehalte, die Anstoß an freiem, lustvollem Erleben von Sexualität nehmen. In seinem Bild »Freigeist« (1906) hatte Nolde schon einmal Denkmustern menschenähnliche Gestalt gegeben: »Mitten im Bild steht der Freigeistige. Lob zur Linken, Nörgeln und Tadel zur Rechten, – es alles berührt ihn nicht.« (II, 100)

»Lebensreife«

Ähnlich wie die »Ersten Menschen« und die »Verkündigung« strahlt auch Noldes »Lebensreife« eine stille Harmonie aus (Kat. 28). Wo sonst liebestolle Weiber mit Männern in lustvollem Nahkampf stehen oder rothaarige Frauen sich lüsterner Pantherwesen erwehren müssen,

over submissive women, as can be seen in the engraving "Bacchanal with Minotaur" (cat. 55). Unlike Picasso's scenes dominated by bulls, the panther does not have control over the woman. She appears too resolute; her chin is thrust out, the left eyebrow is arched demandingly, her hair blazes defensively and the neck is tensely powerful. By drawing back, she has gained some mobility against the panther-like creature's sudden approaches: Her right arm, cut off by the lower edge of the picture, is free, enabling her at any time to defend herself against the panther or free herself. The clash between animal and woman, like so many of Nolde's masterpieces, is laid out ambiguously and is open for various interpretations without losing any of its dramatic intensity or tension. Perhaps the watchful woman was not surprised by a lusting male panther but chose instead, as a proud femme fatale, a lover with carnivore-like characteristics. Hadn't Nolde, after all, admired Munch's "Alpha and Omega" about twenty years earlier, the suite of pictures in which the heroine took on various animals – including a tiger (fig. p. 111 right) – as lovers?

If Nolde's "Animal and Woman" is an emblematic image of force and strength, the corresponding counterpart can be found in his painting "Love is Blind" (cat. 29). As related by the ancient myth, Cupid aims at the hearts of lovers with his bow and arrow, causing them to glow with passion. Whoever is struck by the arrow falls in love with the first person he sees. In "Love is Blind", the small god of love flutters excitedly in front of a woman's face. Helpless and with a startled smile, he waves his arms in the air to block her view. The woman is not allowed to see who is opposite her because Cupid, as Nolde explains in the title of his picture, erred when he shot off the arrow of love at the wrong time.

While Nolde's god of love flusters about uncertainly Caravaggio's "Amor as Victor" triumphs with confident composure over the world with its insignias of science and the arts (fig. p. 115). No one can protect himself against the unerring arrows of Cupid, the son of Ares, the mighty god of warfare, and Venus, the goddess of love – an imposing cuirass lies useless on the ground. Compared to Caravaggio's triumphator, Nolde's god of love is clearly still inexperienced, because he has made a mistake. His small body and large head indicate that he is still a child. Nolde underscores the impression of immaturity with the

schafft Nolde mit seiner »Lebensreife« das Abbild einer gereiften Beziehung zwischen Mann und Frau. Dem Gesicht des Mannes sehr nahe schimmert in blauem Gegenlicht der dunkelrote Mund der Frau in Höhe seines Ohres. Leicht neigt er ihr seinen Kopf zu. Hat sie ihm gerade etwas ins Ohr geflüstert, oder ihn nur still auf die Schläfe geküsst? Ein wenig nachdenklich schaut der bärtige Mann am Betrachter vorbei. »Lebensreife« besticht durch die von Nolde meisterhaft verwendeten Gegensätze sowohl in der Wahl der Motivdetails als auch der farblichen Ausgestaltung. In ihrem leisen Zusammenspiel verleihen diese Spannungen und Gegensätze der großen Harmonie des im Bild festgehaltenen Augenblicks eine feine Lebendigkeit. So zeigt Nolde den Mann en face und die Frau im Profil, wobei sich ihre Köpfe silhouettenhaft vor dem leuchtend-blauen Hintergrund abzeichnen. Der wuchtigen Gestalt des Mannes setzt der Maler die weibliche Feingliedrigkeit von Nase, Kinn und Hals der Frau entgegen. Streiflicht fällt auf die bärtige Gesichtshälfte des Mannes und lässt auch den vollen Busen der Frau aufleuchten. Der sinnliche Mittelpunkt des Bildes ist der in warmem Ocker schimmernde, entblößte Busen. Im Gegensatz zu den warmen Farbtönen des nackten Busens steht die Kühle des blauen Hintergrundes und der in violett-grünem Halbschatten liegenden Körperpartien. Nolde rückt mit seiner dramatischen Lichtführung den männlichen Vollbart und den weiblichen Busen ins Licht. Eine leise knisternde Erotik, die den Wunsch der Frau zu verführen offenbart, strahlt das Gemälde aus. Nolde zeigt in seiner »Lebensreife« und der thematisch zugehörigen Holzfigur »Doppelfigur, Mann und Frau« (Kat. 45) und seinem Gemälde »Traum« (Kat. 31) ein in Harmonie lebendes, reifes Paar. »Lebensreife« bildet in dieser kleinen Motivgruppe der Sehnsuchtdarstellung den Höhepunkt, kündet es doch mit seinem von warmem Licht durchstrahlten geheimnisvollen Dämmer vom zeitlosen Zauber der Liebe.

Die Frage nach Nähe und Begehren stellt auch Eric Fischl in seinem Gemälde »The Philosopher's Chair« (Kat. 57). Ein älterer Mann steht in einem Schlafzimmer und blickt nachdenklich auf den Boden. Im Vordergrund nestelt eine halbnackte Frau am Reißverschluss ihres Rocks. Unklar ist, ob sie sich anzieht oder auszieht. Dass in Fischls Gemälde die Frau kein Gesicht hat, also austauschbar ist, gibt Anlass zur Vermutung, der Maler stelle nur eine flüchtige Liaison dar und nicht einen Moment in einer dauerhaften Beziehung. Die Lust allein steht im Zentrum der Szene – der Hosenschlitz des Mannes ist offen. Fischl wählt allerdings einen Bildmoment, in dem der Mann unschlüssig verharrt und die Hände in seinen Taschen vergräbt. Was aber lässt den Mann innehalten und sinnierend auf den Sessel in der Bildmitte starren? Während Nolde in seiner »Lebensreife« die körperliche und geistige Nähe eines Paares verbildlicht, herrscht bei Fischl Distanz. Wie ein Hindernis steht der Sessel trennend zwischen Mann und Frau, die an gegenüberliegenden Seiten des Raumes verharren. Das kalte, gleißende Licht, das von rechts in den Raum dringt, lässt die zwischen Mann und Frau

sky-blue loincloth flapping around the boy's waist. The god of love should in fact be portrayed naked as he is, in the end, the one who shoots the flaring fire of love, passion and desire into the hearts of men and women. With his erring Cupid, Nolde visualized a further facet in the abundance of games played out in the relationship between man and woman.

Love appears in a stunningly arousing manner in Nolde's painting "Ecstasy" (cat. 26). At first glance, Nolde appears to combine carnal lust with spiritual rapture. A spherical figure with fiery hair holding a cross appears before a squatting woman who presents herself with open thighs. Nolde originally named the painting "The Conception of the Virgin" and intended to include it in the list of his "Biblical and Legendary Pictures" as a pictorial visualisation of Mary's conception through the Holy Spirit. Instead, however, he opened this image of a woman to different interpretations by giving it the ambiguous title "Ecstasy".

Depictions of "ecstasy" have a long pictorial tradition in which the sacred and the profane, divine love and worldly sexuality are intermingled. In the "Ecstasy of St. Teresa", by the Italian sculptor Gian Lorenzo Bernini, the angel's arrow that will hit the saint at the moment of spiritual rapture can be read as a symbol of divine love (fig. p. 118 left). At the same time, however, the projectile is also a phallic shaft that triggers the sense of entrancement in Teresa upon impact. To be penetrated by divine love, the saint wrote in her autobiography, feels like a probing pain and the "sweetest caress".

Just as the intensity and sense of fulfilment of religious ecstasy resembles the climax of sexual arousal, the orgasm in addition to procreation in general can conversely be seen as a sacred moment. A woman becomes a saint at the moment of conception because the miracle of incarnation has occurred within her body. Edvard Munch gave pictorial expression to this idea in his picture "Madonna" in which a reclining woman lustfully arches her body in orgiastic surges towards the viewer bending down over her: It is a women "who gives of herself and is thus given the tormented beauty of the Madonna," Munch once said (fig. p. 118 right). The Norwegian painter surrounded the woman's head with a fiery red halo and decorated the picture frame with enormous sperm cells and an embryo. "I wanted the viewers to feel the sacred moment –

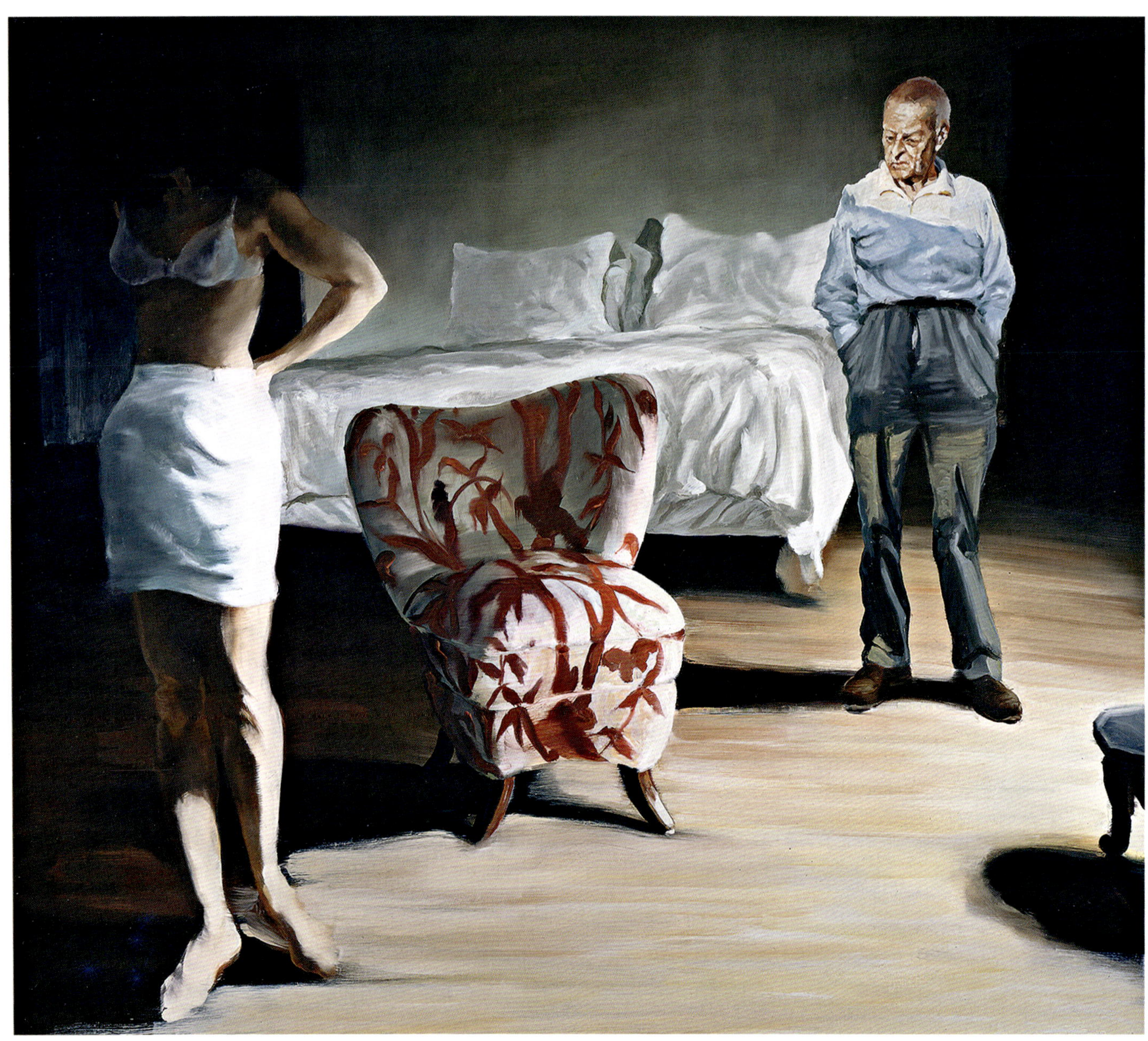

57 | Eric Fischl, »The Philosopher's Chair«, 1999
Eric Fischl, "The Philosopher's Chair", 1999

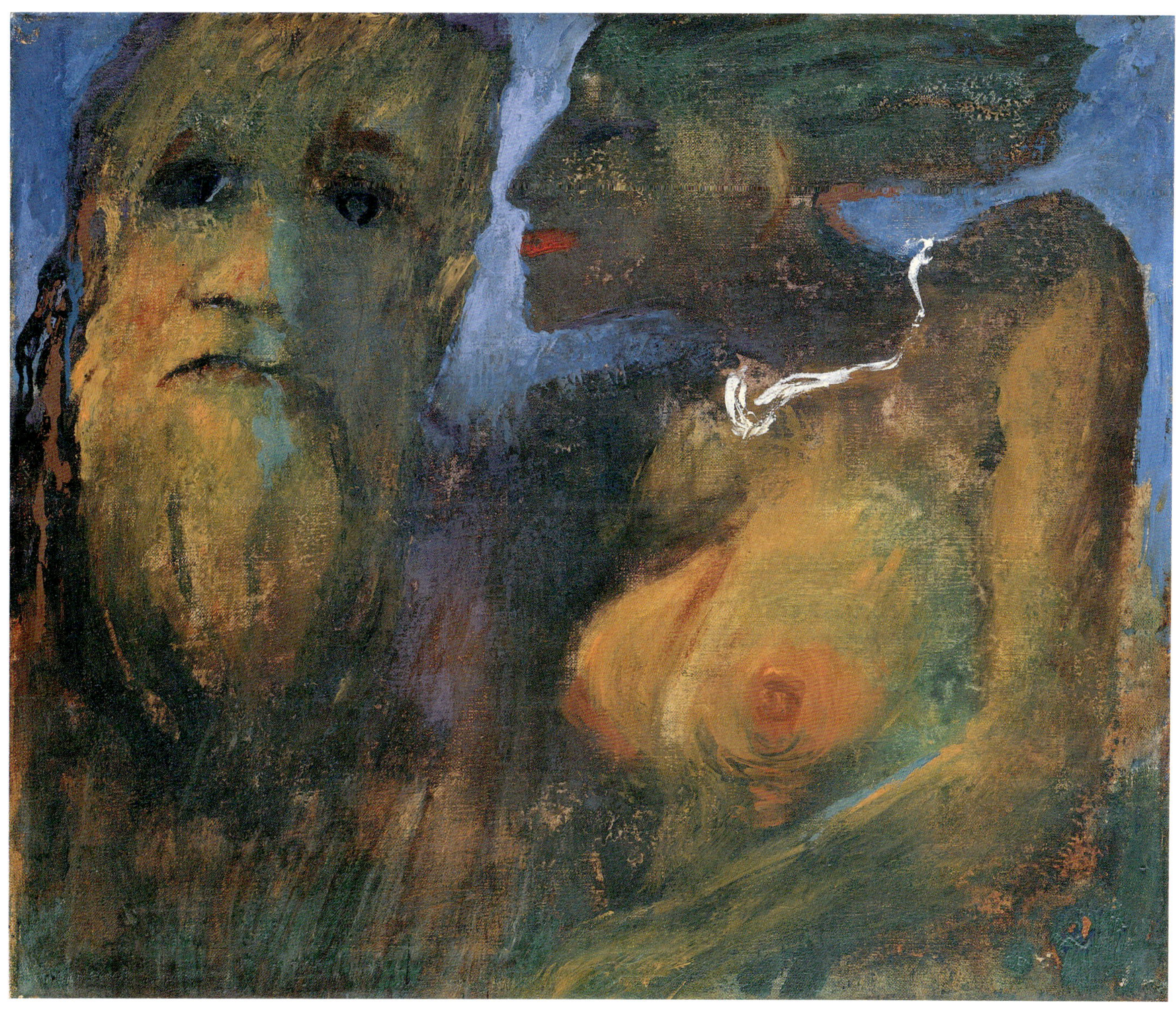

28 | »Lebensreife«, 1933
Maturity of Life, 1933

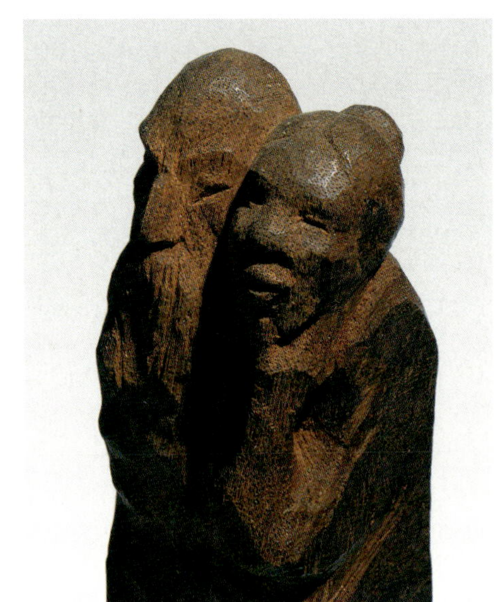

Doppelfigur, Mann und
Frau (Detail, Kat. 45)

Double Figure, Man and
Woman (detail, cat. 45)

des Doppelbettes und der mit kostbarer Seide bezogene Sessel ändern nichts an diesem Eindruck. Mit ähnlicher dramatischer Lichtführung und reduzierter Farbpalette stellen Nolde und Fischl die Frage nach Begehren und Nähe. Doch dort, wo Nolde sehnsuchtsvoll positiv ist, zeigt Fischl, dass Begehren nicht auch emotionale Nähe bedeuten muss.

»Die Menschen sind meine Bilder«, schreibt Nolde in seiner Autobiographie. »Lachet, jubelt, weinet oder seid glücklich« (II, 144). Die Auswahl der hier gezeigten Frauenbildnisse zeigt, dass Nolde ein weites Spektrum an Lebenswirklichkeiten für bildwürdig erachtete, solange sie nur authentisch waren. Ob sie erdacht oder tatsächlich erlebt wurden, spielte für Nolde keine Rolle – wichtig für ihn war die Intensität des Gefühls. Es konnte von stiller Ergriffenheit bis hin zur wirbelnden Ekstase reichen. Die künstlerischen Temperamente, die Nolde, angeregt durch die Gegenwart der Frau, durchlebte und verbildlichte, reichen von Bewunderung über Furcht bis zum Begehren, von unaufgelöster Spannung bis zu gelöster Harmonie. Der zeitliche Rahmen, in dem die gezeigten Frauenbildnisse entstanden sind, erstreckt sich über fast ein halbes Jahrhundert von 1900 bis 1947. Das Reflexionsniveau, das Nolde in seinen Frauenbildnissen zeigt, ist in den Jahren zwischen 1912 (»Kerzentänzerinnen«) und 1933 (»Lebensreife«) – abgesehen von der Folge der »Phantasien« und den »Ungemalten Bildern« – am höchsten. In dieser Zeit erreicht Nolde eine außergewöhnliche Verdichtung von Inhalt und Form, von Bildaussage und malerischer Umsetzung. Nolde verzichtet auf visuelle Komplexität, dekoratives Beiwerk, symbolischen Detailreichtum und szenische Hintergründe. Durch Sammlung und Verdichtung gelingt es dem Maler, den Gefühlsgehalt seiner Bilder derart zu intensivieren, dass sich der Betrachter deren Sog kaum entziehen kann. Lebendig sollen die Menschen sein, die gemalt werden, hatte Edvard Munch dereinst gefordert. Menschen, »die atmen und fühlen und leiden und lieben … Das Fleisch würde Form annehmen und die Farben leben.« Inspiriert durch die Werke anderer Künstler und angetrieben von seinem phantasiereichen Gestaltungswillen hat Nolde die Forderung Munchs erfüllt. Zeitlos atmen, fühlen, leiden und lieben Noldes Frauen und bewahren bis heute ihren Reiz und ihr Geheimnis.

I wanted them to remove their hats like in a church." Like Munch's Madonna, the woman in Nolde's "Ecstasy" is also in an extreme state of physical and sexual arousal. Squatting on her feet, she spreads her legs and pushes her pelvis forward. With large eyes, dilated pupils and an open mouth, the woman is depicted in a moment of extreme tension. No attention, however, has previously been paid to the red forms hovering to the left and right of the lower half of the cross: a red cloud formation at the left and four bubble-like shapes at the right. If one looks at "Ecstasy" as a picture in which Nolde wished to portray procreation as a sacred moment, the red biomorphic forms placed prominently by the artist in the upper half of the picture perhaps offer a key to its interpretation: The red cloud hovering to the left of the cross and connected to the woman's lap perhaps represents menstrual blood. The four bubbles to the right of the cross evoke macroscopically enlarged egg cells or a small amniotic sac. Nolde depicts incarnation outside the female body, showing it as a sacred moment, as a miracle of divine action. One recalls in this context Frantisek Kupka's "The Principle of Life" in which the Czech painter wrapped the start of a new life in the cloak of pantheistic biological symbolism: A lotus blossom, a symbol of the spirit according to Theosophy, glistens in a golden hue and opens between the swimming leaves of a gigantic water lily, giving life to a form surrounded by rays, a kind of cosmic egg cell (fig. p. 119 left). This cell is in turn connected to an amniotic sac via an umbilical cord in which a human embryo swims.

By uniting an aroused naked woman and the Christian symbol of the cross in the very same picture, Nolde

presented female sexuality as something sacred, hence breaking with the concept that carnal lust is incompatible with Christian morality. The green-blue cross is thus less a warning against a "sinful" life, but rather the protective Christian symbol, the sign of the New Testament God who does not have to be reconciled and views his creatures and all their urges and deeds with benevolence. However, Nolde leaves the tension between sexuality and Christian moral teachings as it is in his painting as it endows his work with a lasting provocative intensity.

The Church's conflicting attitudes regarding the human body in general and the physicality of Christ in particular is dealt with by the American photographer Andres Serrano in "Immersion (Piss Christ)" that depicts a crucifix submerged in urine and blood. While the body and blood of Christ is of central Eucharistic significance on the one hand, the Church is also anxious to mask his physical, and especially his sexual aspects, as far as possible on the other (fig. p. 119 right). In "Piss Christ", Serrano found a shocking way of giving artistic expression to Christ's suffering and humiliation during the Passion. Like Serrano, Nolde does not see the physical and the human as something outside the realm of religion, but as an important, inherent part of it instead.

Nolde's "Candle Dancers" swirl ecstatically around each other, demonstrating the painter's fascination for modern expressive dance (cat. 4). Free of all pre-scribed movements and dance patterns, these dancers produce their rhythmic movements from the centres of their bodies, providing the picture with rapturous feelings – and unbridled eroticism. "Oh how wild and beautiful she was, the woman in her luminous dress who excited us with her gesticulations," Nolde recalled about his visit to a Montmartre cabaret. "… the eroticism of her gesticulations … was the flattering expression of all earthly vices and horrors" (I, 203).

The origins of the "Candle Dancers" surely go back to Loïc Fuller's legendary "Dance de Feu" that Fuller performed for the first time in 1896. Nolde saw Fuller, along with Isadora Duncan and Saharet, dance in Paris; he was friends with Mary Wigman and made the acquaintance of Gret Palucca. In her "Dance de Feu", Fuller stood against the dark backdrop of the stage on a pane of glass measuring approximately one square metre through which the various colours of fire were projected on her from below. Fuller's serpentine dance performed in wide garments created the impression of fire that repeat-edly blazed up and died down again.

Nolde's contemporary Ludwig von Hofmann was also unable to resist the fascination of this dance. His small "Fire Dance" reverses Fuller's principle of illuminating her dress in the colours of fire amidst total darkness. In a manner associated with Ferdinand Hodler, Hofmann depicted the swirling quintupled dancer wearing a dark garment against a blazing fiery background (fig. p. 120). Hofmann gave the dance an intense erotic dimension by showing the dancer bare-breasted. As a member of the execu-tive board of Berlin Secession, which he became a member of in January 1908, Nolde knew Hofmann and probably his small painting as well. In his own "Candle Dancers", Nolde concentrated on the move-ments of two women. Dancing wildly with exposed breasts and loose hair, Nolde's women recall frantic maenads, the mythological companions of Dionysus, the Greek god of wine and fertility. Nolde depicted women dancing around campfires and torches in numerous paintings and prints, but only in this one oil painting do they dance around candles. The contrast in size to the seven small miniature fires heightens the voluminous dimension of the orgiastic furiousness: Life-sized and many times hotter, the small flames are found again in the dancers' convul-sive bodies. With their passionate dance – the face of the dancer at the right really seems to glow – the candle dancers have also set fire to the pictorial space pulsating in a blaze of orange and glowing red. Nolde saw himself confronted with the problem of representing the wildest of dance movements with-out freezing the poses of the figures. As is the case in "Sea Woman", Nolde valued expressiveness over a realistic representation, unceremoniously conceal-ing his incorrect depiction of the candle dancers' anatomy from their waists down to their knees behind airy skirts.

Eroticism is a central motif in the works of numer-ous notable modern artists. In 1863, Edouard Manet painted a nude woman picnicking with two men. His "The Luncheon on the Grass" transgressed the boundaries of good taste prevalent at the time: Manet's woman is no silent nude from an academic painting class, no secret plaything from boudoir painting and also no submissive odalisque from the Orientalist harem world (fig. p. 122). Manet depicted his nude as a self-assured and emancipated participant in the group. A new type of woman emerged in art with Manet's painting. Strong-willed women who have a say in the pictorial occurrences or even dominate them are visible in the self-confident, dangerous femme fatales of Art Nouveau painters as well as Auguste Rodin's dramatic sculptures or in the inexorable women of destiny depicted by Edvard Munch. Avant-garde art took up arms against the traditional notions of decency by means of provo-cative erotic motifs.

While Nolde metaphorically described sexual ecstasy in "Candle Dancers", he visualized sexual passion simply and directly as well as unshrouded by anecdotes seven years later. Nolde's "Raving Woman" is love-stricken (cat. 17). Her tense pose, with head thrown back, closed eyes and opened mouth reveal the vehemence of unbridled female lust. The couple is depicted as a knot of body parts that has hastily, wildly and passionately become intertwined. Because of her uncurbed passion, Nolde's "Raving Woman" iconographically approach-es Plato's *Aphrodite Porne* – the goddess of lust. Nolde visualised the stormy passion of sexual union without lapsing into the obscene, expressing the frenzy of lovemaking solely by means of inner pictorial motion and tension, a lively manner of painting and a dynamic composition. Nolde's couple feasibly recalls the sexual acrobatics of the erotic Japanese prints that he might have become familiar with in conjunction with his expedition to the South Seas. Unlike the Japanese artists, however, Nolde did not let his sexual acrobatics descend into an all-embracing artificiality, anchoring the love act with luminous colours in a conceivable world.

The passionate act takes place in front of a group of gawkers with wide-opened eyes. The figures in the background are perhaps personifications of the social dictates and moral reservations that take offence at the free, lustful experience of sexuality. In his picture "Free Spirit" (1906), Nolde had already given a human-like form to thought patterns: "The Free Spirit stands in the centre of the picture. Praise to the left, carping and admonition to the right, – none of which moves him" (II, 100).

"Maturity of Life"
Like "First Human Beings" and "Annunciation," Nolde's "Maturity of Life" radiates a quiet harmony (cat. 28). Where otherwise lovelorn women are involved in a lusty clinch with men or redheads have to ward off lecherous panther-like beings, in this painting Nolde visualised a mature relationship between a man and a woman. The woman's dark-red mouth shimmers in a blue backlight very close to the man's face at about the level of his ear. He bows his head slightly in her direction. Has she just whispered something in his ear or quietly kissed his temple? The bearded man looks somewhat reflectively past the viewer. "Maturity of Life" captivates the viewer through Nolde's masterful use of opposites in his choice of the motif's details as well as in the utilization of colour. In their quiet interaction, these tensions and contrasts add a beautiful liveliness to the great harmony of the moment captured in the picture. Nolde thus depicted the man frontally and the woman in profile, whereby their heads appear like silhouettes against the luminous blue background. Nolde juxtaposed the man's massive form with the female delicacy of the woman's nose, chin and throat. Sidelight falls on one half of the man's bearded face and also allows the woman's ample bosom to shine. The sensuous centre of the painting is formed by the exposed breasts shimmering in warm ochre hues. The warm tones of the naked breasts are juxtaposed with the coolness of the blue background and the sections of the body depicted in partial violet green shadows. With his dramatic use of light, Nolde calls attention to the masculine full beard and the female breast. The

painting exudes a quiet sizzling eroticism that reveals the woman's seductive wish. In his "Maturity of Life" and the thematically related wood sculpture "Double Figure, Man and Woman" (cat. 45) as well as the painting "Dream" (cat. 31), Nolde depicts a mature couple living in harmony with each other. "Maturity of Life" forms the highpoint in this small group of representations presenting the motif of desire that tells of the timeless magic of love through the mysterious twilight illuminated by warm light. The question regarding proximity and desire is also posed by Eric Fischl in his painting "The Philosopher's Chair" (cat. 57). An elderly man stands in a bedroom and looks pensively at the floor. In the foreground, a half-naked woman fiddles around with her skirt zipper. It is not clear whether she is getting dressed or undressed. The fact that the woman has no face in Fischl's painting and is hence interchangeable, gives rise to the assumption that the painter has only portrayed a fleeting liaison and not a moment in a permanent relationship. The scene focuses solely on lust; the man's fly is open. But Fischl chose the pictorial moment when the man freezes in an indecisive pose and buries his hands in his trouser pockets. What has caused the man to pause for a moment and stare at the chair in the centre of the composition? While Nolde illustrated the physical and spiritual closeness of a couple in "Maturity of Life," distance dominates Fischl's work. The chair seems like a barrier separating the man and the woman who stand on opposite sides of the room. The cold glistening light that penetrates the room from the right makes the prevailing emotional frostiness between the man and the woman tangible. The warm hue of the parquet flooring, the white sheets on the double bed and the chair upholstered with a luxurious silken fabric do nothing to change this impression. Nolde and Fischl pose the question of desire and closeness with a similarly dramatic use of light as well as a reduced palette of colours. But where Nolde is yearningly positive, Fischl shows that desire does not necessarily mean emotional proximity.
"People are my pictures," Nolde wrote in his autobiography. "Laugh, rejoice, cry or be happy" (II, 144).

The selection of women's portraits shown here demonstrates that Nolde considered a wide range of everyday realities suitable for a pictorial portrayal. They only had to be authentic. It did not matter to Nolde whether they were imagined or experienced; it was the intensity of the feeling that was important to him, from tranquil emotion to swirling ecstasy. The artistic temperaments experienced and illustrated by the artist as a result of the inspiration of female presence range from admiration and fear to desire, from unresolved tension to relaxed harmony. The timeframe of the women's portraits on display extends over almost half a century from 1900 to 1947. Aside from the group of "Fantasies" and the "Unpainted Pictures", the level of reflection shown by Nolde in his images of women is at its highest between 1912 ("Candle Dancers") and 1933 ("Maturity of Life"). At that time, Nolde achieved an extraordinary concentration of content and form, of pictorial messages and painterly implementation. Nolde did without visual complexity, decorative accessories, overly detailed symbolism and scenic backgrounds. Through accumulation and concentration, the artist succeeded in intensifying the emotional content of his pictures to such an extent that the viewer is hardly able to resist its pull. The people to be painted should be lively, Edvard Munch once demanded. People "breathing and feeling, suffering and loving … The flesh will take on form, the colours take on life." Inspired by the works of other artists and driven by his own imaginative creative will, Nolde fulfilled Munch's demand. Nolde's women breathe timelessly, feel, suffer and love, and still retain their attraction and secrets today.

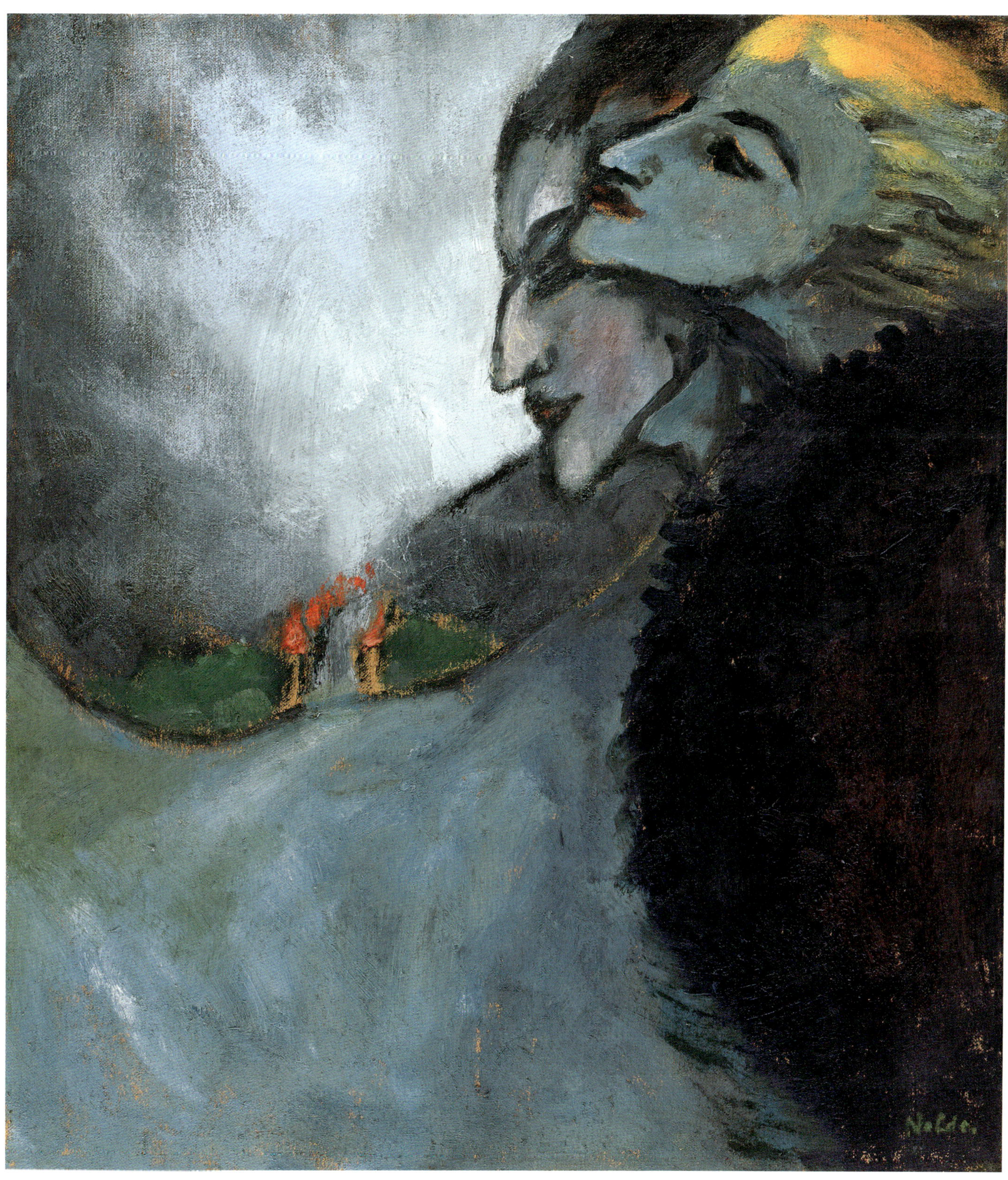

31 | »Traum«, 1947
Dream, 1947

Biographische Übersicht

1867–1891 Emil Nolde, eigentlich Hansen, wird am 7. August als Sohn eines Bauern im Dorf Nolde bei Tondern im deutsch-dänischen Grenzgebiet geboren. Ausbildung in Flensburg als Holzbildhauer und Zeichner. München, Karlsruhe: als Schnitzer in Möbelfabriken, ab 1889 in Berlin.

1892–1897 St. Gallen: Lehrer für farbiges und ornamentales Zeichnen sowie Modellieren. Landschaftsaquarelle, Zeichnungen von Bergbauern, erstes Gemälde »Bergriesen«. Finanzieller Erfolg durch die Publikation grotesker Alpendarstellungen als »Bergpostkarten«. Aufgabe seiner Lehrtätigkeit, um freier Maler zu werden.

1898–1900 München: Besuch der Malschule von Friedrich Fehr, der Hoelzel-Schule in Dachau. Paris: Académie Julian, Studien im Louvre. Reise nach Kopenhagen.

1901–1902 Kopenhagen: Sommer im Fischerdorf Lildstrand in Nordjütland. Februar 1902 Heirat mit der dänischen Schauspielschülerin Ada Vilstrup. Änderung des Namens von Hansen in Nolde. Atelier in Berlin, im Sommer in Jütland, danach Flensburg.

1903–1905 Fischerhaus auf der Ostseeinsel Alsen (bis 1916) mit einem Bretteratelier am Strand, im Winter zumeist in Berlin. 1904/05 Italienaufenthalt: Taormina, Ischia.

1906–1909 Mitglied der Künstlergruppe »Brücke« bis Herbst 1907, erste Holzschnitte. Freundschaft mit Karl Ernst Osthaus und Gustav Schiefler, Begegnung mit Edvard Munch. 1907/08: Gemälde und Aquarell-Folge im Dorf Cospeda bei Jena. Mitglied der Berliner Secession. 1909 im Dorf Ruttebüll nahe der Nordsee erste biblische Bilder.

1910–1912 Bilder vom Hamburger Hafen. Ruttebüll: neue Folge biblischer Bilder. Atelier in Berlin in der Tauentzienstraße (bis 1929). Ausschluss aus der Berliner Secession, Mitglied der Neuen Sezession. Bilder vom Berliner Nachtleben, Theateraquarelle. Studien im Völkerkundemuseum. Besuch bei James Ensor in Ostende. Werkkatalog der Graphik von Gustav Schiefler. 1911/12 das neunteilige Werk »Das Leben Christi«.

Biographical Overview

1867 – 1891 Emil Nolde, real name Hansen, was born on 7 August as the son of a farmer in the village of Nolde near Tønder on the German-Danish border. Trained in Flensburg as a wood sculptor and draughtsman. In Munich and Karlsruhe as a wood carver in furniture factories; from 1889 in Berlin.

1892 – 1897 St. Gallen: teacher of coloured and ornamental drawing as well as modelling. Landscape watercolours, portrait drawings of mountain farmers, first painting "Mountain Giants". Financial success through the publication of grotesque Alpine representations as "mountain postcards". Relinquishes his teaching position to become a freelance painter.

1898 – 1900 Munich: attends Friedrich Fehr's painting school and the Hoelzel School in Dachau. Paris: Académie Julian, studies in the Louvre. Travel to Copenhagen.

1901 – 1902 Copenhagen: summer in the North Jutland fishing village of Lildstrand. February 1902 marriage to the Danish drama student Ada Vilstrup. Name change from Hansen to Nolde. Studio in Berlin, summer months in Jutland, afterwards in Flensburg.

1903 – 1905 Fisherman's cottage on the Baltic Sea island of Als with a shack on the seashore serving as his studio, the winter months were usually spent in Berlin. 1904/05 sojourn in Italy: Taormina, Ischia.

1906 – 1909 Member of "Die Brücke" artists' group until the autumn of 1907; first woodcuts. Friendship with Karl Ernst Osthaus and Gustav Schiefler, meeting with Edvard Munch. 1907/08: Oil paintings and a series of watercolours in the village of Cospeda near Jena. Member of the Berlin Secession. 1909 first biblical pictures in the village of Ruttebüll near the North Sea coast.

1910 – 1912 Pictures of Hamburg harbour. Ruttebüll: new series of biblical pictures. Studio on Tauentzienstraße in Berlin (until 1929). Expelled from the Berlin Secession, member of the New Secession. Pictures of Berlin nightlife, theatre watercolours. Studies in the Ethnology Museum. Visited James Ensor in Ostend. Catalogue of his prints by Gustav Schiefler. 1911/12 the nine-part work "The Life of Christ".

1913 – 1914 Flensburg: large-format colour lithographs, ceramics. Purchase of the Utenwarf farmstead at Lake Ruttebüll. South Seas trip as a member of the "Medical-Demographic German-New Guinea

1913–1914 Flensburg: großformatige Farblithographien, Keramik. Erwerb des Bauernhauses Utenwarf am Ruttebüller See.

Südsee-Reise als Mitglied der »Medizinisch-demographischen Deutsch-Neuguinea-Expedition«: Moskau, Sibirien, Korea, Japan, China, Neuguinea. Rückkehr über Java, Birma, Ägypten, Italien, Schweiz, Berlin nach Alsen.

1915–1925 1915 88 Gemälde, darunter die »Grablegung«. Umzug von Alsen nach Utenwarf. 1919 Mitglied im »Arbeitsrat für Kunst« in Berlin. Nordseehallig Hooge: Folge phantastischer Aquarelle. 1920 Volksabstimmung im deutsch-dänischen Grenzgebiet, Utenwarf wird dänisch, Nolde dänischer Staatsbürger.

1921 Reisen nach Paris, England, Spanien. Monographie von Max Sauerlandt.

1924 Italien: Venedig, Rapallo, Florenz, Arezzo, dann Wien.

1926–1932 Aufgabe von Utenwarf, Bau des Wohn- und Atelierhauses Seebüll. »Jubiläumsausstellung« in Dresden. Ehrendoktor der Universität Kiel. Zweiter Band von Schieflers Graphikkatalog. Entwurf Mies van der Rohes für ein Haus in Berlin, das Vorhaben scheitert. Umzug in die Bayernallee.

Sommer bis Spätherbst 1930 auf der Insel Sylt.

1931 Mitglied der Preußischen Akademie der Künste. Erster Band der Autobiographie. Bis 1935 »Phantasien«, Folge großformatiger Aquarelle.

1933–1945 Zunehmende Angriffe der Nationalsozialisten auf Noldes Malerei.

1934 zweiter Band der Autobiographie. Mitglied in der Nationalsozialistischen Arbeitsgemeinschaft Nordschleswig (NSAN), die 1935 in der NSDAP-N (Nordschleswig) aufging. In Hamburg Operation an Magenkrebs.

1937 Beschlagnahme von 1052 Werken Emil Noldes in deutschen Museen, Ausstellung »Entartete Kunst«. Besuch bei Paul Klee in Bern.

1941 Ausschluss aus der »Reichskunstkammer« und Malverbot. Rückzug nach Seebüll, heimliche Folge der »Ungemalten Bilder«, über 1300 kleinformatiger Aquarelle.

1944 wird Noldes Berliner Atelier durch eine Brandbombe zerstört.

1946–1955 Testamentarische Verfügung der »Stiftung Seebüll Ada und Emil Nolde«.

1946 Tod von Ada Nolde.

1948 Heirat mit Jolanthe Erdmann, Tochter des befreundeten Pianisten und Komponisten Eduard Erdmann.

Verleihung des Professoren-Titels, Stephan-Lochner-Medaille der Stadt Köln, Graphik-Preis der XXV. Biennale Venedig, Kunstpreis der Stadt Kiel, Orden »Pour le mérite«. 1951 letzte Gemälde, bis 1955 Aquarelle.

1956 Emil Nolde stirbt am 13. April in Seebüll.

Errichtung der Nolde Stiftung Seebüll.

Expedition": Moscow, Siberia, Korea, Japan, China, New Guinea. Return trip via Java, Burma, Egypt, Italy, Switzerland, Berlin, to Als.

1915 – 1925 1915 88 paintings including "Burial". Moved from Als to Utenwarf. 1919 member of the "Working Council for Art" in Berlin. North Sea Hallig Hooge: series of fantastic watercolours. 1920 plebiscite in the German-Danish frontier region; Utenwarf became Danish, Nolde is now a Danish citizen. 1921 trips to Paris, England, Spain. Monograph by Max Sauerlandt. 1924 Italy: Venice, Rapallo, Florence, Arezzo; and Vienna.

1926 – 1932 Nolde gives up the farmstead at Utenwarf and builds Seebüll House. "Anniversary Exhibition" in Dresden. Honorary doctorate from Kiel University.

Second volume of Schiefler's catalogue of Nolde's prints. Mies van der Rohe designs a house in Berlin but the project falls through. Moved to Bayernallee. Summer until late autumn 1930 on island of Sylt. 1931 Member of the Prussian Academy of the Arts. First volume of memoirs, to 1935 the "Fantasies" series of large-format watercolours.

1933 – 1945 Increasing attacks on Nolde's paintings by the National Socialists. 1934 second volume of memoirs. Nolde joins the local North Schleswig National Socialist Workers Association (NSAN) which was integrated into the North Schleswig branch of the Nazi party in 1935. Operation for stomach cancer in Hamburg.

1937 confiscation of 1052 works by Nolde in German museums; "Degenerate Art" exhibition. Visits Paul Klee in Bern. 1941 expelled from the "German Chamber of Art" and forbidden to exercise any professional activity in the arts. Withdrawal to Seebüll, secret series of "unpainted pictures": over 1300 watercolours in small formats. Nolde's Berlin studio is destroyed by a firebomb in 1944.

1946 – 1955 Nolde's will provides for the establishment of the "Foundation Seebüll Ada and Emil Nolde". 1946 Death of Ada Nolde.

1948 marriage to Jolanthe Erdmann, daughter of his friend, the pianist and composer Eduard Erdmann. Awarded the title of professor, awarded the Stephan Lochner Medal of the City of Cologne, the graphics prize of the XXV Venice Biennale, the Art Prize of the City of Kiel, and the German Order of Merit. 1951 last paintings, until 1955 watercolours.

1956 Emil Nolde dies on 13 April in Seebüll. Establishment of the Nolde Foundation Seebüll.

Alle Werke befinden sich, wenn nicht anders angegeben, in der Sammlung der Nolde Stiftung Seebüll. Bei den Maßangaben steht Höhe vor Breite. Die in Anführungszeichen gesetzten Titel stammen von Nolde selbst. Die Angabe »Wvz. Urban« bezieht sich auf das Werkverzeichnis der Gemälde von Martin Urban (siehe Bibliographie).

Katalog

GEMÄLDE

1 | Seite 82
»Liegender Akt«, 1901
(später überarbeitet)
Ölfarben auf Leinwand
45 x 97 cm
signiert oben rechts »Emil Nolde«
Wvz. Urban 89

2 | Seite 49
»Bildnis Ada
(im grünen Kleid)«, 1904
Ölfarben auf Leinwand
46 x 37 cm
ohne Signatur
Wvz. Urban 133

3
»Buddhafigur«, 1911
Ölfarben auf Leinwand
73,5 x 79 cm
signiert oben rechts »Emil Nolde«
Wvz. Urban 419

4 | Seite 121
»Kerzentänzerinnen«, 1912
Ölfarben auf Leinwand
100,5 x 86,5 cm
signiert unten links »Emil Nolde«
Wvz. Urban 512

5 | Seite 27
»Madonna«, 1912
Glasmosaik in Marmorfassung
80 x 48,2/50,2 cm
signiert unten rechts »EN.«
Wvz. Urban 540

6 | Seite 70
»Mädchenbildnis«, 1913
Ölfarben und Goldbronze auf
Leinwand
71 x 58 cm
ohne Signatur
Wvz. Urban 574

7 | Seite 103
»Der Herrscher«, 1914
Ölfarben auf Leinwand
88 x 102 cm
signiert unten rechts »Emil Nolde«
Wvz. Urban 630

8 | Seite 59
»Mann und nacktes Weib«, 1915
Ölfarben auf Leinwand
73 x 87,5 cm
signiert unten rechts »Emil Nolde«
Wvz. Urban 703

9 | Seite 95
»Dunkle Mächte«, 1915
Ölfarben auf Leinwand
100 x 87 cm
signiert unten Mitte »Emil Nolde«
Wvz. Urban 705

10 | Seite 57
»Legende: Hl. Symeon u. die
Weiber«, 1915
Ölfarben auf Leinwand
86 x 100,5 cm
signiert seitlich links »Emil Nolde«
Wvz. Urban 707

11 | Seite 58
»Verhängnis«, 1916
Ölfarben auf Leinwand
100,5 x 86 cm
signiert unten links »Emil Nolde«
Wvz. Urban 741

12 | Seite 39
»A. und E. Nolde«, 1916
Ölfarben auf Leinwand
89 x 74 cm
signiert oben rechts »Emil Nolde.
1916«
Wvz. Urban 750

13 | Seite 109
»Weib und Mann I«, 1919
Ölfarben auf Leinwand
57,5 x 73 cm
signiert unten links »Emil Nolde«
Wvz. Urban 868

14 | Seite 106
»Weib und Mann II«, 1919
Ölfarben auf Leinwand
78 x 65 cm
signiert unten Mitte »Emil Nolde«
Wvz. Urban 869

15 | Seite 54
»Menschenpaar«, 1919
Ölfarben auf grober Leinwand
(Sackleinen)
73 x 88 cm
signiert unten rechts »Emil Nolde«
Wvz. Urban 874

16 | Seite 55
»Werbung II«, 1919
Ölfarben auf Leinwand
100 x 73 cm
ohne Signatur
Wvz. Urban 878

17 | Seite 123
»Tolles Weib«, 1919
Ölfarben auf Leinwand
77,5 x 104,5 cm
signiert seitlich links »Emil Nolde«
Wvz. Urban 891

18 | Seite 85
»Begegnung am Strand«, 1920
Ölfarben auf Leinwand
86,5 x 100 cm
signiert unten links »Emil Nolde.«
Wvz. Urban 918

19 | Seite 50
»Alvilda«, 1921
Ölfarben auf grober Leinwand
(Sackleinen)
83,5 x 65,5 cm
signiert seitlich rechts »Emil
Nolde«
Wvz. Urban 932

20 | Seite 101
»Thora«, 1921
Ölfarben auf grober Leinwand
(Sackleinen)
56 x 70 cm
signiert unten rechts »Emil Nolde«
Wvz. Urban 933

21 | Seite 93
»Verlorenes Paradies«, 1921
Ölfarben auf grober Leinwand
(Sackleinen)
106,5 x 157 cm
signiert unten rechts »Emil Nolde.«
Wvz. Urban 952

22 | Seite 77
»Meerweib«, 1922
Ölfarben auf Leinwand
86,5 x 100 cm
signiert unten rechts »Emil Nolde.«
Wvz. Urban 966

23 | Seite 90
»Erste Menschen«, 1922
Ölfarben auf Leinwand
106,5 x 88 cm
signiert unten links »Emil Nolde«
Wvz. Urban 970

24 | Seite 61
»Seltsames Liebespaar«, 1923
Ölfarben auf Leinwand
73 x 88 cm
signiert unten links »Emil Nolde«
Wvz. Urban 978

25 | Seite 87
»Verkündigung«, 1926
Ölfarben auf Leinwand
87 x 100 cm
signiert oben links »Emil Nolde«
Wvz. Urban 1040

26 | Seite 117
»Ekstase«, 1929
Ölfarben auf Leinwand
106,5 x 86,5 cm
signiert oben rechts »Emil Nolde
1929«
Wvz. Urban 1092

27 | Seite 53
»Mutter und kleiner Sohn«, 1932
Ölfarben auf Leinwand
100,5 x 73,5 cm
signiert unten rechts »Nolde«
Wvz. Urban 1125

28 | Seite 127
»Lebensreife«, 1933
Ölfarben auf Leinwand
73,5 x 88,5 cm
ohne Signatur
Wvz. Urban 1132

29 | Seite 114
»Amor irrt sich«, 1932 und 1939
Ölfarben auf Leinwand
67,5 x 88,5 cm
signiert unten rechts »Nolde.«
Wvz. Urban 1212

30 | Seite 51
»Sommergäste«, 1946
Ölfarben auf Leinwand
56 x 70 cm
ohne Signatur
Wvz. Urban 1285

31 | Seite 131
»Traum«, 1947
Ölfarben auf Leinwand
74 x 66 cm
signiert unten rechts »Nolde«
Wvz. Urban 1297

32 | Seite 74
»Die Urmutter«, 1947
Ölfarben auf Leinwand
67 x 88 cm
signiert unten links »E. Nolde«
Wvz. Urban 1299

AQUARELLE

33 | Seite 78
Wellenspiel (Bildentwurf),
1895/1897
Bleistiftzeichnung, Aquarell
und Deckweiß
21,3 x 17,4 cm
ohne Signatur
Inventar-Nr. A.St.G.109

34 | Seite 79
Triton und Nereide, 1895/1897
Bleistiftzeichnung und Aquarell
18,1 x 16,2/3 cm
monogrammiert unten links »EH.«
Inventar-Nr. Z.St.G.113

35 | Seite 113
Tier und Weib, 1931/1935
Aquarell und Tuschpinsel
45,2/5 x 60,6/8 cm
signiert seitlich rechts »Nolde.«
Inventar-Nr. A.Pha.37

36 | Seite 81
Liegender weiblicher Akt,
um 1907/1910
Aquarell und schwarze Tusche
36 x 45,2 cm
signiert unten rechts »Nolde.«
Inventar-Nr. A.PoF.39

37 | Seite 41
Frauenbildnis (rotbraunes Haar)
Aquarell
31 x 26 cm
signiert unten rechts »Nolde.«
Inventar-Nr. A.PoF.59

38 | Seite 46
»Faunesse«
Aquarell
38 x 30,3 cm
signiert unten seitlich rechts
»Nolde.«
Inventar-Nr. A.PoF.81

39 | Seite 42
Mädchenkopf (orangenes Haar)
Aquarell und Tuschpinsel
40,4 x 32 cm
signiert unten rechts »Nolde.«
Inventar-Nr. A.PoF.103

40 | Seite 98
Mädchenkopf (rotbraunes Haar)
Aquarell und Tusche
46,5 x 35 cm
signiert unten rechts »Nolde.«
Inventar-Nr. A.PoF.115

41 | Seite 47
Frauenkopf (rotes Haar)
Aquarell
49,2 x 35 cm
signiert unten rechts »Nolde.«
Inventar-Nr. A.PoF.134

42 | Seite 40
Frauenkopf (im Profil, blond)
Aquarell
47,6 x 35 cm
signiert unten seitlich rechts
»Nolde.«
Inventar-Nr. A.PoF.147

43 | Seite 43
Frauenporträt (J. Nolde, blaues
Kleid)
Aquarell
36,5 x 47,5 cm
signiert unten rechts »Nolde.«
Inventar-Nr. A.PoF.227

HOLZSCHNITT

44 | Seite 21
»Ada«, 1906
Druck auf Japanpapier
29,6 x 22,5 cm
signiert unten rechts »Emil Nolde.«
betitelt unterer Rand »Ada«
Wvz. Schiefler-Mosel 17 IV
Inventar-Nr. SHo 15

SKULPTUREN

45 | Seite 128 (Detail)
Doppelfigur, Mann und Frau
Teakholz
Höhe: 18 cm (ohne Sockel)
Inventar-Nr. Fig. 12

46 | Seite 45
Hockendes Weib, um 1920/1925
Bronze
Höhe: 12,1 cm / Breite: 9,6 cm /
Tiefe: 8,5 cm
Inventar-Nr. Fig. 18 b

47
Hockendes Weib
1971 Nachguss nach dem
Gipsmodell in Bronze, Nr. 1/20
Höhe: 12,1 cm / Breite: 9,6 cm /
Tiefe: 8,5 cm
Inventar-Nr. Fig. 18 c

48
Hockendes Weib
1971 Nachguss nach dem
Gipsmodell in Bronze, Nr. 2/20
Höhe: 12,1 cm / Breite: 9,6 cm /
Tiefe: 8,5 cm
Inventar-Nr. Fig. 18 d

49 | Seite 44
Drei Tanzende (Faune),
um 1885/1890
Tonplatte (Bruchstück)
17,7 x 21 cm
Inventar-Nr. Ke. 3

WEITERE EXPONATE

50 | Seite 68
»Madre della Consolazione«,
griechische Ikone (Kreta),
Ende 15. Jahrhundert
Eitempera auf Holz, 46,5 x 37,7 cm
Ikonen-Museum Recklinghausen

51 | Seite 69
Giovanni Battista Salvi
da Sassoferrato,
»Maria mit Kind«, um 1650
Leinwand, 75 x 60 cm
Kunsthistorisches Museum Wien,
Gemäldegalerie

52 | Seite 76
Arnold Böcklin, »Triton,
eine Nereide auf dem Rücken
tragend«, 1857
Öl auf Holz, 41,5 x 66 cm
Kunstmuseum St. Gallen
Schenkung Martita und
Walter A. Jöhr

53 | Seite 99
Edvard Munch,
»Vampyr II«, 1895/1902
Farblithographie (zwei Steine)
und Holzschnitt
(drei zersägte Holzstöcke)
43,3 x 58,1 cm (Blatt)
Hamburger Kunsthalle,
Kupferstichkabinett

54 | Seite 105
a) Lovis Corinth,
»Der Harem«, 1904
Öl auf Leinwand, 155 x 140 cm
Hessisches Landesmuseum
Darmstadt

b) Lovis Corinth,
»Der Harem«, 1914
Kaltnadelradierung,
18,2 x 16,4 cm
Staatliche Graphische
Sammlung, München

55 | Seite 112
Pablo Picasso, »Bacchanal
mit Minotaurus«, 18.5.1933
und vermutlich Ende 1934
Suite Vollard, Blatt 85,
Radierung, 3. und letzter Zustand,
29,9 x 36,5 cm
Graphikmuseum
Pablo Picasso Münster

56 | Seite 71
Andy Warhol, »Marilyn
(rosa, gelb, braun)«, 1967
Siebdruck, 91,5 x 91,5 cm
Staatliche Museen zu Berlin,
Kupferstichkabinett

57 | Seite 126
Eric Fischl, »The Philosopher's
Chair«, 1999
Öl auf Leinwand, 191 x 219 cm
Collezione Maramotti,
Reggio Emilia, Italien

BILDNACHWEIS

S. 10
»Pariser Modell«, 1900
Öl auf Leinwand, 99,5 x 81 cm

S. 14
Ada Vilstrup, Kopenhagen 1899
Foto: Paul Bærentzen,
Kopenhagen

S. 15
»Bildnis Ada (II)«, 1903
Öl auf Leinwand,
59 x 46 cm

S. 16
Ada und Emil Nolde, Berlin 1908

S. 17
»Muggi«, 1904
Öl auf Leinwand, 29 x 22 cm
Privatbesitz

S. 18
»Frühling im Zimmer«, 1904
Öl auf Leinwand, 88,5 x 73,5 cm

S. 22
Ada und Emil Nolde,
Seebüll um 1940

S. 28
»Heilige Nacht«, 1912
Öl auf Leinwand, 100 x 86 cm

S. 30
»Familie«, 1914
Öl auf Leinwand, 71 x 104,5 cm

S. 31
»Familie (Bonnichsen)«, 1915
Öl auf Leinwand, 73 x 89 cm
Museum Ludwig, Köln

S. 33
»Junge Mutter«, 1916
Öl auf Leinwand, 99 x 73,5 cm

S. 35
»Familie«, 1931
Öl auf Leinwand, 111,5 x 74 cm

S. 36
Mutter mit schlafendem
Kind, 1938/1945
Aquarell, 23,7 x 16,9 cm

S. 64 links
Frau mit Stirnband
(en face), 1913/14
Aquarell und schwarze Tusche,
50,3 x 38 cm

S. 64 rechts
Dame und Herr am
Weintisch, 1910/11
Aquarell, 26,1 x 18,8 cm

S. 65
Pablo Picasso, »Les
Demoiselles d'Avignon«, 1907
Öl auf Leinwand,
243,9 x 233,7 cm
Museum of Modern Art,
New York

S. 72
Henri Matisse, »Blauer Akt
(Erinnerung an Biskra)«, 1906
Öl auf Leinwand, 92 x 140 cm
Baltimore Museum of Art,
Baltimore

S. 80
Alexandre Cabanel,
»Geburt der Venus«, 1863
Öl auf Leinwand, 130 x 225 cm
Musée d'Orsay, Paris

S. 83
Giorgione, »Schlafende
Venus«, 1509
Öl auf Leinwand, 108 x 175 cm
Staatliche Kunstsammlungen
Dresden

S. 84
Sandro Botticelli,
»Geburt der Venus«, 1485
Tempera auf Leinwand,
172,5 x 278,5 cm
Uffizien, Florenz

S. 88
Rembrandt van Rijn,
»Die drei Kreuze«, 1653
Kaltnadel und Grabstichel,
38,5 x 45 cm
3. Zustand, Kufperstichkabinett,
Berlin

S. 89 links
Raffael, »Sixtinische
Madonna«, 1512/13
Öl auf Leinwand, 256 x 196 cm
Gemäldegalerie Alte Meister,
Staatliche Kunstsammlungen,
Dresden

S. 89 rechts
»Verkündigung«, 1927
Aufnahme aus der Dresdner
Nolde-Ausstellung 1927

S. 91
Gustav Klimt, »Der Kuss«, 1907/08
Öl auf Leinwand, 180 x 180 cm
Österreichische Galerie
Belvedere, Wien

S. 94
Franz von Stuck,
»Die Sünde«, 1893
Öl auf Leinwand, 95 x 59,7 cm
Neue Pinakothek München

S. 97 links
Edvard Munch, »Weib mit
rotem Haar und grünen Augen.
Die Sünde«, 1902
Farblithografie, 77 x 53,1 cm (Blatt) /
69,9 x 40,2 cm (Darstellung)
Staatsgalerie Stuttgart /
Kunstsammlungen Chemnitz

S. 97 rechts
Edvard Munch,
»Die Schlange«, 1908/09
Lithographie aus der Serie »Alpha
und Omega«, 25,8 x 49,7 cm
Munch Museum, Oslo

S. 100 links
Edvard Munch,
»Das kranke Kind«, 1896
Öl auf Leinwand, 121,5 x 118,5 cm
Göteborg Kunstmuseum

S. 100 rechts
Thora Vilstrup, um 1900
Foto: Andr. Beiter, Ringkjøbing

S. 110 links
Jean-Antoine Watteau, »Dame bei
der Toilette«, um 1716/1719
Öl auf Leinwand, 45,2 x 37,8 cm
The Wallace Collection, London
© By kind permission of the
Trustees of the Wallace Collection,
London

S. 110 rechts
René Magritte,
»Die Vergewaltigung«, 1934
Öl auf Leinwand, 73,4 x 54,6 cm
The Menil Collection, Houston

S. 111 links
»Baron von Schaf«, um 1885
Bleistiftzeichnung, 25 x 16,9 cm

S. 111 rechts
Edvard Munch,
»Der Tiger«, 1908/09
Lithographie aus der Serie »Alpha
und Omega«, 31,2 x 38 cm
Munch Museum, Oslo

S. 115
Caravaggio,
»Amor als Sieger«, 1601/02
Öl auf Leinwand, 156 x 113 cm
Gemäldegalerie, Staatliche Museen
zu Berlin

S. 118 links
Gian Lorenzo Bernini,
»Die Ekstase der heiligen Theresa«,
um 1645/1652 (Detail)
Marmor, Höhe 350 cm
Cornaro-Kapelle,
Santa Maria della Vittoria, Rom

S. 118 rechts
Edvard Munch,
»Madonna«, 1895–1902
Farblithographie, 60,7 x 44,5 cm
Munch Museum, Oslo

S. 119 links
Frantisek Kupka, »Das Prinzip
des Lebens«, 1900–1903
Farbige Tuschätzung, 34 x 34 cm
Musée National d'Art Moderne –
Centre Georges Pompidou, Paris

S. 119 rechts
Andres Serrano, »Immersion
(Piss Christ)«, 1987
Cibachrome, Silikon, Plexiglas,
Holzrahmen, 152,4 x 101,6 cm
Courtesy of the artist, Yvon
Lambert

S. 120
Ludwig von Hofmann,
»Flammentanz«, 1884
Öl auf Leinwand, 36,5 x 98,5 cm
Museum der bildenden Künste,
Leipzig

S. 122
Edouard Manet,
»Frühstück im Grünen«, 1863
Öl auf Leinwand, 208 x 264,5 cm
Musée d'Orsay, Paris

All works are in the collection of the Nolde Foundation Seebüll, unless otherwise stated. Dimensions are in the form "height x breadth". Titles of pictures within quotation marks (in German) are Nolde's own. "Catalogue raisonné Urban" refers to the catalogue raisonné by Martin Urban (see bibliography).

Catalogue

PAINTINGS

1 | page 82
Reclining Nude, 1901
(later reworked)
Oil on canvas
45 x 97 cm
signed top right "Emil Nolde"
Catalogue raisonné Urban 89

2 | page 49
Portrait of Ada
(in Green Dress), 1904
Oil on canvas
46 x 37 cm
unsigned
Catalogue raisonné Urban 133

3
Buddha Figure, 1911
Oil on canvas
73.5 x 79 cm
signed top right "Emil Nolde"
Catalogue raisonné Urban 419

4 | page 121
Candle Dancers, 1912
Oil on canvas
100.5 x 86.5 cm
signed bottom left "Emil Nolde"
Catalogue raisonné Urban 512

5 | page 27
Madonna, 1912
Glass mosaic in marble mounting
80 x 48.2/50.2 cm
signed bottom right "EN."
Catalogue raisonné Urban 540

6 | page 70
Girl's Portrait, 1913
Oil and gilt bronze on canvas
71 x 58 cm
unsigned
Catalogue raisonné Urban 574

7 | page 103
The Ruler, 1914
Oil on canvas
88 x 102 cm
signed bottom right "Emil Nolde"
Catalogue raisonné Urban 630

8 | page 59
Man and Naked Woman, 1915
Oil on canvas
73 x 87.5 cm
signed bottom right "Emil Nolde"
Catalogue raisonné Urban 703

9 | page 95
Dark Powers, 1915
Oil on canvas
100 x 87 cm
signed lower middle "Emil Nolde"
Catalogue raisonné Urban 705

10 | page 57
Legend: St. Symeon and the Women, 1915
Oil on canvas
86 x 100.5 cm
signed on the left "Emil Nolde"
Catalogue raisonné Urban 707

11 | page 58
Fate, 1916
Oil on canvas
100.5 x 86 cm
signed bottom left "Emil Nolde"
Catalogue raisonné Urban 741

12 | page 39
A. and E. Nolde, 1916
Oil on canvas
89 x 74 cm
signed top right "Emil Nolde. 1916"
Catalogue raisonne Urban 750

13 | page 109
Woman and Man I, 1919
Oil on canvas
57.5 x 73 cm
signed bottom left "Emil Nolde"
Catalogue raisonné Urban 868

14 | page 106
Woman and Man II, 1919
Oil on canvas
78 x 65 cm
signed lower middle "Emil Nolde"
Catalogue raisonné Urban 869

15 | page 54
Human Couple, 1919
Oil on coarse canvas (burlap)
73 x 88 cm
signed bottom right "Emil Nolde"
Catalogue raisonné Urban 874

16 | page 55
Wooing II, 1919
Oil on canvas
100 x 73 cm
unsigned
Catalogue raisonné Urban 878

17 | page 123
Raving Woman, 1919
Oil on canvas
77.5 x 104.5 cm
signed on the left "Emil Nolde"
Catalogue raisonné Urban 891

18 | page 85
Encounter on the Beach, 1920
Oil on canvas
86.5 x 100 cm
signed bottom left "Emil Nolde."
Catalogue raisonné Urban 918

19 | page 50
Alvilda, 1921
Oil on coarse canvas (burlap)
83.5 x 65.5 cm
signed on the right "Emil Nolde"
Catalogue raisonné Urban 932

20 | page 101
Thora, 1921
Oil on coarse canvas (burlap)
56 x 70 cm
signed bottom right "Emil Nolde"
Catalogue raisonné Urban 933

21 | page 93
Paradise Lost, 1921
Oil on coarse canvas (burlap)
106.5 x 157 cm
signed bottom right "Emil Nolde."
Catalogue raisonné Urban 952

22 | page 77
Sea Woman, 1922
Oil on canvas
86.5 x 100 cm
signed bottom right "Emil Nolde."
Catalogue raisonné Urban 966

23 | page 90
First Human Beings, 1922
Oil on canvas
106.5 x 88 cm
signed bottom left "Emil Nolde"
Catalogue raisonné Urban 970

24 | page 61
Strange Courting Couple, 1923
Oil on canvas
73 x 88 cm
signed bottom left "Emil Nolde"
Catalogue raisonné Urban 978

25 | page 87
Annunciation, 1926
Oil on canvas
87 x 100 cm
signed top left "Emil Nolde"
Catalogue raisonné Urban 1040

26 | page 117
Ecstasy, 1929
Oil on canvas
106.5 x 86.5 cm
signed top right "Emil Nolde 1929"
Catalogue raisonné Urban 1092

27 | page 53
Mother and Little Son, 1932
Oil on canvas
100.5 x 73.5 cm
signed bottom right "Nolde"
Catalogue raisonné Urban 1125

28 | page 127
Maturity of Life, 1933
Oil on canvas
73.5 x 88.5 cm
unsigned
Catalogue raisonné Urban 1132

29 | page 114
Love is Blind, 1932 and 1939
Oil on canvas
67.5 x 88.5 cm
signed bottom right "Nolde."
Catalogue raisonné Urban 1212

30 | page 51
Summer Guests, 1946
Oil on canvas
56 x 70 cm
unsigned
Catalogue raisonné Urban 1285

31 | page 131
Dream, 1947
Oil on canvas
74 x 66 cm
signed bottom right "Nolde"
Catalogue raisonné Urban 1297

32 | page 74
The First Mother, 1947
Oil on canvas
67 x 88 cm
signed bottom left "E. Nolde"
Catalogue raisonné Urban 1299

WATERCOLOURS

33 | page 78
Play of Waves (preliminary sketch), 1895/1897
Pencil drawing, watercolour and opaque white
21.3 x 17.4 cm
unsigned
Inv. No. A.St.G.109

34 | page 79
Triton and Nereid, 1895/1897
Pencil drawing and watercolour
18.1 x 16.2/3 cm
Monogrammed lower left "EH."
Inv. No. Z.St.G.113

35 | page 113
Animal and Woman, 1931/1935
Watercolour, brush-and-ink
45.2/5 x 60.6/8 cm
signed on the right "Nolde."
Inv. No. A.Pha.37

36 | page 81
Reclining Female Nude, circa 1907/1910
Watercolour and black Indian Ink
36 x 45.2 cm
signed bottom right "Nolde."
Inv. No. A.PoF.39

37 | page 41
Portrait of a Woman (auburn hair)
Watercolour
31 x 26 cm
signed bottom right "Nolde."
Inv. No. A.PoF.59

38 | page 46
Satyress
Watercolour
38 x 30.3 cm
signed lower right sideways "Nolde."
Inv. No. A.PoF.81

39 | page 42
Head of a Girl (orange hair)
Watercolour and Indian ink brush
40.4 x 32 cm
signed bottom right "Nolde."
Inv. No. A.PoF.103

40 | page 98
Head of a Girl (auburn hair)
Watercolour and Indian ink
46.5 x 35 cm
signed bottom right "Nolde."
Inv. No. A.PoF.115

41 | page 47
Head of a Woman (red hair)
Watercolour
49.2 x 35 cm
signed bottom right "Nolde."
Inv. No. A.PoF.134

42 | page 40
Head of a Woman (in profile, blonde)
Watercolour
47.6 x 35 cm
signed lower right sideways "Nolde."
Inv. No. A.PoF.147

43 | page 43
Portrait of a Woman (J. Nolde, blue dress)
Watercolour
36.5 x 47.5 cm
signed bottom right "Nolde."
Inv. No. A.PoF.227

WOODCUT

44 | page 21
Ada, 1906
Print on Japan paper
29.6 x 22.5 cm
signed bottom right "Emil Nolde."
titled on lower edge "Ada"
Catalogue raisonné
Schiefler-Mosel 17 IV
Inv. No. SHo 15

SCULPTURES

45 | page 128 (detail)
Double Figure, Man and Woman
Teakwood
height: 18 cm (without base)
Inv. No. Fig. 12

46 | page 45
Squatting Woman, circa 1920/1925
Bronze
Height: 12.1 cm / width: 9.6 cm / depth: 8.5 cm
Inv. No. Fig. 18 b

47
Squatting Woman
1971 bronze cast from plaster model, no. 1/20
Height: 12.1 cm / width 9.6 cm / depth: 8.5 cm
Inv. No. Fig. 18 c

48
Squatting Woman
1971 bronze cast from plaster model, no. 2/20
Height: 12.1 cm / width 9.6 cm / depth: 8.5 cm
Inv. No. Fig. 18 d

49 | page 44
Three Dancers (Fauns), circa 1885/1890
Tone plate (fragment)
17.7 x 21 cm
Inv. No. Ke. 3

FURTHER EXHIBITS

50 | page 68
"Madre della Consolazione", Greek ikon (Crete), late 15th century
Egg tempera on wood,
46.5 x 37.7 cm
Ikonen-Museum Recklinghausen

51 | page 69
Giovanni Battista Salvi da Sassoferrato, "Virgin and Child", circa 1650
Canvas, 75 x 60 cm
Kunsthistorisches Museum Wien, Gemäldegalerie

52 | page 76
Arnold Böcklin, "Triton, Carrying a Nereid on his Back", 1857
Oil on wood, 41.5 x 66 cm
Kunstmuseum St. Gallen
Martita and Walter A. Jöhr Donation

53 | page 99
Edvard Munch, "The Vampire II", 1895/1902
Colour lithograph (two plates) and woodcut (two sawn woodblocks)
43.3 x 58.1 cm (paper)
Hamburger Kunsthalle, Kupferstichkabinett

54 | page 105
a) Lovis Corinth, "The Harem", 1904
Oil on canvas, 155 x 140 cm
Hessisches Landesmuseum Darmstadt

b) Lovis Corinth, "The Harem", 1914
Drypoint etching, 18.2 x 16.4 cm
Staatliche Graphische Sammlung, München

55 | page 112
Pablo Picasso, "Bacchanal with Minotaur", 18 May 1933 and probably late 1934
Suite Vollard, sheet 85, etching, state III (final), 29.9 x 36.5 cm
Graphikmuseum Pablo Picasso Münster

56 | page 71
Andy Warhol, "Marilyn (pink, yellow, brown)", 1967
Silkscreen, 91.5 x 91.5 cm
Staatliche Museen zu Berlin, Kupferstichkabinett

57 | page 126
Eric Fischl, "The Philosopher's Chair", 1999
Oil on canvas, 191 x 219 cm
Collezione Maramotti, Reggio Emilia, Italy

PICTURE CREDITS

p. 10
Parisian Model, 1900
Oil on canvas, 99.5 x 81 cm

p. 14
Ada Vilstrup, Copenhagen 1899
photo: Paul Bærentzen,
Copenhagen

p. 15
Portrait of Ada (II), 1903
Oil on canvas, 59 x 46 cm

p. 16
Emil and Ada Nolde, Berlin 1908

p. 17
Muggi, 1904
Oil on canvas, 29 x 22 cm
Private collection

p. 18
Springtime in the Room, 1904
Oil on canvas, 88.5 x 73.5 cm

p. 22
Ada and Emil Nolde,
Seebüll circa 1940

p. 28
Holy Night, 1912
Oil on canvas, 100 x 86 cm

p. 30
Family, 1914
Oil on canvas, 71 x 104.5 cm

p. 31
Family (Bonnichsen), 1915
Oil on canvas, 73 x 89 cm
Museum Ludwig, Cologne

p. 33
Young Mother, 1916
Oil on canvas, 99 x 73.5 cm

p. 35
Family, 1931
Oil on canvas, 111.5 x 74 cm

p. 36
Mother with Sleeping Child,
1938/1945
Watercolour, 23.7 x 16.9 cm

p. 64 left
Woman with a Headband
(full face), 1913/14
Watercolour and Indian ink,
50.3 x 38 cm

p. 64 right
Lady and Gentleman
at Wine Table, 1910/11
Watercolour, 26.1 x 18.8 cm

p. 65
Pablo Picasso, "Les Demoiselles
d'Avignon", 1907
Oil on canvas, 243.9 x 233.7 cm
The Museum of Modern Art,
New York

p. 72
Henri Matisse, "Blue Nude
(Souvenir of Biskra)", 1906
Oil on canvas, 92 x 140 cm
The Baltimore Museum of Art,
Baltimore

p. 80
Alexandre Cabanel,
"The Birth of Venus", 1863
Oil on canvas, 130 x 225 cm
Musée d'Orsay, Paris

p. 83
Giorgione, "Sleeping Venus", 1509
Oil on canvas, 108 x 175 cm
Staatliche Kunstsammlungen
Dresden

p. 84
Sandro Botticelli,
"The Birth of Venus", 1485
Tempera on canvas,
172.5 x 278.5 cm
Galleria degli Uffizi, Florence

p. 88
Rembrandt van Rijn,
"The Three Crosses", 1653
Drypoint etching and etching
needle, 38.5 x 45 cm
State III, Kufperstichkabinett,
Berlin

p. 89 left
Raphael, "Sistine
Madonna", 1512/13
Oil on canvas, 256 x 196 cm
Gemäldegalerie Alte Meister,
Staatliche Kunstsammlungen,
Dresden

p. 89 right
Annunciation, 1927
View from the 1927 Dresden
Nolde exhibition

p. 91
Gustav Klimt, "Kiss", 1907/08
Oil on canvas, 180 x 180 cm
Österreichische Galerie
Belvedere, Vienna

p. 94
Franz von Stuck, "The Sin", 1893
Oil on canvas, 95 x 59.7 cm
Neue Pinakothek Munich

p 97 left
Edvard Munch, "Woman With
Red Hair And Green Eyes.
The Sin", 1902
Colour lithograph, 77 x 53.1 cm
(paper) / 69.9 x 40.2 cm (plate)
Staatsgalerie Stuttgart /
Kunstsammlungen Chemnitz

p. 97 right
Edvard Munch,
"The Snake", 1908/09
Lithograph from the "Alpha and
Omega" series, 25.8 x 49.7 cm
Munch-museet, Oslo

p. 100 left
Edvard Munch,
"The Sick Child", 1896
Oil on canvas, 121.5 x 118.5 cm
Göteborgs konstmuseum

p. 100 right
Thora Vilstrup, circa 1900
Photo: Andr. Beiter, Ringkjøbing

p. 110 left
Jean-Antoine Watteau, "A Lady at
Her Toilet", circa 1716/1719
Oil on canvas, 45.2 x 37.8 cm
The Wallace Collection, London
© By kind permission of the
Trustees of the Wallace Collection,
London

p. 110 right
René Magritte, "The Rape ", 1934
Oil on canvas, 73.4 x 54.6 cm
The Menil Collection, Houston

p. 111 left
Baron von Schaf, circa 1885
Pencil drawing, 25 x 16.9 cm

p. 111 right
Edvard Munch,
"The Tiger", 1908/09
Lithograph from the "Alpha and
Omega" series, 31.2 x 38 cm
Munch-museet, Oslo

p. 115
Caravaggio,
"Amor as Victor", 1601/2
Oil on canvas, 156 x 113 cm
Gemäldegalerie,
Staatliche Museen zu Berlin

p. 118 left
Gian Lorenzo Bernini,
"Ecstasy of St. Teresa ",
circa 1645/1652 (detail)
Marble, height 350 cm
Cappella Cornaro, Santa
Maria della Vittoria, Rome

p. 118 right
Edvard Munch,
"Madonna", 1895–1902
Colour lithograph, 60.7 x 44.5 cm
Munch-museet, Oslo

p. 119 left
Frantisek Kupka, "The Principle
of Life", 1900–1903
Coloured aquatint, 34 x 34 cm
Musée National d'Art Moderne –
Centre Georges Pompidou, Paris

p. 119 right
Andres Serrano, "Immersion
(Piss Christ)", 1987
Cibachrome, silicone, Plexiglas,
wood frame, 152.4 x 101.6 cm
Courtesy of the artist, Yvon
Lambert

p. 120
Ludwig von Hofmann,
"Fire Dance", 1884
Oil on canvas, 36.5 x 98.5 cm
Museum der bildenden Künste,
Leipzig

p. 122
Edouard Manet, "The Luncheon
on the Grass", 1863
Oil on canvas, 208 x 264.5 cm
Musée d'Orsay, Paris

Ausgewählte Literatur
Selected Literature

Schriften von Emil Nolde
Emil Nolde's Writings

Emil Nolde, *Das eigene Leben* (1867–1902), Berlin 1931; 2. erweiterte Aufl., Flensburg 1949; 8. Aufl., Köln 2002

Emil Nolde, *Jahre der Kämpfe* (1902–1914), Berlin 1934; 2. von Nolde überarbeitete Aufl., Flensburg 1958; 7. Aufl., Köln 2002

Emil Nolde, *Welt und Heimat* (1913–1918), Köln 1965; 4. Aufl., Köln 2002

Emil Nolde, *Reisen – Ächtung – Befreiung* (1919–1946), Köln 1967; 6. Aufl., Köln 2002

Emil Nolde, *Mein Leben* (gekürzte Ausgabe der 4-bändigen Autobiographie), Köln 1976; Neuausgabe, Köln 2008

Briefe
Letters

Emil Nolde, *Briefe aus den Jahren 1894–1926*, hrsg. und mit einem Vorwort von Max Sauerlandt, Berlin 1927; 2. Aufl., Hamburg 1967; frz. Ausgabe: Übersetzung Olivier Mannoni, Arles 2008

Emil und Ada Nolde – Karl und Gertrud Osthaus, Briefwechsel, hrsg. von Herta Hesse-Frielinghaus, Bonn 1985

Werkverzeichnisse
Catalogues Raisonnés

Gustav Schiefler, *Das graphische Werk Emil Noldes bis 1910,* Berlin 1911, *Das graphische Werk von Emil Nolde 1910–1925,* Berlin 1927; neu bearb., ergänzt und mit Abbildungen versehen von Christel Mosel, Bd. 1: Die Radierungen, Köln 1966, Bd. 2: Holzschnitte und Lithographien, Köln 1967, neu bearb., ergänzt und mit einer Einführung von Martin Urban, 2 Bde., Köln 1995/96

Monographien und Ausstellungskataloge (Auswahl)
Monographs and Exhibition Catalogues (Selection)

Max Sauerlandt, *Emil Nolde,* München 1921

Hans Fehr, *Emil Nolde. Ein Buch der Freundschaft,* Köln 1957

Werner Haftmann, *Emil Nolde,* Köln 1958, Amsterdam und New York 1959, Malmö 1960, Tokio 1970

Werner Haftmann, *Emil Nolde. Ungemalte Bilder, Aquarelle und »Worte am Rande«,* Köln 1963, 2. veränderte Auflage, Köln, New York/ Washington 1971; 6. Auflage, Köln 1996

Martin Urban, *Emil Nolde – Landschaften. Aquarelle und Zeichnungen,* Köln 1969; 2. erweiterte Ausgabe, Köln 1993

Martin Urban, *Emil Nolde – Blumen und Tiere. Aquarelle und Zeichnungen,* Köln 1965; 3. erweiterte Ausgabe, Köln 1994

Martin Urban, *Emil Nolde – Ungemalte Bilder (1938–1945),* mit Texten von Ernst Bloch, Luise Rinser, Walter Jens, Emil Nolde, Seebüll 1971: 4. erweiterte Auflage, Seebüll 1985

Manfred Reuther, *Das Frühwerk Emil Noldes. Vom Kunstgewerbler zum Künstler,* Köln 1985

Martin Urban, *Emil Nolde, »Unpainted Pictures«,* Seebüll 1987; 2. Auflage, Seebüll 1996

Emil Nolde, Ungemalte Bilder, hrsg. von Tilman Osterwold und Thomas Knubben, Ostfildern-Ruit 1999

Emil Nolde. Druckgraphik. Aus der Sammlung der Nolde Stiftung Seebüll, hrsg. von Magdalena M. Moeller und Manfred Reuther, München 1999

Manfred Reuther, *Emil Nolde. Meine biblischen und Legendenbilder,* Köln 2002

Emil Nolde – Blickkontakte. Frühe Porträts, hrsg. von Brigitte Reinhardt, Ostfildern-Ruit 2005

Emil Nolde – Paare, hrsg. von Nils Ohlsen, Ostfildern-Ruit 2006

Mario Giordano, *Emil Nolde für Kinder,* Köln 2006

Nolde in Berlin, Tanz Theater Cabaret, hrsg. von Manfred Reuther, mit Texten von Andreas Fluck, Jörg Garbrecht, Manfred Reuther, Köln 2007

Emil Nolde. Begegnung mit dem Nordischen, hrsg. von Jutta Hülsewig-Johnen, Bielefeld 2008

Jörg Garbrecht, *Emil Nolde. Mein Wunderland von Meer zu Meer,* hrsg. von Manfred Reuther, Köln 2008

Emil Nolde (Ausst.-Kat. Grand Palais, Paris), hrsg. von Sylvain Amic, Paris 2008

Emil Nolde. Mein Garten voller Blumen, hrsg. von Manfred Reuther, mit Texten von Andreas Fluck, Jörg Garbrecht, Manfred Reuther, Andreas Weber, Köln 2009

Jörg Garbrecht, *Emil Nolde. Ungemalte Bilder,* hrsg. von Manfred Reuther, Köln 2009

Andreas Fluck, *Emil Nolde. Reiselust, Unterwegs in Deutschland, Spanien und der Schweiz,* hrsg. von Manfred Reuther, Köln 2010

Emil Nolde. Die Frauen
Emil Nolde. Women

Felicity Lunn, *Madonna, Eve and the Cast of Women in Nolde's Work,* in: *Emil Nolde,* London 1995, S. 20–37

Friederike Weimar, *Weltbild – Wunschbild: Frauenbild,* in: *Emil Nolde, Die religiösen Bilder,* Hamburger Kunsthalle, Köln 2000, S. 45–50

Brigitte Reinhardt, *Emil Nolde – Die Frau im Porträt,* in: Emil Nolde, *Blickkontakte,* Ostfildern-Ruit 2005, S. 60–70

Impressum

Dieses Buch erscheint anlässlich
der Ausstellung der Dependance Berlin
der Nolde Stiftung Seebüll
»Bewundert, gefürchtet und begehrt –
Emil Nolde malt die Frauen«
16. Juli – 31. Oktober 2010

This book is published in conjunction
with the exhibition at the Berlin Branch
of the Nolde Foundation Seebüll
"Admired, Feared, and Desired –
Emil Nolde Paints Women"
16 July – 31 October 2010

Herausgeber | Editor
Manfred Reuther, Nolde Stiftung Seebüll

Ausstellung | Exhibition
Jörg Garbrecht

Mitarbeit | Assistance
Victoria Vollbrecht

Koordination | Project management
Sabine Bleßmann

Übersetzung ins Englische | Translation
Michael Wolfson

Fotografie | Photography
Fotowerkstatt Elke Walford, Hamburg

Produktion | Production management
Marcus Muraro

Gestaltung | Design
Christine Sieber

Gestaltungskonzept | Design concept
Heine/Lenz/Zizka, Frankfurt/Berlin

Gesamtherstellung | Production
Lösch MedienManufaktur, Waiblingen

© Nolde Stiftung Seebüll und
DuMont Buchverlag, Köln 2010

Alle Rechte vorbehalten.

© für die abgebildeten Werke
von Emil Nolde bei der
Nolde Stiftung Seebüll 2010

© für das abgebildete Werk
von Eric Fischl: Eric Fischl,
New York 2010

© für die abgebildeten Werke
von Ludwig von Hofmann,
Frantisek Kupka, René Magritte:
VG Bild-Kunst, Bonn 2010

© für das abgebildete Werk
von Henri Matisse: Succession
H. Matisse / VG Bild-Kunst,
Bonn 2010

© für die abgebildeten Werke
von Edvard Munch: The Munch
Museum / The Munch Ellingsen
Group / VG Bild-Kunst, Bonn 2010

© für die abgebildeten Werke von
Pablo Picasso: Succession Picasso /
VG Bild-Kunst, Bonn 2010

© für das abgebildete Werk von
Andres Serrano: Andres Serrano 2010

© für das abgebildete Werk von
Andy Warhol: The Andy Warhol
Foundation for Visual Arts / Artists
Rights Society (ARS), New York

www.nolde-stiftung.de
www.dumont-buchverlag.de

ISBN 978-3-8321-9325-6
Printed in Germany

Umschlag: »Kerzentänzerinnen« (Detail, Kat. 4)
Seite 1: »Begegnung am Strand« (Detail, Kat. 18)
Seite 2: »Verkündigung« (Detail, Kat. 25)
Seite 3: »Der Herrscher« (Detail, Kat. 7)
Seite 4: Emil Nolde, 1919
Seite 12: »Bildnis Ada (im grünen Kleid)« (Detail, Kat. 2)
Seite 24: »Mutter und kleiner Sohn« (Detail, Kat. 27)
Seite 62: Tier und Weib (Detail, Kat. 35)
Seite 142: »Sommergäste« (Detail, Kat. 30)
Seite 143: »Verhängnis« (Detail, Kat. 11)
Seite 144: »A. und E. Nolde« (Detail, Kat. 12)

Cover: Candle Dancers (detail, cat. 4)
Page 1: Encounter on the Beach (detail, cat. 18)
Page 2: Annunciation (detail, cat. 25)
Page 3: The Ruler (detail, cat. 7)
Page 4: Emil Nolde, 1919
Page 12: Portrait of Ada (in Green Dress) (detail, cat. 2)
Page 24: Mother and Little Son (detail, cat. 27)
Page 62: Animal and Woman (detail, cat. 35)
Page 142: Summer Guests (detail, cat. 30)
Page 143: Fate (detail, cat. 11)
Page 144: A. and E. Nolde (detail, cat. 12)

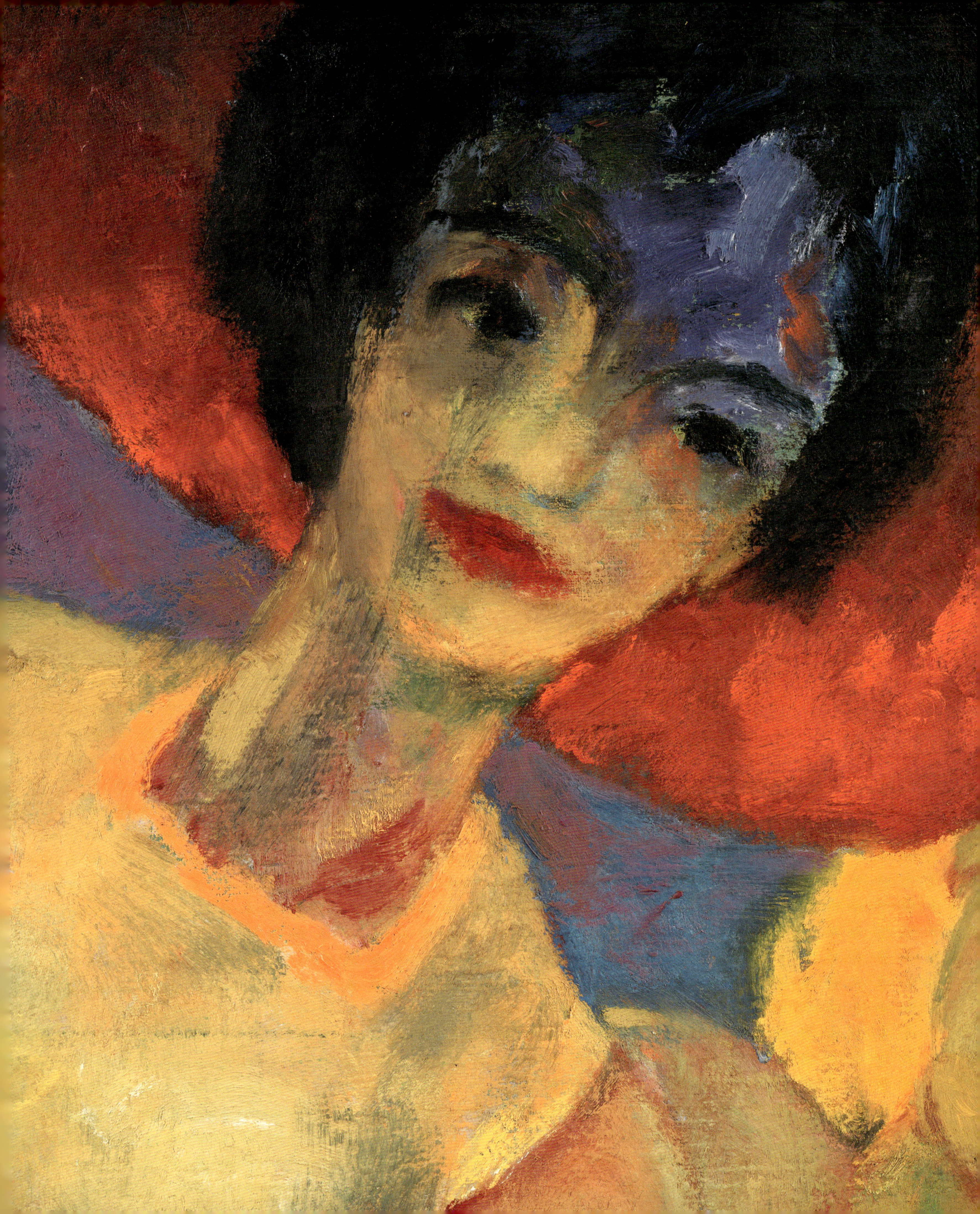

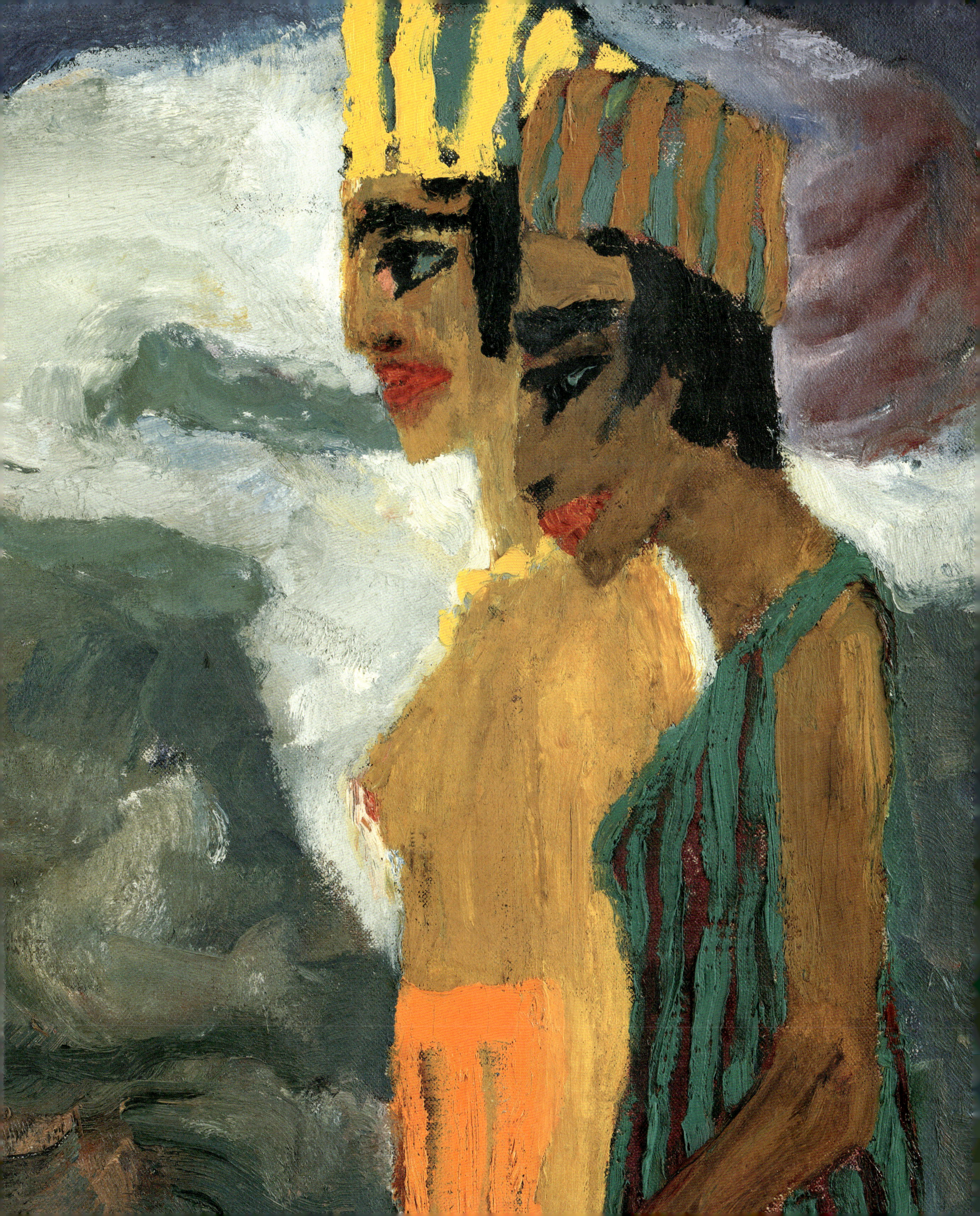

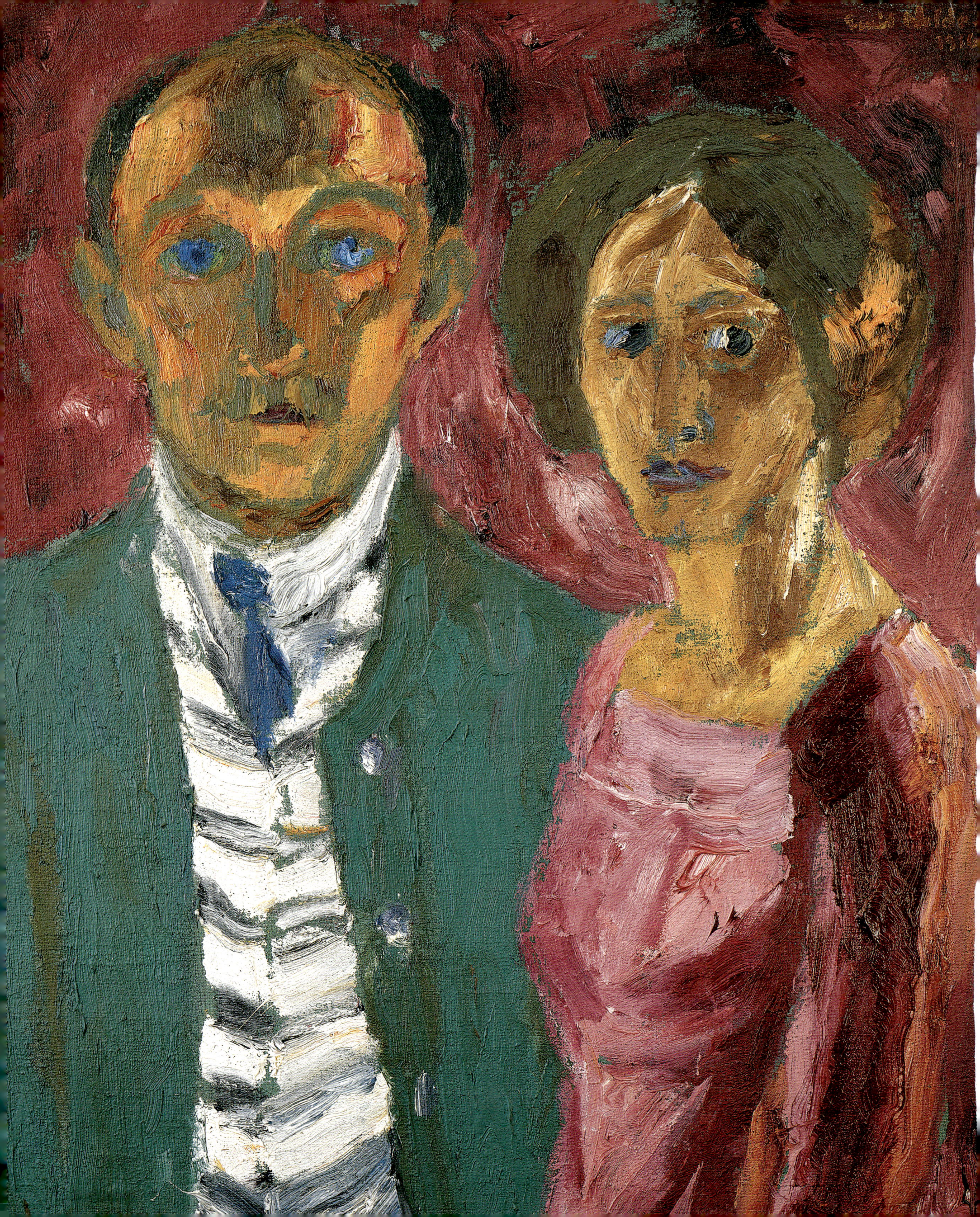